蘭州大學 211 工程建設資助項目
蘭州大學交叉學科青年創新研究基金項目
（LZUJC200932）

陳曉強 著

敦煌契約文書語言研究

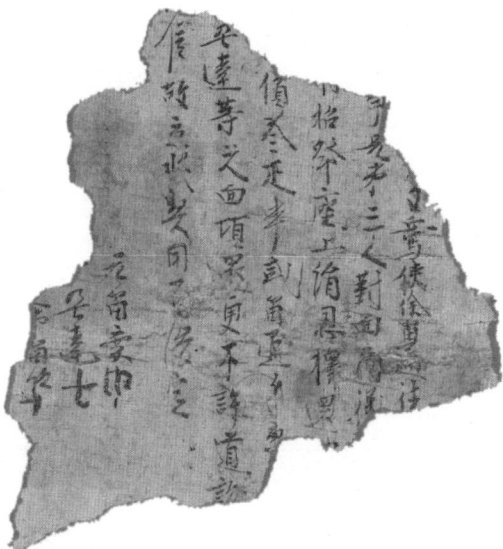

人民出版社

責任編輯:王怡石
責任校對:張杰利
裝幀設計:薛　磊

圖書在版編目(CIP)數據

敦煌契約文書語言研究/陳曉强 著. -北京:人民出版社,2012.12
("敦煌西域文明與中國傳統文化"系列叢書)
ISBN 978-7-01-011502-3

Ⅰ.①敦…　Ⅱ.①陳…　Ⅲ.①敦煌學-契約-古文字-研究
　Ⅳ.①K870.64②D923.62

中國版本圖書館 CIP 數據核字(2012)第284013號

敦煌契約文書語言研究
DUNHUANG QIYUE WENSHU YUYAN YANJIU

陳曉强　著

人民出版社 出版發行
(100706　北京市東城區隆福寺街99號)

北京市文林印務有限公司印刷　新華書店經銷

2012年12月第1版　2012年12月北京第1次印刷
開本:710毫米×1000毫米 1/16　印張:21.75
字數:323千字　印數:0,001-2,000冊

ISBN 978-7-01-011502-3　定價:55.00元

郵購地址 100706　北京市東城區隆福寺街99號
人民東方圖書銷售中心　電話 (010)65250042　65289539

目錄

叄 敦煌契約文書選註 /191

序

在人文學科中，語言研究和歷史研究最接近科學（Science）。科學的本質特徵是實證，語言研究和歷史研究以"求真"為其目標，它不同于文學藝術研究中的"求善""求美"。在歷史語言研究中，無所謂"發明"，我們只有"發現"，研究者的工作是撥開歷史積澱的沉沙，盡力恢復語言的本來面貌。當然，歷史是不可能全面恢復的，但科學研究的任務是盡可能接近歷史之真。民國時期，中央研究院設立"歷史語言研究所"，將"歷史"和"語言"合為一所，是符合學理的。我國歷史上的語言學材料，主要是官方和文人留下來的，經過官方的篩選和文人的加工，已失去了大半原有的特色，所以在反映歷史語言的本來面目方面存在諸多不足。敦煌出土的5到11世紀的抄本，其中有大量的民間文獻，比如用於民眾講唱的變文俚曲、民間進行經濟社會活動的契約社帖等，它們是當時活的語言的真實記錄，保留了大量的口語詞、俗語詞以及當時的口語語法，對它們進行研究，一則可以為漢語史研究提供豐富語料，二則可以瞭解當時人們的語言特徵和生活習俗；既是豐富的古代漢語和近代漢語研究的資料，也是豐富的民俗文化學的材料。但是長期以來，學術界對俗文學中的語言研究比較多，而對社會經濟文書中的語言研究較少。陳曉強先生以敦煌契約文書的語言研究為選題，體現了作者置身于學術前沿的敏銳的學術眼光，此選題在漢語史研究領域有填補空白的意義。

契，刻也。把約定刻於某種載體，這就是契約。契約的出現與遠古時代流傳的"盟誓"風俗有關，所以契約的產生應當是很早的了。二十世紀七十年代，陝西省岐山縣出土了西周的銅器窖，其中一件的銘文為周恭王三年（前919）的典田契約，這是我們目前見到的最早的契約。近百年來出土的契約文書不少，張傳璽先生的《中國歷代契約會編考釋》《秦漢問題研究·中國古代契文程式的完善過程》（二書皆為北京大學出版社1995年版，前者張先生為主編）彙集最為集中。日本學者在這方面也做了很出色的彙集研究工作，如金一清編有《中國土地契約文書集》（1975），浜下武志等編有《東洋文化研究所藏中國土地文書目錄·解說（上、下）》（1983—1986），都是資料豐富的著作。自從1925年劉復先生在《敦煌掇瑣》中輯錄了10餘件契約文書後，敦煌契約文書的研究從未中斷過。敦煌契約文獻的彙集整理，以日本學者山本達郎、池田溫合編的《敦煌吐魯番社會經濟文獻·契約編》（1987）、唐耕耦、陸宏基先生合編的《敦煌社會經濟文獻真跡釋錄·第二輯》（1990）、沙知先生《敦煌契約文書輯校》（1998）最為集中，而沙著後出，堪稱完備。

劉復先生在《敦煌掇瑣》的《前言》中，論及敦煌民間文學的學術價值時說："書名叫掇瑣，因為書中所收，都是零零碎碎的小東西，但這個小字，只是依着向來沿襲的說法說，並不是用了科學的方法估定的。譬如有兩個寫本，一本寫的是《尚書》，一本寫的是幾首小唱，照着向來沿襲的說法，《尚書》當然比小唱重要到百倍以上，《尚書》當然是大的，小唱當然是小的。但切實一研究，一個古《尚書》，至多只能幫助我們在經解上得到一些小發明，幾首小唱，卻也許能使我們在一時代的社會上、民俗上、文學上、語言上得到不少的新見解。如此看所謂大小，豈不是適得其反。"同樣的道理，敦煌出土的這些契約，不但使我們看到當時敦煌老百姓的生活情景，而且那些口語化的表達，也似乎讓我們聽到他們的聲音。他們為了生存，賣地、賣牲畜、典身，他們比畫着地界，談論着條件，按着手印，保人在作保，見人在作證……這是多麼生動逼真的場景呀。我想起了《詩經·公劉》中的句子："于時處處，于時廬旅，于時言言，于時語語。"比如 S.1475 背《吐蕃寅年（822）令狐寵寵賣牛契》："紫䭭牛壹頭，陸歲，並無印記。寅年正月廿日，令狐寵寵為無年糧種子，今將前件牛出買（賣）與同部落武光暉。斷作麥（漢斗）壹拾玖碩。其牛及麥，當日交相付了，並無懸欠。如後牛若有人識認，稱是寒盜，一仰主保知當，不忓賣（買）人之事。如立契後，在三日內，牛有宿疾，不食水草，一任卻還本主。三日已外，依契為定，不許休悔。如先悔者，罰麥伍碩，入不悔人。恐人無信，故立私契。兩共平章，書指為記。其壹拾玖碩麥，內粟叁碩。 和 牛主令狐寵寵年廿九，兄和和年卅四，保人宗廣年五十二，保人趙日進年卅卌，保人令狐小郎年卅九。"

春種的時節到了，令狐寵寵因為沒有種子下地，便把一頭 6 歲的䭭牛賣給同村的武光暉，經裁定牛的價格是麥子 19 石，要求用漢斗量，而不用吐蕃人的量斗。牛和麥子，雙方當日就交付清楚，不能有拖欠。如果後來有人認得牛是偷盜來的，一切要令狐寵寵和保人承擔，和買主武光暉無關。如果契約簽定後三日之內，牛有舊病復發，不食水草，則無條件地返還。三天之後則按照契約的規定，不許反悔。如果哪一方先反悔，則罰麥 5 石，交給不反悔的一方。擔心雙方不講信用，故簽定此契約。契約經雙方商量，簽名畫指為證。本來規定 19 石麥子，因武家支付有困難，其中有 3 石就用小米。

契約的簽定是一個莊重的民間儀式，這種儀式凝化在契約文書的程式中。我們可以設想，當地有聲望的鄉紳是這個儀式的主持者，當雙方的約定條件談妥並形諸文字後，參加儀式的人就要各自表明自己的態度。這裏有主持人、當事人、當事人的親屬朋友、保人、見人、口承人，他們或簽字，或畫指，通過這種形式，契約的神聖性就體現出來了。

敦煌契約中的很多當事人，他們並不識字。對不識字的民眾來說，文字帶有更濃厚的神秘性。這裏我想到了文字的產生。漢武帝時期，淮南王劉安召集天下賢才撰寫了《淮南子》一書，其中講到文字的產生："昔者倉頡作書而天雨粟，鬼夜哭。"這種說法不是淮南八公的向壁虛造，它是有其根據的。西漢開國到漢武帝前期，文化氛圍如同戰國，學術自由，百家爭鳴。學者可以自由地選擇主人，不僅可以依靠天子，也可以依靠諸侯，所以形成了梁園、淮南等學術中心。劉安主編《淮南子》，和戰國四公子招集賢士、呂不韋主編《呂氏春秋》是同類性質，以文化的囊括和厚重確立國家的自信和文化中心地位。當然，呂不韋更多地是針對山東六國"秦無儒"的文化鄙視，而劉安則直接是向中央王朝挑戰，所以其結果是身死國除。但《淮南子》一書綜合了先秦以來的諸多說法，是不容懷疑的。所以"天雨粟，鬼夜哭"的說法當是淵源有自的。我認為，"倉頡作書而天雨粟，鬼夜哭"的說法，比"上古結繩紀事，後世聖人易之以書契"的說法更早。書契紀事是更理性的說法，所以出自《周易》義理化的《系辭》。文字的產生當和原始宗教有關，它是溝勾通天人之間的一種符號，它是最神聖的，也是最神秘的。《國語》記載的"絕地天通"就是這個意思。現在學者認為，人類早期的一些符號，如陶紋、古文化遺址中的地畫、早期岩畫等都是文字的源頭。因為這些符號主要是原始宗教儀式的產物。《歷代名畫記》的作者張彥遠這樣解釋"天雨粟，鬼夜哭"："造化不能藏其密，故天雨粟；靈怪不能遁其形，故鬼夜哭。"他的說法，必有其來歷。文字可以把造化之密，靈怪之形揭示出來，達到絕地天通的目的。明乎此，我們也就明白了殷人埋甲骨卜辭于地下，周人鑄其功烈於鐘鼎的道理。而秦人刻其獵狩之歌於石鼓，寫其詛咒之文於碑碣，都是借文字以溝勾通神和人。

這裏雖然說得有些遠，但契約文書在當時民眾的心裏必定是神聖的。由社會經濟交易中的契約形式積澱而來的契約精神是社會文明和進步的重要標誌，契約精神所包含的契約自由精神、契約平等精神、契約守信精神、契約救濟精神等，更是我們現代社會所迫切需要的，是文化自覺和文化自信的重要內容。就這個層面說，敦煌民眾深厚的契約意識，是敦煌社會文明的重要標誌。而敦煌契約文書中有不少是吐蕃占領期間的，說明吐蕃人並不是一味

敦煌契約文書語言研究
DUNHUANG QIYUE WENSHU YUYAN YANJIU

地對敦煌漢族民眾進行"革命"，而是信守其"毋徙他境"及相關承諾的。

陳曉強先生的著作主要研究敦煌契約中的詞滙。這是我們閱讀敦煌契約文書的基礎。敦煌契約的口語化決定了契約的不容易閱讀。宋代大儒朱熹曾說："《漢書》有秀才做底文章，有婦人做底文字，亦有載當時獄辭者。秀才文章便易曉，當時文字多碎句，難讀。《尚書》便有如此底，《周官》只如今文字，太齊整了。"（《朱子語類》卷 134）確是如此，《周誥》《殷盤》，佶屈聱牙，是因為它用西周時的"文法"寫成。曾運乾先生說，懂得了當時的"句讀"和"文法"，讀《尚書》也就文從字順，就是這個意思。（見金克木《記曾星笠先生》，《學林漫錄》第 9 集；先師郭晉稀先生回憶曾星笠的文章也談及此）《周禮》用戰國時的雅言寫成，因而易讀。西漢王褒有一篇《僮約》，其中有大量的當時口語，所以比同時代的文章難懂。東漢王延壽的《夢賦》是模仿東方朔罵鬼文寫成的，用了大量的俗語詞，還有《後漢書·禮儀志》上所記的《驅儺辭》，也用了當時的口語，都不好懂。錢鍾書先生在《管錐編》中說："即當時易讀矣，亦未保後世之不難讀也。直道時語，多及習尚，世革言殊，物移名變，則前人以為尤通俗者，後人愈病其僻澀費解。如敦煌遺文《燕子賦》之類，黃庭堅、楊無咎等之白話豔詞，元典章之詔令，讀來每興如箍在口之嗟。"（《全晉文》卷 22 條）所以，研究古代俗語詞，比研究古漢語一般詞滙更為困難。蔣禮鴻先生的《敦煌變文字義通釋》，從第 1 版的不足 6 萬字（1959），到作者生前最後一次修訂達到 42 萬字（1995），36 年間增加了 7 倍多，由此可知研究俗語詞的艱難。

陳曉強先生是著名語言學家王寧教授的入室弟子，幾年來，他先後主持或參加了國家社科基金項目、教育部哲學社會科學研究重大攻關項目和一般項目《語言學名詞審定》《中華大字符集創建工程》《形聲字聲符示源功能叢考》等研究工作，在漢語訓詁學、詞源學、文字學、漢字構形理論等領域有深入研究，發表了數十篇學術論文。《敦煌契約文書語言研究》是曉強先生的另一部力作。本書以沙知先生《敦煌契約文書輯校》為基礎，參照敦煌遺書相關圖版，集中對契約文書進行文本校勘、詞語考釋、代表契約文書的注釋。全書分三大部分，第一部分是對《敦煌契約文書輯校》的補正，作為本研究所依據的材料。第二部分是《敦煌契約文書詞語匯釋》。作者以所見全部敦煌契約文書為依據，對其中的語句進行全面疏通，確定其中的詞語，對當今權威工具書未收或雖已收錄而釋義不確的330多個詞語進行了全面的整理考釋。第三部分選注了37篇內容典型、篇幅完整的賣地契、賣舍契、賣牛契、賣人契、便麥契、貸絹契、雇工契、雇駝契、租地契、典身契、養男契、算會憑、分書、放書、遺書等。這三部分成果反映了作者縝密的邏輯思維和全面研究學術問題的能力：從一字一句的校釋，到通篇大意的融會貫通，敦煌契約的特性，都一一加以透視，詳細說明。把幾乎僵化了的作品，又鮮活地呈現在讀者眼前。

　　本書對敦煌契約詞語的訓釋很精彩，新見頗多，很多我們看起來不知何云的詞語，經過作者的解釋，怡然理順。比如"一定已後，不許休悔""兩共對面平章，准法不許休悔"中"休悔"一詞，作者釋為"後悔"，並以隴右方言為證。又如"於鄉元生利""看鄉元生利"，作者釋為依據地方慣例產生利息，其中的"於""看"，作者釋為"依據、按照"；"仰口承妻立驢""於年歲却立本馳""限至來年正月却還"，其中的"立""却立""却還"，作者釋為"償還"。這些詞，查相關工具書都沒有合適的解釋，經作者考定，一下子意思貫通了。其他如"亭、停；不亭（停）；均亭；中（眾）亭；亭（停）分；亭（停）支"一組詞的解釋、"填、充、填還、充還、填納、還納、送納、輸納、呈納、征納、交納、受納"一組詞的解釋、"破、破用、破除、除破、浪破"一組詞的解釋，等等，都很精確，不管是放在本句中，還是放在其他敦煌文書中，都很順暢。

　　本書的研究方法也值得稱道。其中最值得一提的是對詞語進行歷時與共時相結合的研究方法。契約的文體和用語，多是歷史上長期沿用下來的，所以只有通過歷史的縱向考察，弄清其形成和演變過程，才能對敦煌契約文書中的語言文字現象有深入理解。同時，敦煌契約文書只是敦煌文獻的一小部分，只有從橫向考察其他相關敦煌文獻，進行比較，才能對敦煌契約文書中的語言文字現象有全面準確的解釋。比如，作者縱向考察"畫指、書指、書紙"等詞的用法，明晰了在敦煌契約中出現的"畫指""書指""書紙"之間的關聯。再如，作者橫向考察其他敦煌文獻、吐魯番出土文獻和《通典》《新唐書》等傳世文獻中的相關材料，明晰了敦煌契約中大量出現的"絹""布""褐"等紡織物的稱謂內涵、質地屬性、原料來源等問題。

曉強先生研究敦煌文獻的時間不是很長，但由於他受過良好的文字學、訓詁學訓練，有扎實的基本功，所以一進入本領域，很快就能發現諸多學術問題，並能嫻熟地予以解決。我想到了《莊子》中的話："庖丁為文惠君解牛，手之所觸，肩之所倚，足之所履，膝之所踦，砉然向然，奏刀騞然，莫不中音。合于《桑林》之舞，乃中《經首》之會。"這不僅僅是"技"的問題，關鍵在於"道"。這個"道"，就是作者對漢字構形史、漢語訓詁史（古代漢語和近代漢語兩條綫索）的全面瞭解。研究方言的專家都知道，當我們對一種方言和共同語的對應關係了然于胸時，我們很快就能對這種方言的語音、語法、詞滙等現象作出合理解釋。這就是"依乎天理，批大郤，導大窾，因其固然"，達到遊刃有餘。當然，契約文書的民間性決定了其書寫形式中必然有很多錯字、俗字、借字，訛俗之中，雖有它的習慣和條理，但如果不小心推敲，便會陷入錯誤之中而不能自覺。比如，寫本的文字，或字形無定，或偏旁無定，或繁簡無定，或行草無定，或通假無定，或標點無定，即使像劉復、池田溫、沙知這樣學識卓越的學者，仍不免犯錯誤。所以敦煌契約文書的語言學研究，應當還有開拓的餘地。

曉強先生方富於年，才思敏捷，多年來他午夜篝燈，宵殘不倦，所以能取得如此卓越的成績。我對他別的著作讀的不多，但嘗鼎一臠，便心儀不已。我相信，《敦煌契約文書語言研究》是他敦煌語言學研究的一個起點；作為一位敦煌文獻的研究者，我衷心希望曉強先生以此為起點，有更多的研究成果問世。博大精深的中華文化需要我們不斷地用勤奮的研究為之增磚添瓦，每個學人都不應當為自己已經取得的成績而"為之四顧，為之躊躇滿志"。

伏俊璉
2011 年 12 月 20 日於間粱屋

凡例

　　一、文中所引敦煌文獻資料，一般據《英藏敦煌文獻（漢文佛經以外部分）》、《法藏敦煌文獻》、《俄藏敦煌文獻》、《國家圖書館藏敦煌遺書》（簡稱"北敦"）、《上海圖書館藏敦煌吐魯番文獻》（簡稱"上圖"）、《上海博物館藏敦煌吐魯番文獻》（簡稱"上博"）、《天津藝術博物館藏敦煌文獻》（簡稱"津藝"）。文中"S"指英藏敦煌文獻斯坦因編號，"P"指法藏敦煌文獻伯西和編號，"Дx"指俄羅斯科學院東方研究所聖彼得堡分所藏敦煌文獻編號。

　　二、引錄敦煌文獻，缺字標"□"，一"□"一字；缺多字且不能確定字數者，行前缺標"▭"，行中缺標"▭"，行末缺標"▭"。缺字據上下文或異文補出時，外加"▭"。如原卷有脫字，脫字據上下文或異文補出時，外加"[　]"。假借字、訛字、殘字後用"（　）"注出本字或正字。

三、引文文字，如原件中爲簡體，則照錄爲簡體；如原件中爲俗體，則儘量照錄原形。論述文字，使用通行繁體字。

四、沙知《敦煌契約文書輯校》（江蘇古籍出版社 1998 年版）簡稱“輯校”。

五、《詞語彙釋》和《契約選注》部分，同一詞條或同一契約下，引用參考文獻只在首出時加腳註詳細說明文獻出處。

前言

　　敦煌文獻語言研究始於二十世紀初，迄今已有近百年的歷史。從現有成
果看，敦煌文獻語言研究在詞滙方面的論著較多，其中變文詞滙研究最為突
出，不僅單篇論文較多，研究專著也不少，如蔣禮鴻《敦煌變文字義通釋》、
陳秀蘭《敦煌變文詞滙研究》、[日]閻崇璩《敦煌變文詞語彙編》等。此外，
敦煌文獻語言研究方面的著作還有季羨林主編《敦煌學大辭典》，蔣禮鴻主
編《敦煌文獻語言詞典》，黃征《敦煌語文叢說》《敦煌語言文字研究》，
郭在貽《郭在貽敦煌學論集》，王繼如《敦煌問學叢稿》，江藍生、曹廣順《唐
五代語言詞典》，曾良《敦煌文獻字義通釋》等。上述著名學者在敦煌文獻
語言研究方面，做了大量的工作，取得了輝煌的業績，但他們研究的對象，
主要是變文、歌辭、王梵志詩等通俗文學作品中的詞語，而生在民間，長在
民間，其中保留有大量當時口語和基本詞滙的契約文書詞語，到目前為止還
沒有人做過全面、系統的研究。從我們目前掌握的資料看，敦煌契約文書語

言研究還處於起步階段，只有 [日] 池田溫《敦煌文書的世界》、[俄] 丘古耶夫斯基《敦煌漢文文書》、[法] 童丕《敦煌的借貸：中國中古時代的物質生活與社會》、[美] 韓森《傳統中國日常生活中的協商：中古契約研究》、張傳璽主編《中國歷代契約會編考釋》、汪啟濤《中古及近代法制文書語言研究——以敦煌文書為中心》、乜小紅《俄藏敦煌契約文書研究》等著作和少量論文有一定涉足。為此，本書以 "敦煌契約文書語言研究" 為選題，希望能對相關研究空白做一點拋磚引玉的工作。

敦煌契約文書對研究唐、五代時期的歷史、法律、經濟、文化等有重要意義，因此，自二十世紀初，就已經有學者注意到對敦煌契約文書的輯錄和介紹。目前，對敦煌契約文書的輯錄，影響較大者主要有：中國科學院歷史研究所《敦煌資料·第一輯》[1]，[日] 山本達郎、池田溫合編《敦煌吐魯番社會經濟文獻·契約篇》[2]，唐耕耦、陸宏基合編《敦煌社會經濟文獻真跡釋錄·第二輯》[3]，沙知《敦煌契約文書輯校》[4]，乜小紅《俄藏敦煌契約文書研究》[5]。由於沙知先生《輯校》在《敦煌吐魯番社會經濟文獻·契約篇》、《敦煌社會經濟文獻真跡釋錄·第二輯》等著作基礎上完成，並且沙知先生經常往來於國內外各大圖書館，得以接觸、研究敦煌契約文書原件，因此，《輯校》是目前所收敦煌契約文書最豐富且釋錄精審的一部著作，是學界研究敦煌契約文書不可或缺的資料。基於此，本書對敦煌契約文書文本的研究主要以《敦煌契約文書輯校》為依託。另一方面，敦煌契約文書距今已有一千多年的歷史，現今這些文書很多模糊不清，甚至部分殘缺；同時，由於敦煌契約文書大多出自文化水平不高的普通百姓，其中錯字、俗字、俗詞、俗語很多。由於以上原因，《輯校》在錄文、註釋、句讀等方面還存在一些不盡人意的地方。為此，本書第一部分對照敦煌契約原件圖版，通過文書內部互證，對《輯校》進行了一點拾遺補缺的勘正工作。

---

[1] 中國科學院歷史研究所《敦煌資料·第一輯》，中華書局 1960 年版。

[2] [日] 山本達郎、池田溫合編《敦煌吐魯番社會經濟文獻·契約篇》，東京東洋文庫 1987 年版。

[3] 唐耕耦、陸宏基合編《敦煌社會經濟文獻真跡釋錄·第二輯》，全國圖書館文獻縮微複製中心 1990 年版。

[4] 沙知《敦煌契約文書輯校》，江蘇古籍出版社 1998 年版。後文簡稱《輯校》。

[5] 乜小紅《俄藏敦煌契約文書研究》，上海古籍出版社 2009 年版。

第二次世界大戰之後，英國、法國、日本相繼公佈了他們所藏的的敦煌文獻內容。俄羅斯所藏敦煌文獻，直到上世紀末，上海古籍出版社與俄羅斯科學院東方研究所聖彼德堡分所合作整理出版十七冊巨著《俄藏敦煌文獻》，學者才得以全面瞭解俄羅斯所藏。受時代局限，沙知先生《輯校》對俄藏敦煌契約文書的收錄不全。這些收錄不全的文書，後來在乜小紅《俄藏敦煌契約文書研究》中得以全面收錄。乜小紅先生的研究，進一步方便了我們對敦煌契約文書的全面研究。當然，如前面所言，敦煌契約文書中錯字、俗字、俗詞、俗語很多，乜小紅先生對俄藏敦煌契約文書的釋錄難免也有失誤之處。本書第一部分原計劃對乜小紅《俄藏敦煌契約文書研究》的錄文也進行一點粗淺的勘正工作，但這樣編排又難以融入對《俄藏敦煌契約文書研究》釋文的討論。鑒於此，本書對乜小紅《俄藏敦煌契約文書研究》的部分勘正，融入到第三部分的俄藏敦煌契約文書選注中。

契約文書生在民間，長在民間，其中保留了大量當時的口語詞和俗語詞，對此研究，一可以為漢語詞滙研究提供豐富語料，二可以瞭解當時人們的語言特徵和生活習俗。同時，明晰契約套語的不同用詞，考察契約文書的用詞特徵，有助於難字、難詞、俗詞、俗語的考釋，進而，有助於閱讀契約文書和豐富辭書內容。對敦煌契約文書詞語，學界尚未有集中、全面的考釋。為此，本書第二部分以敦煌契約文書為依託，窮盡考察了其中所有詞語，並對《漢語大詞典》等大型辭書未收、未釋、釋義不周、例證滯後之詞的考釋結果進行彙編。

契約文書大多具有固定格式和慣用套語，對典型契約文書的注釋，往往可以做到釋一通十。為此，本書第三部分選取敦煌契約文書中內容典型、篇幅完整的賣地契、賣舍契、賣牛契、賣人契、便麥契、貸絹契、雇工契、雇駝契、租地契、典身契、養男契、算會憑、分書、放書、遺書等進行注釋，以期讀者對敦煌契約文書能有一個相對全面的瞭解和認識，也希望能對學界相關研究提供便利。

本書從文本勘正、詞語考釋、契約注釋三方面展開對敦煌契約文書的研究，是以應用為基本編寫原則。設計這一編寫原則的初衷，是希望本書能多一點實用的價值，少一些無聊的虛話。然而，我作為一個剛剛入門的敦煌學研究者，書中的錯誤一定不少，衷心希望能得到時賢與方家的教導與幫助。另外，本書的主要內容是勘正、考釋和註釋，一些地方，難免會提出與前人研究結論不同的意見，所有的一切，都本着真誠的學術探討之心，言詞不妥之處，敬請諒解。

壹
《敦煌契約文書
辑校》勘正

一、錄文的問題

（一）改俗體為繁體

　　《輯校·凡例》第六條："錄文采用通行繁體字。俗體異體字一般徑改
為繁體字……筆誤、筆劃增減字徑改為正字。"由於契約文書的民間性，其
中多筆劃簡省的俗字，這對研究楷書簡化規律有重要意義，也對疑難字的考
釋有幫助[1]；同時，考察不同時段的字用現象及字用特徵，也可為考訂敦煌
寫本的年代提供重要線索。《輯校·凡例》第六條的規定，無疑會掩蓋敦煌
契約文書中重要的字用現象。

―――――

[1] 例如《輯校》262 頁 S.5509v《甲申年（924?）蘇流奴雇工契（習字）》："靳雇價麥粟眾
　　（中）亭陸碩。"其中"靳"為疑難字。《龍龕手鏡·米部》：靳，"料"俗字。"料雇
　　價……"文辭不通，參照其他契約相關文例，知"靳"為"斷"之省。《輯校》錄"斷"
　　為"斲"，則掩蓋了"靳"與"斷"之間的字形關聯。

王璐《敦煌契約文書輯校補正》[1] 指出以下《輯校》將俗體錄為繁體的現象：將"万"改錄作"萬"；將"粮"改錄作"糧"；將"礼"改錄作"禮"；將"兴"改錄作"興"；將"与"改錄作"與"；將"继"改錄作"繼"；將"麦"改錄作"麥"。此外，筆者還發現，《輯校》存在將"断"改錄作"斷"，將"雇"改錄作"僱"，將"却"改錄作"卻"，將"无"改錄作"無"，將"个"改錄作"個"，將"竖"改錄作"豎"，將"东"改錄作"東"，將"将"改錄作"將"，將"吴"改錄作"吳"等現象。以上問題的根本，是《輯校》體例設計的問題，故本文僅指出這一問題的存在，而不再具體討論《輯校》錄俗為繁的問題。

（二）誤錄字形

1. 影響文義的誤錄

由於敦煌契約文書中文字的模糊、語詞的生僻，造成《輯校》對一些文字字形的誤錄。此類誤錄，由於是將 A 字錄為與之意義無關的 B 字，因此會對契約文義的理解產生很大影響。例如：

（1）或有人忏悋菴林舍宅田地等，稱為主讬[2]者，一仰僧張月光子父知當。（5：13—14[3]）

按：

上文例所在契約 P.3394《唐大中六年(852)僧張月光博地契 》第4行有"牆下開四尺道，從智通舍至智通菴，与智通往來出入為主己"，第10—11行有"壹博已後，各自收地，入官措案為定，永為主己。" "主"為主人，"己"為自己，"主" "己"近義聯合，表主人義。

敦煌契約文書中"主己"多作"主記"，例如《輯校》18 頁 S.3877 背《天復九年己巳（909）洪潤鄉百姓安力子賣地契（習字）》："自賣已後，

[1] 王璐《敦煌契約文書輯校補正》，南京師範大學碩士學位論文，2007 年。
[2] 加點字為誤錄字。後同。
[3] 冒號前為錄文在《輯校》中的頁碼，冒號後為錄文在該頁中的行列位置。後同。

其地永任進通男子孫息姪世世為主記。"《輯校》26 頁 P.3331《後周顯德三年（956）兵馬使張骨子買舍契》："其舍一買後，任張骨子永世便為主記居住。"

參照同件契約中的"主己"和相關契約中的"主記"，可知"或有人忏悋藺林舍宅田地等，稱為主讬者"中"主讬"存在問題。查原件圖版，可確定"主讬"為"主记[1]"之誤錄。

（2）修文坊巷西壁上舍壹所，內堂西頭壹片。（21：1）

按：

敦煌契約文書中與"堂"相配的量詞多為"口"[2]。"片"與"堂"相配，在語義搭配上存在問題。查原件圖版，"片"當作"厅"。"片"、"厅"形近，導致《輯校》誤錄"厅"為"片"。《宋元以來俗字譜》："廳"，《古今雜劇》《三國志平話》作"厅"。"堂"為建於臺基之上的廳房，"堂"、"廳"可在語義上產生搭配關係，所以當為"內堂西頭壹廳"

（3）自賣已後，永世琛家子孫男女稱為主記。為唯有吳家兄弟及別人侵射此地來者，一仰地主面上並畔覓好地充替。（30：5—6）

按：

"為唯有吳家兄弟及別人侵射此地來者"句義不通，查原件圖版，"為唯"當作"為准"。根據"為准"上下語境，參照相關契約，可知上句當句讀為："自賣已後，永世琛家子孫男女稱為主記為准，有吳家兄弟及別人侵射此地來者，一仰地主面上並畔（伴）覓好地充替。""永世琛家子孫男女稱為主記為准"，即以琛家子孫永作主人為准的意思。

（4）如先誨（悔），罰布壹尺，入不誨（悔）人。（62：4—5）

按：

---

[1] 敦煌文書中，"言"字旁多簡寫為"讠"。

[2] 《輯校》24、32、46、428、433、436、441、442 等頁都有"堂壹口"。

上文例所在契約 S.1350《唐大中五年（851）僧光鏡負儭布買釧契》前面談到："光鏡……於僧神捷邊買釧壹救（枚），斷作價直布壹伯尺。其布限十月已後（前）於儭司填納，如過十月已後至十二月勾填更加貳拾尺。"接下來談到對悔約人的懲罰時，《輯校》錄為"罰布壹尺"。光鏡在規定期限內不能還布的話都要加罰二十尺布，很明顯，此處對悔約人"罰布壹尺"的懲罰太輕。查原件圖版，可知"罰布壹尺"當為"罰布一疋"。"疋""尺"形近，導致《輯校》誤錄"疋"為"尺"。"疋""匹"相通，古代四丈為一匹，一匹布則相當於四十尺。借布一百尺，如悔約，則罰布四十尺，由此才能保證契約的執行力度。"疋""尺"形近而混，由此造成一尺與四十尺之間的巨大差距。

（5）卯年四月一日，悉董薩部落百姓張和和為無種子，今於永康寺常住處取恊籬價麥壹番馱，斷造恊籬貳拾扇，長玖尺，闊六尺。（107：1—3）

按：

"恊籬"不辭，查原件圖版，知"恊籬"當作"栶籬"。由於"栶籬"一詞十分生僻，加之"栶、恊"形近，造成《輯校》誤錄。蔣禮鴻《〈敦煌資料〉（第一輯）詞釋》[1]："原契第二個'栶籬'旁邊小字側注'芘籬'二字，據此知栶籬就是芘籬。按：《集韻》平聲十二齊韻：'莉，草名。一曰芘莉，織刑障。'就是這個東西。《三國志·魏志·裴潛傳》裴松之注引魚豢《魏略》：'妻子貧乏，織藜芘以自供。'藜芘就是芘籬、芘莉。"曾良《疑難詞語試釋三則》[2]："'栶'實際上就是棘的意義，既可以是指長有刺的植物，也可以表示刺的意義。這個詞的本字不好確定，它有多種寫法，'栶'還可以寫成'枛''芀''劈''芳'等形式。……芘莉、莉芘、芘籬何以又作栶籬？這是因為它們都是用帶有刺的植物編織為障的，而'栶'字正是棘的意義，所以它們的意義相通。《字彙》：'莉，與籬同。'芘籬、栶籬與籬笆極其相似，最初是以帶刺的植物編織成的。……芘籬、栶籬既可以是指現

---

[1] 蔣禮鴻《〈敦煌資料〉（第一輯）詞釋》，《中國語文》1978 年第 2 期。
[2] 曾良《疑難詞語試釋三則》，《古漢語研究》1995 年第 4 期。

在所說的籬笆，也可以是用來作門或窗的扉。以帶刺植物編織成的扉，一方面可疏通空氣，另一方面又因有刺而起防盜作用。《敦煌資料》的《卯年張和和便麥契》說'棥籬''長玖尺，闊六尺'，正是用來作門或窗之扉的。古詩中還有'荊扉'的說法。"

（6）如違限不納，其車請不著領（令）六（律），住寺收將。其麥壹㪷，倍為貳斛。（139：4—6）

按：

"住寺收將"句義不通。"任""住"形近，細辨原件圖版字形，參照相關契約"如違限不還，一任掣奪家資雜物，用充麥直"等套語，可確知此形當作"任"。

"其麥壹㪷，倍為貳斛"句義不通。查原件圖版，知"貳斛"當作"貳㪷"。

（7）其典勿（物）大華（鏵）一孔，眾釜一當。（159：2）

按：

"眾釜一當"不辭。查原件圖版，知"眾釜一當"當作"眾金一付"。"眾金"即"種金"，"種金"可能指種植用的某種金屬器具。詳《詞語匯釋》"種金"。

（8）其絹利頭，須還麥粟肆碩。（180：3）

按：

原件圖版中"須"作"頊"。參照相關契約，可知"頊"為"現"之誤，"現"受其前面"頭"的影響而將其右邊的"見"訛為"頁"。例如《輯校》185頁 Дx.1377《乙酉年（925）莫高鄉百姓張保全貸絹契》："其絹利頭，現還麥粟肆碩。"

（9）次（此）絹限至來年田（填）還，若於限不還者，便著鄉原生利。（180：3—4）

按：

"著鄉原生利"之"著"原件作"看"。"看鄉元生利"是敦煌契約常見套語，即按照地方慣例產生利息。

（10）若身東西不平善者，壹仰口承男某甲伍當。（197：5—6）

按：

《輯校》在"伍當"之"伍"後注正字"祇"。敦煌契約文書中"祇當"多作"佪當"。"佪""伍"形近，原件圖版中該字形難以分辨"佪""伍"何者為是。根據敦煌契約相關套語，此處當為"佪當"。詳《詞語滙釋》"祇（佪）當"。

（11）其絹限至來年今月於日數填還。若不還者，看鄉元生利。（201：3—4）

《輯校》202頁校記："於日數填還"，Tun_huang and Turfan Documents III(A)一〇八頁作"□，向數填還。"

按：

原件圖版中"於"字依稀可辨，"於"後之字模糊不清，根據相關契約的參照，"日數""向數"當錄為"尺數"。例如：

其絹限至四月盡填還於尺數絹者。若於月數不得，看生利。（《輯校》394頁P.4885《乙未年（935）押衙李應子欠駝價絹憑》）

其押衙回來之日還納，於尺數本利兩疋。（《輯校》203頁P.3458《辛丑年（941?）押衙羅賢信貸絹契》）

若路上般次不善者，仰口承人弟彥祐於尺數還本綾，本綿綾便休。（《輯校》207頁P.3453《辛丑年賈彥昌貸生絹契》）

若平善到日，限至壹月便取於尺數本絹。若鉢略身不平善者，仰者（著）口承人兄定奴面上取於尺數絹。（《輯校》207頁P.3627+P.3867《壬寅年（942）龍鉢略貸絹契》）

口承人妻願春面上取於尺數本絹。（《輯校》239頁P.2119背《年

代不詳貸絹契》）

"於尺數"又作"於幅尺""於尺寸"，例如：

身若東西不平善者，於口承弟幸達面上，於幅尺准契取本絹兼利。（《輯校》215頁P.2504p2《辛亥年（951）康幸全貸生絹契（習字）》）

其絹限至來年三月於時日便須填還於尺寸本絹。[1]（《輯校》225頁新德里國家博物館《丙寅年（966）索清子貸絹契》）

"於尺數""於幅尺""於尺寸"之"於"，為依據、按照義。"其絹限至來年今月於尺數填還"即限止在明年的這個月依據契約規定歸還相應尺數的絹。"於"表示依據義，在敦煌契約文書中多見，詳《詞語匯釋》"於"。

（12）押衙康幸全往於西州充使。（215：6）

按：

"西州"在原件圖版中作"伊州"。"伊州"與"西州"位置相鄰，故城在今新疆哈密。相較於"伊州"，敦煌契約中出現更多的是"西州"。受此影響，《輯校》誤錄本件之"伊州"為"西州"。敦煌契約文書中的"西州"例如：

三界寺僧法寶往於西州充使。（《輯校》217頁P.3051背《丙辰年（956）三界寺僧法寶貸絹契（習字）》）

兵馬使康員進往於西州充使。（《輯校》219頁P.3501背《戊午年（958）兵馬使康員進貸絹契（習字）》）

張修造遂於西州充使。（《輯校》310頁北敦09520《癸未年（923?）張修造雇駝契（習字）》）

（13）自雇入作已後，便任勴小□造作。（289：2—3）

按：

原卷"勴小□"處模糊不清，字跡難辨。"勴小"不辭，根據原卷"勴

---

[1]《輯校》此句錄文在"填還"後加逗號，誤。"於時日便須填還於尺寸本絹"即按契約規定時日償還規定尺寸的絹，如"填還"後加逗號，則導致文義不清。此外，《輯校》錄文在"於尺寸"之"於"後誤出正字"與"。

小口”所占位置大小，參照其他雇工契相關文句，可推知“懃小口”可能為“懃心”。“懃”同“勤”，“勤心”即用心、勤懇，在相關雇工契文句中，“懃心”與“兢心”意思相同，例如《輯校》285頁 P.5008《戊子年（988?）梁戶史汜三雇工契》：“自雇已後，便須兢心造作。”

（14）所有醴（農）具鐮鏵鏷。（301：8）

按：

“鏷”與農具無關，查原件圖版，“鏷”似作“鏩”，“鏩”為“鉤”之異體字，“鉤”則是常見農具之一。

《輯校》289頁第4行亦誤錄“鏩”為“鏷”。《輯校》276頁第6行、280頁第6行錄“鏩”為“鏵”。由於原件圖版字形模糊，我們無法斷定“鏩”“鏵”何者為是。“鏩”同“鍛”，根據字義，當錄為“鏩”。

（15）其地內所 著渠河口作 、草、币、地子、差科 等 物，一仰本地主 祇當 ，不忏王粉堆之事。（332：4—5）

按：

原件圖版字形不清，參照相關契約，可知“币”為“布”之誤。“布”即官府所徵收之“官布”，例如《輯校》330頁 P.3214背《唐天復七年（907）洪池鄉百姓高加盈等典地契（習字）》“其地內所著官布、地子、柴草等，仰地主祇當，不忏種地人之事。”

（16）龍鄉百姓祝骨子為緣家中地數窄突，遂於莫高百姓徐保子面上合種地柒拾畝。（341：1—2）

捉梁戶磑戶二人厶等，緣百姓田地窄安，珠（遂）捉油梁、水磑，輪看一周年。（346：1—3）

按：

“窄突”“窄安”不辭。辨原件圖版字形，可知“窄突”“窄安”當作“窄突”。“窄突”即“窄狹”，“突”即“狹”之俗字：受雙音詞中另一字的影響，增加或改變形符，以使雙音詞二字的形符一致，是俗字常見的類化現象，在"狹窄""窄狹"慣用組合的長期影響下，則在"窄"之"穴"旁的字形類化作用下而出現"窔"；此外，"窄狹"之"狹"的形符為"犬"，這個形符與狹窄義无關，因此更換形符以更好地體現狹窄義本身就能成為"狹"演變為"窔"的內在動力。

（17）及有東西營局破用。（413：5）

《輯校》414頁校記："Tun_huang and Turfan Documents III(A)一四二頁、敦煌社會經濟文獻真跡釋錄第二輯一九八頁作'營苟'"。

按：

"營"下之字原件圖版作"苟"，當錄為"苟"。"營苟"可能為"營營苟苟（蠅營狗苟）"之省。"營營苟苟"形容人不顧廉恥，到處鑽營。引申則"營營苟苟"可表瑣碎之雜事。此件之"東西營苟"則指來來往往的瑣碎雜事。詳S.5816《寅年（834?）節兒為楊謙讓打傷李條順處置憑》註。

2. 不影響文義的誤錄

《輯校》中誤錄的文字，主要是因字形模糊、語義生僻而誤錄的形近字。此外，《輯校》中個別誤錄文字是受契約上下文義或契約習慣用法影響而出現的誤錄。此類誤錄，一般不會對契約文義的理解產生太大影響。但從貼近典籍原貌、研究特殊現象等角度看，有必要指出《輯校》中的此類錯誤。例如：

（1）自賣已後，其地永任進通男子孫息姪世世為主記。（18：7—8）

《輯校》20頁校記："'世世'，Tun_huang and Turfan Documents III(A)八四頁作'世上'。"

按：

原件圖版作"世上"，《輯校》據文義改錄為"世世"。

（2）若平善到，利頭當日還納，本絹限入後壹月還納。（205：7—8）

按：

"本絹"在原件圖版中作"本物"。敦煌貸絹契中，與"利頭、利潤"相應的詞一般用"本絹"，受相關契約習慣用法的影響，《輯校》誤錄《賈彥昌貸絹契》中的"本物"為"本絹"。敦煌貸絹契中的"本絹"例如：

其絹利閏（潤）見還麥肆碩。其絹限至來年九月一日填還本絹。（《輯校》221頁 S.5632《辛酉年（961）陳寶山貸絹契》）

其絹貸後，到秋還利麥粟肆石，比至來年二月末填還本絹。（《輯校》224頁 P.3565《甲子年（964?）氾懷通兄弟等貸絹契》）

其絹利頭，鍋鑑壹個，重斷貳拾兩。本絹幸全到城日，限至九月填還。（《輯校》215頁 P.2504p2《辛亥年（951）押衙康幸全貸生絹契（習字）》）

（3）其人立契，便任入作，不得拋工。（248：5—6）

按：

"拋工"在原件中作"拋功"。敦煌契約文書中"工""功"混用不別，"拋工""拋功"都多次出現。受此影響，《輯校》錄本件之"拋功"為"拋工"。

（4）廚舍慢兒共進儒停分。（446：5）

按：

"停分"在原件中作"亭分"。敦煌契約文書中表示平均、公平義的"亭""停"混用不別，"亭分""停分"都多次出現。受此影響，《輯校》錄本件之"亭分"為"停分"。

（5）蘇乳之合，尚恐異流，貓鼠同竄，安能得久。（486：8—9）

按：

"貓鼠同竄"之"鼠"原件作"竄"。"竄"為"竄"之異體字，根據上下文義，"竄"為"鼠"之誤，《輯校》據文義徑改。

敦煌契約文書語言研究
DUNHUANG QIYUE WENSHU YUYAN YANJIU

（6）押署為驗。（515：7）

按：

"署"原件作"暑"。"暑"為"署"之借字，《輯校》據文義徑改。

（三）其他

《輯校》錄文中出現的問題，主要在字形誤錄方面。此外，《輯校》所錄個別契約，存在性質誤判、排列錯誤等問題。例如：

（1）《輯校》199頁 Дх.2143《乙未年（935?）押衙索勝全貸絹契》

按：

該契約《輯校》僅錄第1行和第14行，沙知先生認為該契約為貸絹契。通觀該契約全文，可知該契約為換馬契。具體原因詳 Дх.2143《乙未年（935?）押衙索勝全貸絹契》注。

（2）《輯校》244頁錄 S.5998背《年代不詳悉寧宗部落百姓賀胡子預取刈價契》為甲、乙兩片，其245頁說明："此件朱書，二片，筆跡相似。甲片一至二行似自左至右書寫。乙片一至四行內容與甲片關係不明，俟考。……甲片，Tun_huang and Turfan Documents III(A) 一一九頁接續在乙片四行之後，行序相反，其第五行即本錄文甲片二行，六行即一行，但六行無字。"

按：

《輯校》乙片第四行為"□□訖，依鄉原當時還麥　碩，並漢斗。其身"，甲片第二行為"或有東西不在▢▢▢▢▢▢（後缺）"。參照《輯校》246頁 S.5998《年代不詳悉寧宗部落百姓王晟子預取刈價契（習字）》"依鄉原當時還麥陸碩並漢斗。其身或有東西，一仰保人代還"，可知 Tun_huang and Turfan Documents III(A) 所錄正確，即《輯校》244頁甲片內容當接乙片後：甲片第2行當標為乙片第5行，甲片第1行當標為乙片第6行。"其身或有東西，一仰保人代還"是敦煌契約常見套語。詳《詞語彙釋》"東西"。

（3）《輯校》528 頁 S.6537 背《慈父遺書樣文（一）》

按：

該件文書，與 Дx.12012《乙未年（935）三月慈父致男行深書》內容大致相同。結合 Дx.12012《乙未年（935）三月慈父致男行深書》全文文義，可知《輯校》528 頁所錄 S.6537 背《慈父遺書樣文（一）》的性質為書信，與契約無關。詳 S.6537 背《慈父與子書樣文》注。

（4）《輯校》531—532 頁 S.5647《遺書樣文（一）》

按：

該件文書，與 Дx.02333B《分書樣文》內容大體一致。根據文書中出現的"今對諸親，分割為定"等套語，《輯校》所錄 S.5647《遺書樣文（一）》的性質當為分書。"今對諸親，分割為定"為敦煌分書的常見套語，例如：

今對諸親，分割為定。（Дx.12012《兄弟分書樣文（一）》）

今對枝親，分割為定。（《輯校》458 頁 S.6537 背《分書樣文》）

今對諸親，分割為定。（《輯校》466 頁上圖 017《分書樣文》）

（5）《輯校》532 頁錄 S.5647《遺書樣文（一）》最後一句"父母遺書一道"

按：

《輯校》532 頁 S.5647《遺書樣文（二）》與 Дx.02333B《遺書樣文》內容大體一致。Дx.11038 中《遺書樣文》和《放妻書樣文》自右至左依次排列，《遺書樣文》首句為"謹立遺書一道"，《放妻書樣文》首句為"謹立放妻書一道"。此外，《輯校》522 頁、526 頁所錄《遺書樣文》首句均為"遺書一道"。由此可知：S.5647 中的"父母遺書一道"為第二篇《遺書樣文》之首句，而非第一篇《遺書樣文》之末句。

（6）《輯校》448 頁 P.2985 背《年代不詳（10 世紀）分宅舍書》

按：

該件文書，《輯校》錄文出現多處錯誤。該文書原件字跡稍有模糊，但文辭大致可辨，《輯校》錄文出現多處錯誤的原因不明。具體錯誤詳下：

第1行"廚舍並基一丈七寸，南北並基六尺二寸"當作"廚舍東西並東基一丈七寸，南北並北基六尺二寸"。[1]

第3行"入門曲子東西並東西三尺五寸"當作"入門曲子東西並東基三尺五寸"。

第4行"計二百一十尺五寸"當作"計二百十一尺五寸"。

第6行"南北並基一丈五尺"中的"五尺"當作"五寸"。

（7）見人　　　僧智恒字達（62：9）

按：

原件"達字"字體略大，似爲本人簽押。《輯校》誤錄"達字"爲"字達"。

（8）何乃結爲夫婦，不悅　　　　數年。（486：7）

按：

《輯校》錄文"不悅"後有四字左右的空格。核對原件圖版，"不悅"後無空格。"不悅數年"即多年不悅，"不悅"與"數年"之間在文理上也不應有空格。

二、校注的問題

《輯校·凡例》第六條："通假字照錄，必要時在該字下注正字，加（ ）。錯別字同此例。"《輯校》採取此種方法，既有利於研究者對典籍原貌的認知，又有利於研究者對錄文意義的理解。遺憾的是，《輯校》具體錄文的個別地方並沒有嚴格貫徹《凡例》第六條規定，影響到研究者對錄文意義的準確理解。

---

[1] 下文第2行"東西並東基一丈一尺一寸，南北並南基九尺七寸"可與之互證。

（一）當注未注

1. 音近相借字

（1）薗牆壁及井水開道功直[1]解出買（賣）与僧侶智通。斷作解直……（5：12）

按：

"直"後當注"值"，"解"後當注"價"。"直解"即"值價"，"解直"即"價值"。

敦煌契約文書中"值"多作"直"，後文不再一一列舉。

（2）一定已後，其舍各自永充主記。（12：6—7）

按：

"主記"之"記"後當注"己"。"主記"在敦煌契約中又作"主己"，"主"為主人，"己"為自己，"主""己"近義聯合，表"主人"義。

《輯校》18、26、30、77、327頁"主記"之"記"亦未註，此舉其一。

（3）有吳家兄弟及別人侵射此地來者，一仰地主面上並畔覓好地充替。（30：5—6）

按：

"一仰地主面上並畔覓好地充替"中"畔"表義不明。考察敦煌契約文書相關文例，如《輯校》10頁S.3877背《唐乾寧四年（897）平康鄉百姓張義全賣舍契（習字）》："其舍一賣以後，中間若有親姻兄弟兼及別人稱為主己者，一仰舊舍主張義全及男粉子、支子祇當還替"。《輯校》26頁P.3331《後周顯德三年（956）兵馬使張骨子買舍契》："其舍一賣後，任張骨子永世便為主記居住。中間或有兄弟房從及至姻親忙慄，一仰宋欺忠及妻男、鄰近穩便買舍充替，更不許異語東西。"以上文例，都在講將來賣方所賣房地的產權如果和他人產生牽連，則要求賣方主人及其親人、近鄰等另外買房

---

[1] 加點字為需要註釋的字。後同。

敦煌契約文書語言研究
DUNHUANG QIYUE WENSHU YUYAN YANJIU

地償還買方。因此，上例"一仰地主面上並畔覓好地充替"中"畔"當為"伴"之假借，義為"地主及其老伴另尋好地償還"，其例同"宋欺忠及妻男""張義全及男粉子、支子"等。

（4）如若無辜非理爭論。（40：8）

按：

"無辜"即"無故"，"辜"後當注"故"。

（5）斷作價直布壹伯尺。（62：2）

按：

"伯"後當注"佰"。"佰"即"百"的大寫。

（6）杜通信今緣家內闕少年粮，依張安六面上便奇（寄）粟兩碩。（162：1—2）

按：

"依"後當注"於"。"於""依"音近相借，"於××面上便寄麥（粟）××"是敦煌契約常見套語。

（7）更無番悔。（169：3）

按：

"番"後當注"翻"。"翻悔"即"反悔"。敦煌契約文書"翻悔"多見，但不見"反悔"用例。

（8）又貸帛拖（紬）綿綾壹疋。（205：3—4）

按：

"帛"本字疑作"白"。

"紬"是一種較為粗厚的絲織物，敦煌文書中記錄有大量的染色紬，例如 P.3274 背《唐天寶年代豆盧軍防人衣服點檢曆》中有"白紬""紫紬""褐絁""黄絁""緑絁""皂絁"等。在眾多的染色絁中，以白絁居多。

"帛"為古代絲織物的通稱，"絁"為粗厚絲織物，"帛""絁"組合難以在語義上產生搭配關係。查《敦煌社會經濟文獻真跡釋錄》所收文書，"帛絁"只在 P.3453《辛丑年（941）賈彥昌貸絹契》中一見，而"白絁"屢見不鮮。因此，根據敦煌文書相關詞例，《賈彥昌貸絹契》中"帛絁"之"帛"疑為"白"之借。

清·洪頤煊《讀書叢錄》卷一："白、帛，古字通行。""帛""白"通借，古籍中多見，如《禮記·玉藻》："親沒不髦，大帛不緌。"鄭玄注："帛，當為白。聲之誤。大帛，謂白布冠也。"再如敦煌契約文書中，"疋帛"或作"疋白"[1]，此亦可證敦煌文書中"帛""白"通借現象的存在。

（9）忽若推言，掣奪家資。(215：6)

按：

"推言"之"言"後當注"延"。《輯校》181頁、235頁有"推延"用例。《輯校》310頁第4行"推言"之"言"後注正字"延"，而上例"推言"之"言"未註，這也反映了《輯校》個別地方體例的不統一。

（10）兩共對面平章為第（定），不許閙。(217:7)

按：

"閙"本字疑作"辯"。

（11）皮鞋一量。（263：3—4）

按：

"量"後當注"兩"。此外，《輯校》265、268、272、298頁"皮鞋一量"之"量"後亦未注正字"兩"。"兩"即"雙"，"皮鞋一兩"即"皮鞋一雙"。在雇工契相似語境中，《輯校》248、250、258、260、274、276、

---

[1] 見《輯校》224頁 P.3565《甲子年（964?）氾懷通兄弟等貸絹契》、《輯校》192頁 P.4093 冊子《庚寅年（930?）燉煌鄉百姓鄭繼溫貸絹契（習字）》。

280、283、287、289、301 等頁出現 "皮鞋一兩"。

（12）手上使用籠具失却，倍（賠）在自身。（265：6）

按：

"籠具" 即 "農具"，"籠" 後當注 "農"。此外，《輯校》260、280、287、296、637 頁 "籠具" 之 "籠" 後亦未注正字 "農"。在雇工契相似語境中，《輯校》248、276、298、508 等頁出現 "農具"。

（13）仵子手内所把隴（農）具一勿（物）已上，忽然路上違（遺）失，畔上睡臥，明明不与主人失却，一仰雇人祗当。（263：6—7）

按：

參照相關契約，可知該句中的 "忽然" 与 "忽若" "忽如" 同，"忽然" 之 "然"，當為 "若" "如" 之假借，"忽然" 之 "然" 後當注 "若（如）"。

此外，敦煌契約文書中 "一物已上" 用於總括前面所提及所有物品，因此，上例 "農具" 与 "一物已上" 之間需加逗號。"一物已上" 詳 Дx.12012《清泰二年（935）張富深養男契》注 [17]。

（14）忽若偷他人牛羊麥粟荳菓菜茹，忽以捉得，陪（賠）在自身祗當。（276：4—5）

按：

"忽以" 之 "以" 後當注 "若（如）"。"忽以" 即 "忽若" "忽如"，敦煌契約文書中 "以" 与 "若" "如" 經常通用。詳《詞語匯釋》"以" "若（如）"。

（15）更若畔上失他主人農具鏵鏵鐮刀鍬钁（钁）袋器什物者，陪（賠）在作兒身上。（276：5—6）

按：

"失他" 不辭。考察出現類似語例的相關敦煌契約，可知与 "失他" 相關的詞有 "失却" "失脱"。"失却" 即失去、失掉；"脱" 亦有失去義，

"失""脱"同義聯合,"失脱"即失却。"脱""他"音近,參照相關契約,可知"失他"之"他"為"脱"之假借,"失他"之"他"後當注"脱"。詳《詞語匯釋》"失却""失脱"。

（16）所有莊上膿（農）具秋、鑺、鐮、鏵、鏽……（289：3—4）

按：

"秋"後當注"鍬"。《輯校》276、280、433等頁用本字"鍬""鏊"。

（17）城內城外,一般獲時造作,不得抛滌工夫。（298：6—7）

自雇已後,便須兢心造作,不得抛敵功夫。（301：5—6）

莫抛直課。（341：2—3）

按：

"滌""敵""直"後當注"擿"。此外,《輯校》274、283頁"抛敵"之"敵"後亦未注"擿"。

敦煌雇工契中,多有"不得抛擿功夫"之類的套語。"莫抛直課"與雇工契套語"不得抛擿功夫"的意思基本相同。《輯校》296頁在"抛直"之"直"後注"擲","擲"即"擿"。敦煌契約中,"抛擿"多見,從字形關聯角度分析,"抛直"之"直"的正字當作"擿"。

詳《詞語匯釋》"抛擿"等。

（18）又人悔者,罰麥壹碩,充入不悔人。（310：8）

按：

"又"後當注"有"。

（19）若駝相走失者,雇價本在,於年歲却立本駝。（312：7—8）

按：

參照相關契約,可知"相"後當注"傷"。例如：

所有路上駝傷走失,駝▢▢在,須立本駝,駝價本在。（《輯校》

315 頁 P.2652 背《丙午年（946?）洪潤鄉百姓宋虫□雇駝契（習字）》）

或若駝傷走走，立還……（《輯校》422 頁 P.4638《辛卯年（931）
後馬軍宋和信雇駝狀》）

（20）塑匠都料趙僧子，伏願家中戶內有地水出來，缺少手上工物，無
地方覓。（349：1—2）

按：

"願"後當注"緣"。敦煌契約文書中"伏緣"出現頻率很高，用於引
出簽訂契約的原因。詳《詞語匯釋》"伏緣"。

（21）若不孝順者，仰至親情，當日趁却。（363：13—15）

按：

"至"後當注"諸"。"至""諸"音近相借。例如：

若不孝順，仰諸親情，當日趁却。（《輯校》365 頁 S.5700《養男
契樣文》）

（22）合着多少物事，一一細算打牒。（413：5）

按：

"着"後當注"折"；"牒"後當注"撰"。

敦煌契約文書中，"着"與"折"之間有假借關系。《輯校》3 頁"着物"、
《輯校》33 頁"算着舍價物"、《輯校》47 頁"着物"之"着"後亦需注"折"。
"着物……"即折合物若干；"算着……"即經計算，折合物若干；"合
着……"即總共折合物若干。詳《詞語匯釋》"著（着）"。

"打撰"即收拾、安排。"打撰"又作"打疊""打迭"等。

（23）判官梵勝姪男僧滿盛處寄得麥本一石五斗粟五斗。（418：2—3）

按：

"寄"後似需注"借"。《輯校》161、162、420 頁的"寄"也為"借"

義，此舉其一。

"寄"為寄託、依靠，引申則有借義；"假"有依靠義，引申也有借義。"寄""假"在詞義運動軌跡上有比較互證的關係。此外，"寄""借"音近，"寄"表借義，也有假借"借"的可能。詳《詞語匯釋》"寄"。

（24）罰責非輕，未有排批。（424：2—3）

按：

"批"後當注"比"。"排比"即安排、準備。

《輯校》298頁在"仰自排批"之"批"後注"比"。

（25）銅灌子壹。（433：25）

按：

"灌"後當注"罐"。

（26）兄弟三人對知親……。一定已後，對知親……。如若兄有義者，對坐知親友師兄等……（452：15—17）

按：

"義"本字疑作"議"，"有議"即對分家結果有爭議。

"知"後當注"枝"。"枝親"即旁支親屬。例如：

> 今則兄厶乙、弟厶甲，今對枝親村鄰，針量分割。……今對枝親，分割為定。（《輯校》458頁 S.6537背《分書樣文》）

（27）向且再宜自從皈（歸）管五十餘年，……（496：9）

按：

"向"後當注"尚"。"向且"即"尚且"，"向""尚"音近相借。

（28）將次放良福分，先資亡過，不曆三途，次及現存，無諸災障。（497：12—13）

按：

"次"後當注"此"。例如：

> 將此放良福分，先薦過往婆父，不落三途，次及近逝慈親，神生淨
> 土。（《輯校》499 頁 S.5700《放家童青衣女書樣文》）

（29）賤者是前緣負債，摘來下賤。（502：3）

按：

"摘"本字疑作"謫"。

"摘來下賤"不辭。"謫來下賤"即貶謫來到人世，身處卑賤。

（30）日日承亡痊損，月月漸複更加。（524：1—2）

按：

"承亡"不辭。"承亡"即"承望"，指望義。[1] "亡"後當注"望"。

《輯校》523 頁 S.0343《析產遺書樣文（甲）》："日日承忘痊損，月
月漸複更加。""忘"後亦當注"望"。

（31）張表單心。（526：7）

按：

"單心"即"丹心"，"單"後當注"丹"。《輯校》521 頁在"用表
單心"之"單"後注"丹"。

（32）共城公事，莫照敗闕。（528：3—4）

按：

"城"後當注"成"；"照"後當注"招"。

上例在 Дx.12012《乙未年（935）三月慈父致男行深書》中作："共成公事，
莫招敗闕。"即共同完成公事，不要招致過失。

---

[1] 蔣禮鴻《敦煌變文字義通釋》（增補定本）176—177 頁對"承望、承忘"有詳論，上海古
籍出版社 1997 年版。

（33）切莫貪酒市肉，[浪]破錢物，在心餘飼畜剩（乘）。（528：5—6）

按：

"切莫市肉"於理不通，根據"貪酒"與"市肉"的對仗，"市"本字疑作"嗜"。

（34）今以汝別，痛亦何言。（534：22）

按：

"以"後當注"与"。

敦煌契約文書中，"以""与"經常互相假借。詳《詞語匯釋》"以""与"。

2. 形近相混字

（1）大中五年二月十三日，當寺僧光鏡緣闕車小頭釧壹交停事，遂於僧神捷邊買釧壹救（枚），斷作價直布壹伯尺。（62：1—2）

按：

《輯校》注"釧壹救"之"救"的正字為"枚"，"枚""救"形近相混。據此，"釧壹枚"前文"小頭釧壹交"之"交"的正字也當為"枚"。契約書寫者誤"枚"為"交"，可能也是因"枚""交"形近相混而致。

（2）押衙蘇永進伏緣家于闐充使，欠少畜剩（乘），遂於都頭鄧栽連面上雇陸歲駱駝壹頭。（307：1—3）

《輯校》308頁校記："'押衙蘇永進伏緣家'以下當有脫字。"

按：

《輯校》校記恐誤。"家""豕"形近，根據上下文義及相關詞例，"家"可能為"豕"之誤。《玉篇》"豕，從意也，今作遂也"；《說文》段玉裁"豕"下注"後世皆以遂為豕矣"。"遂"有前往義，例如：

　　癸未年四月十五日張修造遂於西州充使，欠闕駝乘，遂於押衙王通通面上雇五歲父馳壹頭。（《輯校》309頁北敦09520《癸未年（923?）張修造雇駝契（習字）》）

22

（3）若若非裏（理）押損走却，不[關]馳主知（之）事。（309：4—5）

按：

前"若"後當注"如"；"押"後當注"打"。

上句中"押損"不辭。考察出現類似語例的相關敦煌契約，可知"押損"為"打損"之誤，"打""押"形近而訛。"打損"即打壞、損壞（詳《詞語匯釋》"打損"）。敦煌契約中的"打損"例如：

所有農具什[物]等，並分付与聰兒，不得非理打損。（《輯校》248頁S.3877背《戊戌年（878）洪潤鄉百姓令狐安定雇工契（習字）》）

若作兒手上使用籠（農）具鐮刀鐸鏵鍫钁袋器什[物]等，畔上拋抶（失）打損，裴（賠）在作兒身，不關主人之事。（《輯校》280頁北敦03925背《甲戌年（974）慈惠鄉百姓竇跛蹄雇工契（習字）》）

寅年八月十九日，楊謙讓共李條順相諍，遂打損經（脛）。（《輯校》413頁S.5816《寅年（834?）節兒為楊謙讓打傷李條順處置憑》）

（4）逝命尺不肯容。（523：4）

按：

根據《輯校》524頁S.0343《析產遺書樣文》乙錄"誓（逝）命天不肯用（容）"，可知上例中"尺"為"天"之誤，"尺"後當注"天"。"逝命天不肯容"即上天不肯容納我多活幾天的意思。

（5）此吾及内外親姻男女大少，物得安泰。（528：2）

按：

"少"後當注"小"；"物"後當注"惣"。

上例在Дx.12012《乙未年（935）三月慈父致男行深書》中作："此吾及内外親姻男女大小，惣得安泰。""惣"為"揔"之異寫，"揔"同"總"，"總得安泰"即大家都安泰。

3. 語用相關字

（1）洪潤鄉百姓令狐安定為緣家內欠闕人力，遂於龍勒鄉百姓就聰兒造作一年。（248：1—2）

燉煌鄉百姓李員昌為緣家欠少人力，遂於赤心鄉百姓彭鐵子男章三。（272：1—5）

龍勒鄉百姓賢者樊再昇伏緣家中欠少人力，遂於效谷鄉百姓氾再員造作營種。（283：1—2）

按：

借助敦煌雇工契相關語例的參照，可知上三句中的"於"當作"雇"，例如：

> ［神］沙鄉百姓李繼昌伏緣家內闕乏人力，遂雇慈惠鄉百姓吳再通男住兒造作一年。（《輯校》278 頁 S.3011 背《辛酉年（961?）神沙鄉百姓李繼昌雇工契（習字）》）

> 莫高鄉百姓賀保定為緣家中欠少人力，遂雇赤心鄉百姓龍員定男造作壹周年。（《輯校》276 頁 P.3649 背《丁巳年（957）莫高鄉百姓賀保定雇工契（習字）》）

以上語例的后半部分，在敦煌雇工契相關語境中常見表達方法為"於某某人面上雇某某人"，例如：

> 燉煌鄉百姓蘇流奴伏緣家內欠少人力，遂於效谷鄉百姓韓德兒面上雇壯兒造作營種。（《輯校》262 頁 S.5509 背《甲申年（924?）燉煌鄉百姓蘇流奴雇工契（習字）》）

> 燉煌鄉百姓鄧憨多為緣家中欠少人力，遂於莫高鄉百姓耿憨多面上雇男造［作］一周年。（《輯校》284 頁 P.3826 背《丁亥年（987）燉煌鄉百姓鄧憨多雇工契》）

由於受"於某某人面上雇某某人"常見表達手法的影響，一些敦煌雇工契出現"雇""於"混用的現象。例如《輯校》282 頁 S.0766 背《壬午年（982）平康鄉百姓雇工契（習字）》："遂雇（於）赤心鄉百姓羅不奴面上雇男長盈造作壹周年。"此例中，前一個"雇"即"於"之誤，因此，《輯校》在

"雇"後注出正字"於"。同理，《輯校》當在誤"雇"為"於"的情況下注出正字"雇"，如此才能使句義通順。

（2）若作兒偷他苽菓菜如（茹）羊牛等，忽如足（捉）得者，仰在作兒身上。（280：8—9）

按：

"賠在作兒身上"是敦煌雇工契常見套語，此件"仰"後當注正字"賠"。"賠在××身上"的意思與敦煌契約套語"仰××抵當"接近，由此導致此件"賠"誤寫為"仰"。例如：

忽若偷他人牛羊麥粟苽菓菜茹，忽以捉得，陪（賠）在自身祇當。更若畔上失他主人農具鏵鑵鐮刀鍬钁（钁）袋器什物者，陪（賠）在作兒身上。（《輯校》276頁P.3649背《丁巳年（957）莫高鄉百姓賀保定雇工契（習字）》）

仵子手內所把隴（農）具一勿（物）已上，忽然路上達（遺）失，畔上睡臥，明明不与主人失却，一仰雇人祇當。（《輯校》263頁P.2415p1+P.2869p5《乙酉年（925?）乾元寺僧寶香雇工契》）

（3）恐無交加，故立私契，用為後憑。（285:5）

按：

"無"後當注"後"。

"恐後無憑，故立此契，用為後驗""恐人無信，故立此契，用為後憑"是敦煌契約末尾常見套語。受此習慣用法影響，此件"恐無交加"中"後"誤寫為"無"。例如：

伏恐後時交加，故立此契，用為後憑。（《輯校》349頁P.3964《乙未年（935?）塑匠趙僧子典男契》）

（4）如若先悔者，罰羊一口，充入不悔不人。（304：4）

《輯校》306頁校記（二）："悔下'不'衍。"

按：

"充入不悔之人"是敦煌契約常見套語，此處"不"當為受上文"不悔"之"不"的影響而出現的誤寫。"不悔不人"之"不"後當注"之"。

（5）三年除外，並不□劉加興論限。（325：11）

《輯校》第326頁校記（三）："□原為'許'，已抹。改寫字或釋'妨'，或釋'珍'訓'准'，今存疑。"

按：

原件圖版改寫字字跡模糊，無法辨認。"不在論理之限"或"不在論限"（即不在討論範圍）是敦煌契約常見套語，由此可推知改寫字當為"在"。此外，"不許論理"也是敦煌契約常見套語，受此影響，該契約書寫者先將"不在劉加興論限"之"不在"誤寫為"不許"，後發現錯誤，遂改"不許"為"不在"。

4. 俗字

（1）若作兒手上使用籠具鐮刀鏵耩鏊鑊袋器什［物］等，畔上拋抶打損，裴（賠）在作兒身，不關主人之事。（280：6—8）

按：

"拋"為拋棄，"抶"為擊打。"拋""抶"組合，明顯不辭。參照相關敦煌契約語例，可知"拋抶"與"失脫""失却"大義相同。因此，"拋抶"之"抶"的本字當為"失"。"拋失"即拋棄丟失，"拋失"之"失"加提手旁，一方面是受"拋"之提手旁的類化影響所致，另一方面也能夠加強丟失的動作義。

（2）所以五親商量，養姍甥某專甲男。（362：5—7）

按：

"姍甥"即"外甥"，"姍"後當注"外"。

張涌泉《漢語俗字研究》[1]356—358頁指出："姍"即"外"，這種現象，"與

---

[1] 張涌泉《漢語俗字研究（增訂本）》，商務印書館2010年版。

字形類化有關。所謂的類化是指人們書寫的時候，因受上下文或其他因素的影響，給本沒有偏旁的字加上偏旁，或者變成與上下文一致的偏旁的現象。"

（二）不當注而注

（1）其秋只（質）納得麥肆碩，更欠麥兩碩。（161：2—3）

按：

我們所檢索敦煌文獻中，未發現"質納"一詞，且"質""納"在詞義上很難產生組合關係。因此，我們認為上例中的"只"為本字，即本來要求繳納麥陸碩，現在只繳納麥肆碩。

（2）其押衙回來之日還納，於（與）尺數本利兩迳。（203：3—4）

其絹限至來年三月於時日便須填還，於（與）尺寸本絹。（225：5）

按：

"於"有依據、按照義，"於尺數""於尺寸"為"按照契約規定尺數（尺寸）"義。《輯校》在"於尺數""於尺寸"之"於"後注"與"，則文辭不通。（詳《詞語匯釋》"於"）另外，"還納""填還"與其後面的內容為動賓關係，《輯校》"還納""填還"後的逗號當去掉。

（3）其絹限至來年却還本絹，於（與）看鄉元生利。（232：6—7）

按：

"看鄉元生利"是敦煌契約常見套語，"看鄉元生利"或作"於鄉元生利"，即按照地方慣例產生利息。"於""看"都有依據義，進而，在個別敦煌契約中，"於""看"同義聯合，出現"於看鄉元生利"，如《輯校》224頁P.3565《甲子年(964?)氾懷通兄弟等貸絹契》："如若於時不還者，於看鄉元逐月生利。"《輯校》在上例"於看鄉元生利"之"於"後誤注"與"，則文辭不通。

此外，《輯校》對"於尺數""於看鄉元生利"中的"於"，有些注"與"，有些未注"與"，這在一定程度上也反映了《輯校》個別地方體例的不統一。

（4）今聞醒素（悟）之時，對兄弟子姪諸親等，遺囑微尠。（526：2—3）

《輯校》527 頁校記："'醒素'當作'醒悟'，參斯三四三背遺書樣文七行。"

按：

《輯校》515 頁 S.2199《唐咸通六年（865）尼靈惠唯書》："不是昏沉之語，並是醒甦之言。"參照相關文例，可知"醒素"即"醒甦"，"素"之正字當注"甦"。詳《詞語匯釋》"醒甦"。

此外，《輯校》521 頁 S.6537 背《遺書樣文》："今醒素之時，對兄弟子姪諸親等遺囑。"該件中的"醒素"，《輯校》未注，這也反映了《輯校》個別地方體例的不統一。

（5）骨肉之原（厚），不可有分飛之願。（460：7—8）

按：

"原"後誤注"厚"。

《輯校》460 頁《分書樣文》與 Дx.12012《分書樣文》內容大致相同，此處 Дx.12012 亦作"骨肉之原"。"原"即骨肉同源，"骨肉之原，不可有分飛之願"即叔姪乃骨肉同源之親，不應因錢財而生分家之念想。

三、句讀的問題 [1]

（1）若使命來者限來年正月，在次（此）覓絹填還。（228：4—5）

按：

---

[1]《輯校》錄文在並列詞語之間多不加頓號，這影響到讀者對文義的準確理解。例如《輯校》272 頁 S.5578《戊申年（948?）燉煌鄉百姓李員昌雇工契》："春衣汗衫壹禮（領）襖襠裌袖衣蘭（襴），皮鞋壹量共壹對。"根據《輯校》276 頁 P.3649v《丁巳年（957）莫高鄉百姓賀保定雇工契（習字）》"春衣壹對，汗衫壹領，裌袖衣襪，襖襠壹腰，皮鞋壹兩"，可知"春衣汗衫壹禮（領）襖襠裌袖衣蘭（襴），皮鞋壹量共壹對"需句讀為"春衣、汗衫壹禮（領）、襖襠、裌袖衣蘭（襴）、皮鞋壹量共壹對"。類似問題在《輯校》中很多，限於篇幅，本節不對此類問題一一討論。

"限來年正月"在講還絹之期限，其語義與"在次（此）覓絹填還"對應。因此，上句當句讀為：

若使命來者，限來年正月在次（此）覓絹填還。

（2）自雇已後，便須駈駈造作，不得忙時左南直北亂作拋工一日剋物貳㪷。（276：3—4）

按：

《輯校》280頁北敦03925背《甲戌年（974）慈惠鄉百姓竇跛蹄雇工契（習字）》："自雇如後，便須兢兢造作，不得拋功壹日。忙時拋工壹日，剋物貳㪷，閑時拋工一日，剋物一㪷。"《輯校》298頁S.1897《後樑龍德四年（924）燉煌鄉百姓張厶甲雇工契（樣文）》："忽忙時不就田畔，蹭蹬閑行，左南直北，拋工一日，剋物貳㪷。"參照相關契約，可知上例當句讀為：

自雇已後，便須駈駈造作，不得忙時左南直北亂作，拋工一日，剋物貳㪷。

（3）城內城外，一般獲時造作，不得拋滌工夫。（298：6—7）

按：

敦煌契約文書中，"一般"多為一樣、同樣義，例如：

① 況二人等，忝為叔侄，智意一般。（《輯校》460頁S.5647《分書樣文》）

② 如同往日一般，上者更須臨恩，陪（倍）加憂恤，小者更須去（趨）義，轉益功（恭）勤。（《輯校》463頁S.5647《分書樣文》）

③ 所有城內屋舍、城外地水、家資、□□並共永長會子，亭支一般，各取一分。（《輯校》357頁P.3443《壬戌年（962?）龍勒鄉百姓胡再成養男契》）

上例①"智意一般"即智謀、意念都是一樣的（即沒有私心）；上例②"如同往日一般"即如同往日一樣；上例③"亭支一般"中"亭支"即平均支配使用，"一般"是對"亭支"的進一步說明，"亭支一般"即雙方一樣地平均支配使用。綜上分析，可知上例中的"一般"在語義上與"城內城外"對應，即城內和城外一樣。因此，上例當句讀為：

城內、城外一般，獲時造作，不得拋滌工夫。

（4）若是馳高（畜）走煞（散），不[關][馳]主，諸事一仰修造之（祇）當。（310：6—7）

按：

《輯校》314頁S.6341《壬辰年（932?）洪池鄉百姓某雇牛契（習字）》："若馱畜走煞（散），不關牛主諸（之）事。"《輯校》309頁北敦09520《癸未年（923?）張修造雇駝契（習字）》："若若非裹（理）押（打）損走却，不[關]馳主知（之）事，一仰修造[祇當]。"參照相關契約，可知上例當句讀為：

若是馳高（畜）走煞（散），不[關][馳]主諸（之）事，一仰修造之（祇）當。

（5）將駝去後，比至到來路上有危難，不達本州，一看大礼（例）。（312：6—7）

按：

"比至到來路上有危難"容易使讀者誤解此句句義為：等到回來路上有危難。分析上下文義，可知上句中的"比至到來"在語義上與"將駝去後"對應，意思是：帶着駝走後，直到回來。因此，上句當句讀為：

將駝去後，比至到來，路上有危難，不達本州，一看大礼（例）。

（6）鐮刀器袋，牛羊畜生，合宅若畔上，非理失却打破，裝（賠）在定成身上。（353：5）

按：

《輯校》276頁P.3649背《丁巳年（957）莫高鄉百姓賀保定雇工契（習字）》："更若畔上失他（脫）主人農具鏵鑄鐮刀鍬钁袋器什物者，陪（賠）在作兒身上。"《輯校》280頁北敦03925背《甲戌年（974）慈惠鄉百姓竇玻蹄雇工契（習字）》："若作兒手上使用籠（農）具鐮刀鏵鑄鏊钁袋器什[物]等，畔上拋抶（失）打損，裝（賠）在作兒身，不關主人之事。"

參照相關契約，可知上句中的"若畔上"與"非理失却打破"對應，即：假如（農具）在田地畔頭無故丟失或損壞。因此，上句當句讀為：

鎌刀器袋，牛羊畜生，合宅，若畔上非理失却打破，裝（賠）在定成身上。

（7）所著官司諸雜烽子官柴草等小大稅役，並惣兄懷義應料。（337：2—3）

按：

"所著官司諸雜烽子官柴草等小大稅役"中"所著官司"與"小大稅役"並列，而"小大稅役"中"諸雜""烽子""官柴草"又並列。《輯校》對上述並列關係未加標點，不利於讀者對該句的清晰理解。因此，上句當句讀為：

所著官司，諸雜、烽子、官柴草等小大稅役，並惣兄懷義應料。

（8）若收得麥粟，任自兄收粿粒，亦不論說。（337：3—4）

按：

"粿（顆）粒"即一顆一粒，其義與"亦不論說"對應，意思為：即便是一顆一粒的糧食，都不能有爭論。因此，上句當句讀為：

若收得麥粟，任自兄收，粿粒亦不論說。

（9）見取麥壹拾碩，黃麻壹碩陸㪷，准麥叁碩貳㪷。又取粟玖碩，更無交加。（351：3—4）

按：

"准麥叁碩貳㪷"與"黃麻壹碩陸㪷"對應，而"黃麻壹碩陸㪷"又與"麥壹拾碩""粟玖碩"並列。因此，上句當句讀為：

見取麥壹拾碩；黃麻壹碩陸㪷，准麥叁碩貳㪷；又取粟玖碩。更無交加。

（10）兄僧月光取舍西分壹半居住。又取舍西蘭從門道直北至西蘭北牆，東至治穀場西牆，直北已西為定。（438：32—34）

按：

"分壹半居住"是對"取舍西"的說明，"從門道直北至西園北牆，東至治穀場西牆直北已西為定"是對"舍西園"位置的界定。因此，上句當句讀為：

兄僧月光取舍西，分壹半居住。又取舍西園（從門道直北至西園北牆，東至治穀場西牆直北已西為定）。

（11）又取舍後薗，於場西北角直北已東，繞場東直南□□舍北牆，治穀場壹半。（439：43—44）

按：

"於場西北角直北已東，繞場東直南□□舍北牆，治穀場壹半"是對"舍後園"位置的界定。因此，上句當句讀為：

又取舍後園（於場西北角直北已東，繞場東直南□□舍北牆治穀場壹半）。

（12）夫人者稟父母而生，貴賤不等者，是因中修廣樂善行，慈杲（果）中獲，得自在之身，隨心受報。賤者是曩世積業，不辯尊卑，不信佛僧，侵鄰（凌）人物。（496：1—5）

按：

《輯校》498頁S.5700《放家童青衣女書樣文》先言"若夫天地之內，人者為尊，貴賊不同，皆由先葉（業）同"，接下來言"貴者⋯⋯；賤者⋯⋯"。再如Дx.11038《家僮放書樣文》先言"竊以天高地厚，人在其中，南閻眾生，受業不等"，接下來言"況厶乙，貴者⋯⋯賤者⋯⋯"。本件先言"夫人者，稟父母而生，貴賤不等"，接下來言貴、賤不等之情況。根據S.5700、Дx.11038相關文例之參照，可知上句當句讀為：

夫人者，稟父母而生，貴賤不等：[貴]者，是因中修廣樂善行，慈杲（果）中獲，得自在之身，隨心受報；賤者，是曩世積業，不辯尊卑，不信佛僧，侵鄰（凌）人物。

（13）今復苦疾纏身，晨昏准能保固。緣房資貧薄，遺囑輕微，張表單

心，請納受。（526：5—7）

按：

《輯校》521頁S.6537背《遺書樣文》：“今復苦疾纏身，晨昏不覺。准能報答因緣。房資貧薄，遺囑輕微。用表單（丹）心，情（請）垂納受。”參照相關契約，可知上句句讀當為：

今復苦疾纏身，晨昏[不覺]。准能保固（因）緣。房資貧薄，遺囑輕微，張表單（丹）心，請納受。

（14）此吾及內外親姻男女大少物得安泰，幸勿憂慮。（528：2）

按：

“此吾及內外親姻男女大少物得安泰”句中由於未加句讀和未作注釋，語義模糊。上句句讀和句內注釋當為：

此吾及內外親姻、男女大少（小），物（惣）得安泰，幸勿憂慮。

（15）切莫貪酒市肉，破錢物在心，餧飼畜剩（乘），平善早回，滿吾願懇，准合府信。緣人使悤（忽）忙，寄附不得，因人往次，空附起居，不且（具）子細。（528：5—7）

按：

結合 Дx.12012《乙未年（935）三月慈父致男行深書》中的相關字句，可明上句的句讀問題：

①根據 Дx.12012，此件“破錢物”前漏“浪”。“破”為花費、消耗；“浪破”即浪費。《輯校》“破錢物在心”不辭，“[浪]破錢物”與“貪酒市（嗜）肉”對應，此處句讀當為：切莫貪酒市（嗜）肉，[浪]破錢物。

②“在心”即操心、留心；“餧飼”即為餵養牲畜；“畜剩（乘）”即人們出行時騎乘的駝、馬等牲畜。“在心餧飼畜剩（乘）”即操心餵養牲畜，此與下文“平善早回”無意義關聯，因此“在心餧飼畜剩（乘）”後句讀當為句號。

③“平善”即平安；“願懇”Дx.12012作“心願”，“願懇”即殷切

的心願。"平善早回，滿吾願懇"後句讀當為句號，義即：平安早回，以滿足我殷切的心願。

④ "准合府信"Дх.12012作"准合有時附信"。"附"有寄附義，"附信"即"寄信"。"准"有按照、根據義，"准合有時附信"即按照使者往來班次，有時托使者捎信。下文"緣人使忩（忽）忙，寄附不得，因人往次，空附起居，不且（具）子細"承上而言，意思為：但由於使者太忙，經常難以讓使者捎帶信、物，只好託付外出前往之人，捎上家人問候，不再詳談家中事務。

縱上所述，上句當句讀為：

切莫貪酒市（嗜）肉，[浪]破錢物，在心餘飼畜剩（乘）。平善早回，滿吾願懇。准合府（附）信，緣人使忩（忽）忙，寄附不得。因人往次，空附起居，不且（具）子細。

附錄：《敦煌契約文書輯校》勘正匯總

一、錄文

出處	錄文	勘正
5：13—14	或有人忏恡薗林舍宅田地等，稱為主託者，一仰僧張月光子父知當	“主託”當作“主記”
18：7—8	其地永任進通男子孫息姪世世為主記	“世世”原件作“世上”
21：1	內堂西頭壹片	“片”當作“庁”
21：6	断作舍價	“價”原件作“賈”
30：5—6	自賣已後，永世琛家子孫男女稱為主記。為唯有吴家兄弟及別人侵射此地來者，一仰地主面上並畔覓好地充替	1.“為唯”當作“為准”。 2.句讀當為：自賣已後，永世琛家子孫男女稱為主記為准。有吴家兄弟及別人侵射此地來者，一仰地主面上並畔覓好地充替
62：4	罰布壹尺	“尺”當作“疋”
107：2	断造恊籬貳拾扇	“恊籬”當作“㭨籬”
139：5	住寺收將	“住”當作“任”
139：5—6	其麥壹㪷，倍為貳斛。	“斛”當作“㪷”
159：2	眾釜一當	“眾釜一當”當作“眾金一付”
180：3	其絹利頭須還麥粟肆碩	“須”當作“項”
180：4	便著鄉原生利	“著”當作“看”
197：5—6	若身東西不平善者，壹仰口承男某甲伍當	“伍當”當作“佰當”
199	乙未年（935?）押衙索勝全貸絹契	此件性質當為博換契
201：3—4	其絹限至來年今月於日數填還	“日數”當作“尺數”
205：6	本絹限入後壹月還納	“本絹”原件作“本物”
215：6	押衙康幸全往於西州充使	“西州”原件作“伊州”
234：3	白絲生絹壹疋	“壹”原件作“一”
244	年代不詳賀胡子預取刈價契	甲片內容當接乙片後：甲片第2行當標為乙片第5行，甲片第1行當標為乙片第6行
248：5—6	不得抛工	“工”原件作“功”

出處	錄文	勘正
254：3	不得勉（拋）敵公（工）□	"勉敵"原卷作"勉敵"
289：2—3	自雇入作已後，便任懃小□造作	"懃小□"可能為"懃心"
301：8	醴（農）具鎌、鏵、鍱	"鍱"當作"鏵"[1]
332：4—5	其地內所□□作、草、帀、地子、差科、□物	"帀"當作"布"
341：1—2	為緣家中地數窄突（狹）	"突"當作"窊"
346：2	緣百姓田地窄安	"安"當作"窊"
413：5	及有東西營局破用	"營局"當作"營苟"
446：5	廚舍慢兒共進儒停分	"停"原件作"亭"
448：1	廚舍並基一丈七寸，南北並基六尺二寸	廚舍東西並東基一丈七寸，南北並北基六尺二寸
448：3	入門曲子東西並東西三尺五寸	入門曲子東西並東基三尺五寸
448：4	計二百一十尺五寸	計二百一十一尺五寸
448：6	南北並基一丈五尺	"五尺"當作"五寸"
486：7	不悅　　數年	"不悅"後無空格
486：9	貓鼠同窠	"鼠"原件作"竄"
515：7	押署為驗	"署"原件作"暑"
528	慈父遺書樣文（一）	此件為書信，與契約無關
531—532	《遺書樣文》（一）	此件性質為分書
532：14	父母遺書一道	"父母遺書一道"當屬下篇遺書樣文

二、注釋

出處	錄文	補釋
3：2	計重張地一百三十一尺四分，着物二十六石二斗四合	"着"後當注"折"[2]
5：12	蘭牆壁及井水開道功直解出買（賣）与僧侶智通。斷作解直……	"直"後當注"值""解"後當注"價"

---

[1]《輯校》289頁第4行亦誤錄"鏵"為"鍱"。《輯校》276頁第6行、280頁第6行錄"鏵"為"鏵"。

[2]《輯校》33頁"算着舍價物"、47頁"着物"、413頁"合着多少物事"之"着"後均需注"折"。

[3]《輯校》18、26、30、77、327頁也有"主記"之"記"後亦需注"己"。

敦煌契約文書語言研究
DUNHUANG QIYUE WENSHU YUYAN YANJIU

出處	錄文	補釋
12：6—7	一定已後，其舍各自永充主記	"記"後當注"己"[3]
30：5—6	有吳家兄弟及別人侵射此地來者，一仰地主面上並畔覓好地充替	"畔"後當注"伴"
40：8	如若無辜非理爭論	"辜"後當注"故"
62：1	當寺僧光鏡緣關車小頭釧壹交停事	"交"後當注"枚"
62：2	布壹伯尺	"伯"後當注"佰"
161：2—3	其秋只（質）納得麥肆碩，更欠麥兩碩	"只"後誤注"質"
162：1—2	杜通信今緣家內闕少年粮，依張安六面上便奇（寄）粟兩碩	"依"後當注"於"
169：3	更無番悔	"番"後當注"翻"
205：3—4	又貸帛拖（絁）綿綾壹疋	"帛"本字疑作"白"
215：6	忽若推言，掣奪家資	"言"後當注"延"
217：5	兩共對面平章為第（定），不許開	"開"本字疑作"辯"
225：5	其絹限至來年三月於時日便須填還，於（與）尺寸本絹	"於"後誤注"與""填還"後逗號當去掉
232：7	於（與）看鄉元生利	"於"後誤注"與"
248：2	遂於龍勒鄉百姓就聰兒造作一年	"於"後當注"雇"[1]
263：3—4	皮鞋一量	"量"後當注"兩"[2]
263：6	仵子手內所把隴（農）具一勿（物）已上，忽然路上違（遺）失	"然"後當注"若（如）"
276：5	忽以捉得，陪（賠）在自身祇當	"以"後當注"若（如）"
276：5—6	更若畔上失他主人農具鏵鑊鐮刀鍬鑺（钁）袋器什物者，陪（賠）在作兒身上	"他"後當注"脫"
280：6—8	若作兒手上使用籠具鐮刀鏵鑊鏊鑺袋器什[物]等，畔上抛抶打損，裝（賠）在作兒身，不關主人之事	"籠"後當注"農"[3]"抶"後當注"失"
280：8—9	忽如足（捉）得者，仰在作兒身上	"仰"後當注"賠"
285：5	恐無交加，故立私契，用為後憑	"無"後當注"後"
289：3—4	所有莊上膿（農）具秋、鑺、鐮、鏵、鑊……	"秋"後當注"鍬"

[1]《輯校》272頁"遂於赤心鄉百姓彭鐵子男章三"、283頁"遂於效谷鄉百姓氾再員作營種"之"於"後亦需注"雇"。

[2]《輯校》265、268、272、298頁"皮鞋一量"之"量"後亦需注"兩"。

[3]《輯校》260、265、287、296、637頁"籠具"之"籠"後亦需注"農"。

[4]《輯校》274、283頁"抛敵"之"敵"後亦需注"摘"。

出處	錄文	補釋
298：6—7	城內城外，一般獲時造作，不得拋滌工夫	"滌"後當注"摘"
301：5—6	自雇已後，便須兢心造作，不得拋敵功夫	"敵"後當注"摘"[4]
304：4	如若先悔者，罰羊一口，充入不悔不人	"不"後當注"之"
307：1—2	押衙蘇永進伏緣家于闐充使	"家"本字疑作"豕（遂）"
309：4—5	若若非裏（理）押損走却，不[關]馳主知（之）事	前"若"後當注"如" "押"後當注"打"
310：8	又人悔者，罰麥壹碩，充入不悔人	"又"後當注"有"
312：7—8	若駝相走失者，雇價本在，於年歲却立本馳	"相"後當注"傷"
325：11	三年除外，並不□劉加興論限	"□"後當注"在"
341：2—3	莫拋直課	"直"後當注"摘"
349：1—2	塑匠都料趙僧子，伏願家中戶內有地水出來，缺少手上工物，無地方覓	"願"後當注"緣"
362：5—7	所以五親商量，養甥甥某專甲男	"甥"後當注"外"
363：13—15	若不孝順者，仰至親情，當日趂却	"至"後當注"諸"
413：5	合着多少物事，一一細算打牒	"着"後當注"折" "牒"後當注"揲"
418：2—3	判官梵勝姪男僧滿盛處寄得麥本一石五斗粟五斗	"寄"後似需注"借"[1]
424：2—3	罰責非輕，未有排批	"批"後當注"比"
433：25	銅灌子壹	"灌"後當注"罐"
452：15—17	兄弟三人對知親……一定已後，對知親……如若兄有義者，對坐知親友師兄等	"知"後當注"枝" "義"本字疑作"議"
460：7—8	骨肉之原（厚），不可有分飛之願	"原"後誤注"厚"
496：9	向且再宜自從飯（歸）管五十餘年	"向"後當注"尚"
497：12—13	將次放良福分	"次"後當注"此"
502：3	賤者是前緣負債，摘來下賤	"摘"本字疑作"謫"
514：3—4	白疊襖子一	"疊"後當注"㲲"

---

[1]《輯校》161、162、420頁的"寄"也為"借"義，此舉其一。

[2]《輯校》523頁"承忘"之"忘"後亦當注"望"。

出處	錄文	補釋
523：4	逝命尺不肯容	"尺" 後當注 "天"
524：1—2	日日承亡痊損，月月漸复更加	"亡" 後當注 "望"[2]
526：2—3	今聞醒素（悟）之時，對兄弟子姪諸親等，遺囑微尠	"素" 後當注 "甦"
526：7	張表單心	"單" 後當注 "丹"
528：2	此吾及內外親姻男女大少，物得安泰	"少" 後當注 "小" "物" 後當注 "惣"
528：3—4	共城公事，莫照敗闕	"城" 後當注 "成" "照" 後當注 "招"
528：5—6	切莫貪酒市肉，[浪]破錢物，在心餱飼畜剩（乘）	"市" 本字疑作 "嗜"
534：22	今以汝別，痛亦何言	"以" 後當注 "與"

三、句讀

出處	錄文	新標
228：4—5	若使命來者限來年正月，在次（此）覓絹填還。	若使命來者，限來年正月在次（此）覓絹填還。
263：6—7	忤子手內所把隴（農）具一勿（物）已上，忽然……	忤子手內所把隴（農）具，一勿（物）已上，忽然……
276：3—4	自雇已後，便須馱馱造作，不得忙時左南直北亂作拋工一日剋物貳㪷。	自雇已後，便須馱馱造作，不得忙時左南直北亂作，拋工一日，剋物貳㪷。
298：6—7	城內城外，一般獲時造作，不得拋滌工夫。	城內、城外一般，獲時造作，不得拋滌工夫。
310：6—7	若是馱高（畜）走煞（散），不[關][馱]主，諸事一仰修造之（衹）當。	若是馱高（畜）走煞（散），不[關][馱]主諸（之）事，一仰修造之（衹）當。
312：6—7	將駝去後，比至到來路上有危難，不達本州，一看大礼（例）。	將駝去後，比至到來，路上有危難，不達本州，一看大礼（例）。
337：2—3	所著　官司諸雜烽子官柴草等小大稅役。	所著　官司，諸雜、烽子、官柴草等小大稅役。
337：3—4	若收得麥粟，任自兄收粺粒，亦不論說。	若收得麥粟，任自兄收，粺粒亦不論說。
351：3—4	見取麥壹拾碩，黃麻壹碩陸㪷，准麥叁碩貳㪷。又取粟玖碩，更無交加。	見取麥壹拾碩；黃麻壹碩陸㪷，准麥叁碩貳㪷；又取粟玖碩。更無交加。

出處	錄文	新標
353：5	鐮刀器袋，牛羊畜生，合宅若畔上，非理失却打破，裴（賠）在定成身上。	鐮刀器袋，牛羊畜生，合宅，若畔上非理失却打破，裴（賠）在定成身上。
438：32—34	兄僧月光取舍西分壹半居住。又取舍西薗從門道直北至西薗北牆，東至治穀場西牆，直北已西為定。	兄僧月光取舍西，分壹半居住。又取舍西薗（從門道直北至西薗北牆，東至治穀場西牆直北已西為定）。
439：43—44	又取舍後薗，於場西北角直北已東，繞場東直南□□舍北牆，治穀場壹半。	又取舍後薗（於場西北角直北已東，繞場東直南□□舍北牆治穀場壹半）。
496：1—5	夫人者稟父母而生，貴賤不等者，是因中修廣樂善行，慈呆（果）中獲，得自在之身，隨心受報。賤者是曩世積業，不辯尊卑，不信佛僧，侵鄰（凌）人物。	夫人者，稟父母而生，貴賤不等：〔貴〕者，是因中修廣樂善行，慈呆（果）中獲，得自在之身，隨心受報；賤者，是曩世積業，不辯尊卑，不信佛僧，侵鄰（凌）人物。
526：5—7	今復苦疾纏身，晨昏准能保固。緣房資貧薄，遺囑輕微，張表單心，請納受。	今復苦疾纏身，晨昏〔不覺〕。准能保固（因）緣。房資貧薄，遺囑輕微，張表單心，請納受。
528：2	此吾及內外親姻男女大少物得安泰，幸勿憂慮。	此吾及內外親姻、男女大少（小），物（惣）得安泰，幸勿憂慮。
528：5—7	切莫貪酒市肉，破錢物在心，銖飼畜剩（乘），平善早回，滿吾願懇，准合府信。緣人使忩（忽）忙，寄附不得，因人往次，空附起居，不且（具）子細。	切莫貪酒市（嗜）肉，〔浪〕破錢物，在心銖飼畜剩（乘）。平善早回，滿吾願懇。准合府信，緣人使忩（忽）忙，寄附不得。因人往次，空附起居，不且（具）子細。

貳
敦煌契約文書
詞語滙釋

本章以敦煌契約文書為依託，窮盡考察了其中所有詞語，收入本章滙編的詞語，主要有: (1) 該詞《漢語大詞典》等大型辭書未收; (2) 該詞詞義《漢語大詞典》等大型辭書未釋; (3) 該詞詞義《漢語大詞典》等大型辭書釋義不周; (4) 該詞語例《漢語大詞典》等大型辭書時代滯後。

本章對滙釋詞語的編排，詞目按音序排列，以便讀者翻檢。詞目下，滙釋敦煌契約文書中該詞目的字形變易詞、意義相近詞、語用相關詞，以使讀者對該組詞在敦煌契約文書中的用法有全面瞭解。例如，在詞目"家沿"下滙釋敦煌契約文書中出現的"家業""家產""家活""沿活""活業"諸詞。具體詞語的解釋，主要包括: (1) 釋義，釋義有待進一步考證的，用"存疑"標明本人初步觀點，並分析說明; (2) 列舉該詞該義在敦煌契約文書中的典型語例; (3) 結合所舉語例，對該詞意義及用法詳細分析，並進一步將語例擴展至其他敦煌文獻，以期讀者對該詞該義在敦煌文獻中的用法有全面瞭解；(4)說明該詞該義在《漢語大詞典》等大型辭書中的收錄、解釋情況。

B

【把勒】

把持、控制。

不許王家把勒。（《輯校》353 頁 S.1398《壬午年（982）慈惠鄉郭定成典身契（習字）》）

按：

《漢語大詞典》未收"把勒"。

"把"有把持、控制義；"勒"有約束、強制義。"把""勒"聯合，即強行把持、控制。"把勒"又見於其他敦煌文獻，例如：

右員進戶口繁多，地水窄少，昨於千渠下尾道南有荒地兩曲子，□（欲）擬員進於官納價請受佃種，恐怕窄私攬擾，及水司把勒，[伏乞]令公鴻造，特賜　判印。（《敦煌社會經濟文獻真跡釋錄（二）》302 頁 P.3501背《後周顯德五年（958）押衙安員進等牒（稿）》）

右願長等昨去五月一日城頭神婆神著說神語，只言瓜州城隍及都河水漿一切總是故慕容使君把勒。（《敦煌社會經濟文獻真跡釋錄（五）》25 頁 P.2943《宋開寶四年（971）五月一日內親從都頭知瓜州衙推氾願長等狀》）

【伯】

"伯"通"百"。表數目。

斷作價直：布壹伯尺。（《輯校》62 頁 S.1350《唐大中五年（851）僧光鏡負僦布買釧契》）

已上通計白羊羖羊兒女大小貳伯捌拾伍口，一一並分付牧羊人王住羅悉雞，後笮為憑。（《輯校》379 頁 S.5964《年代不詳王住羅悉雞領羊憑》）

除破用兌利外，合管回殘麥壹伯伍拾碩貳升陸合，粟壹伯肆拾碩壹㪷捌合，豆伍碩肆㪷貳升，黃麻陸拾陸碩玖升陸合叄圭。（《輯校》410 頁 S.4701《庚子年（1000?）某寺執物僧團頭法律惠員執倉憑》）

按：

《漢語大詞典》"伯"表數目的用例首見清代。

敦煌契約文書中，表數目的"百"多作"伯"，而"百"主要在"百姓"一詞中出現。

【般次】【次】

①按固定時間、沿固定路綫分批次往復進行的活動；

②信使；

③禮品、貢品。

《漢語大詞典》未收"般次"。

"般次"在唐代文獻中多見，指分批次的運輸、遷徙等活動。例如：

縱絕江淮輪轉，且運此米入關，七八年間，計猶未盡。況江淮轉輸，般次不停，但恐過多，不慮有闕。（陸贄《請減京東水運收脚價於緣邊州鎮儲蓄軍糧事宜狀》）

［總章二年］五月庚子，移高麗戶二萬八千二百，車一千八十乘，牛三千三百頭，馬二千九百匹，駝六十頭，將入內地萊、營二州，般次發遣，量配於江、淮以南及山南並涼以西諸州空閑處安置。（《舊唐書·高宗紀》）

敦煌契約文書中，"般次"出現一例：

辛丑年十月廿五日，賈彥昌緣往西州充使。……若路上般次不善者，仰口承人弟彥佑於尺數還本綾，本綿綾便休。（《輯校》205 頁 P.3453《辛丑年（941）賈彥昌貸絹契》）

上例先言"住西州充使"，後言"若路上般次不善"，由此即知該例中"般次"指出使活動。出使是按固定時間、沿固定路綫分批次循環往復的活動，前例運輸、遷徙等活動也都要按固定時間、路綫分批次往復進行。結合以上例證，可知“般次”之“次”為批次義；“般”之本義為般（盤）旋、迴旋，“般次”之“般”即針對“般次”循環往復的活動特徵而言。[1]

敦煌文獻中，“般次”多與“使次”相應，“使次”即出使的批次。在來來往往的出使活動中，人們經常托使者給遠方的親人、朋友捎帶書信、衣物，由此引申，“般次”“使次”在敦煌文獻中又有信使義；有時候，使團所帶的是貢奉給朝廷的貢品，由此，“般次”也可轉指貢品。張小豔《敦煌書儀語言研究》274—277頁對此已有詳論，本文不再贅述。

敦煌契約文書中，“般次”“使次”又可省稱“次”，例如：

押衙索勝全次著于闐去，遂於翟押衙面上換大駞馬壹疋。（Дx.2143《乙未年（935？）押衙索勝全換絹契》）

【本分】

安分守己。

亦不得侵損他［人］田苗、針草，須守本分。（《輯校》299頁 S.1897《後梁龍德四年（924）燉煌鄉百姓張厶甲雇工契（樣文）》）

按：

《漢語大詞典》“本分”之“安分守己”義首見宋代例。

【畢功（工）】

完工。

“畢”為完畢，“功”同“工”（敦煌文獻中工作、工程之“工”多作“功”），“畢功”即完工。《漢語大詞典》未收“畢功”“畢工”，收“完工”，但“完工”下只收現代語例。敦煌契約文書中“畢功”例如：

---

[1] 張小豔的《敦煌書儀語言研究》（商務印書館2007年版）276頁認為：“般次”即“搬次”，本指運輸的批次。按：“般次”或作“番次”（董志翹《敦煌社會經濟文獻詞語略考》，《語文研究》2002年第3期），“番次”即輪番分批次進行；“般次”又作“班次”，“班次”即按班列分批次進行。根據“番次”與“班次”的詞義特徵，我們認為把“般次”之“般”理解為往復、回還更妥帖一些。

其麥平章日付布壹疋，折麥肆碩貳㪷，又折先負慈燈麥兩碩壹㪷，余欠氾英振壹碩柒㪷，畢功日分付。（《輯校》242頁北敦06359背《寅年（822）僧慈燈雇博士氾英振造佛堂契》）

"畢功"又見其他敦煌文獻，例如：

親情知己借得牛八具，種澗朵地至畢功。（《敦煌社會經濟文獻真跡釋錄（二）》284頁P.3774《丑年（821）十二月沙州僧龍藏牒》）

於時大漢天福十三年丁未歲十一月壬子朔十九日庚午畢功紀。（《敦煌社會經濟文獻真跡釋錄（三）》94頁S.2687《河西歸義軍節度使曹元忠潯陽郡夫人翟氏廻向疏》）

【並總（揔、惣）】

全部，全都。

《漢語大詞典》未收"並總"。

"全、都"義是"並""總"的常見義，例如晉·陶潛《桃花源記》："黃髮垂髫，並怡然自樂。"唐·杜牧《贈別》詩之一："春風十里揚州路，卷上珠簾總不如。""並""總"同義聯合，為"全部、全都"義。

"揔"為"總"之異體：揔，從扌、忩聲；總，從糸，悤聲。"惣"為"揔"的訛字："扌"訛為"牛"，"匆"訛為"勿"。敦煌契約文書中，"並惣"多見，"并惣"即"並總"。例如：

其地斷作價直，每畝壹碩二斗，不諫（揀）諸雜色目，並惣收納。（《輯校》334頁S.6063《乙亥年（915?）燉煌鄉百姓索黑奴等租地契》）

比至義成到沙州得來日，所著官司，諸雜、烽子、官柴草等小大稅役，並惣兄懷義應料。（《輯校》337頁P.3257《甲午年（934）索義成付与兄懷義佃種憑》）

已上斛㪷及乾貨都□□拾柒碩，並惣還訖，一无欠少。（《輯校》400頁P.2161p2《年代不詳（十世紀初）兵馬使岳安□等還穀贖舍抄》）

其兩家並惣意欲分別。（Дx.11038《放妻書樣文》）

【並無】【一無】

全無，都無。

《漢語大詞典》未收"並無""一無"。"並無""一無"在敦煌契約文書中多見，例如：

其地及麥當日交相分付，一無懸欠。（《輯校》2頁S.1475背《未年（827？）上部落百姓安環清賣地契》）

其上件舍價物，立契日並舍兩家各還訖，並無升合欠少，亦无交加。（《輯校》26頁P.3331《後周顯德三年（956）兵馬使張骨子買舍契》）

其牛及麥，當日交相付了，並無懸欠。（《輯校》59頁S.1475背《寅年（822？）令狐寵寵賣牛契》）

黑牸牛一頭三歲，並無印記。（《輯校》55頁S.5820+S.5826《未年（803）尼明相賣牛契》）

按：

"一無懸欠"是敦煌契約文書常見套語，義為：雙方都无或完全沒有久欠未清之事。"一無懸欠"又作"並無懸欠"，可知"並無"與"一無"義同。"一""並"作為副詞，有"全、都"義，"一無""並無"即全無、都無。上例"黑牸牛一頭三歲，並無印記"，即黑牸牛身上完全沒有印記。

【帛練】

絹帛。

燉煌鄉百姓鄭繼溫伏緣家中欠少疋白（帛），遂於洪潤鄉百姓樊缽略面上貸帛練壹疋，長參仗（丈）捌尺，福（幅）闊貳尺一寸。其絹利頭，現還麥粟肆碩。其絹限至來年於月數填還。（《輯校》192頁P.4093冊子《庚寅年（930？）燉煌鄉百姓鄭繼溫貸絹契（習字）》）

按：

上例先言貸"帛練"，後言"其絹"，可知"帛練"與"絹"所指相同。《漢語大詞典》未收"帛練"。"帛練"一詞，在唐代常見，例如：

太宗又制翼善冠，朔、望視朝，以常服及帛練裙襦通著之。（《舊

唐書・志二十五・輿服》）

麟德二年八月十五日，西域道征人趙丑胡於同行人左憧熹邊貸取帛練三疋，其練回還到西州，拾日內還練使了。（《麟德二年（665）八月趙丑胡貸練契》[1]）

從敦煌文獻看，當時西州市場上有專門經營絹帛生意的"帛練行"，也有專門負責往西州、伊州運送帛練的"帛練使"，例如：

傳驢卅六頭，去七月廿一日給送帛練使司馬杜雄充使往伊州。……前件驢被差送帛練往伊州，今還至縣，請定膚第。（《敦煌社會經濟文獻真跡釋錄（四）》417頁P.3714背《唐總章二年（669）八月九月傳馬坊牒案卷》）

【布】【土布】；【官布】

參照敦煌契約文書相關語例，可知唐五代敦煌地區的布有兩類：一類指麻布，稱為"布"或"土布"；一類指棉布，稱為"官布"。

【布】【土布】

《新唐書》卷三七《地理志》"隴右道"說"厥賦：布、麻"，隴右道就包括敦煌地區。"布、麻"一起出現，這說明當時敦煌地區作為賦稅徵收的"布"為麻布。[2]《唐六典》卷三《尚書戶部》載："凡天下十道，任土所出而為貢賦之差。"敦煌地區能以布、麻為賦稅，也說明唐朝時麻的種植在敦煌十分普遍。麻的廣泛種植，給麻布的紡織提供了大量原料。《輯校》487頁S.6537背《放妻書樣文》："男饑耕種，衣結百穿；女寒績麻，怨心在內。"傳統男耕女織的家庭生產方式，使得麻布的紡織在家中就可以完成。原料的大量生產，紡織的家庭便利，決定了麻布是百姓衣着用度的主要布料，而且價格不會太高。麻布的普遍使用價值，決定了麻布能夠在買賣、博換、借貸、出租、雇傭、典當等經濟活動中充當重要流通媒介和支付手段，

---

[1]《吐魯番出土文書（校錄本）》第六冊，文物出版社1985年版，第412—413頁。

[2] 敦煌文書大量的支出賬中布、緤、褐經常分別統計，說明它們是三種不同性質的織物。晚唐五代敦煌地區常見織物有麻布、棉布、毛織布，其中"緤"為棉布（詳"緤"下），"褐"為毛織布（詳"褐"下）。由此，我們亦可推知敦煌文書中的"布"指麻布。

這在敦煌契約文書中多有反映：

大中五年二月十三日，當寺僧光鏡緣闕車小頭釧壹交（枚）停事，遂於僧神捷邊買釧壹救（枚），斷作價直：布壹伯尺。（《輯校》62 頁 S.1350《唐大中五年（851）僧光鏡負儭布買釧契》）

斷作解（價）直：青草驢壹頭陸歲，麥兩碩壹䝨，布叁丈叁尺。（《輯校》5 頁 P.3394《唐大中六年（852）僧張月光博地契》）

報恩常住為无牛驅使，寺主僧□如今將青草驢壹頭柒歲，更帖細布壹疋，博換玉關鄉驛戶成允恭紫□□□□。（《輯校》57 頁 S.6233 背《寅年（822?）報恩寺寺主博換驢牛契》）

斷作三年價直：乾貨斛䝨壹拾貳石，麥粟五石，布壹疋肆拾尺，又布三丈。（《輯校》324 頁 S.5927 背《唐天復二年（902）慈惠鄉百姓劉加興出租地契（習字）》）

其麥平章日付布壹疋，折麥肆碩貳䝨，又折先負慈燈麥兩碩壹䝨，余欠氾英振壹碩柒䝨，畢功日分付。（《輯校》242 頁北敦 06359 背《寅年（822）僧慈燈雇博士氾英振造佛堂契》）

敦煌文書中，麻布又稱“土布”。“土布”之名，與“官布”相對。“官布”為縑布，主要來自西州等地（詳“官布”）；“土布”之“土”為本土、本地義，“土布”即本地自產之布。《漢語大詞典》“土布”下僅釋“指用手工紡織的布”，並只舉現代作品中的例證。敦煌文書中的“土布”，既有助於在釋義中明晰“土布”之命名原理，也可以大大提前詞語例證之時代。

《輯校》402 頁 S.6308《丙辰年（956?）某僧政付唐養子地價麥粟褐憑》：“又付養子地價斜褐壹段一丈捌尺，准土布伍拾尺。又斜褐壹段丈玖尺，折土布伍拾尺。”《唐律疏議》卷二六《雜律》：“絹匹不充四十尺，布端不滿五十尺，幅闊不充一尺八寸之屬而賣，各杖六十。”上例“土布伍拾尺”作為和“褐壹段”的折算標準，這一定程度上反映了晚唐敦煌地區麻布的長短尺寸基本上與《唐律》的規定相符合。[1]

---

[1] 據鄭炳林先生統計，敦煌文書中“麻布每匹 40 尺到 45 尺，官布每匹只有 24 尺到 25 尺，與縑的長度一樣”。（鄭炳林《晚唐五代敦煌地區種植棉花研究》，《中國史研究》1999 年第 3 期）

【官布】

棉布。

1. 今將宋渠下界地伍畝，与僧願濟貳年佃種，充為物價。其地內所著官布、地子、柴草等，仰地主祇當，不忏種地人之事。（《輯校》330頁P.3214背《唐天復七年(907)洪池鄉百姓高加盈等典地契(習字)》）

2. 癸未年四月十五日，張修造遂於西州充使，欠闕駝乘，遂於押衙王通通面上雇五歲父駞壹頭。斷作駞價官布十六疋，長柒捌，到日還納。（《輯校》309頁北敦09520《癸未年（923?）張修造雇駝契（習字）》）

3. 其絹彼（比）至西州回來之日還，絹裏（利）頭立機細緤壹疋，官布壹疋。（《輯校》197頁S.4504《乙未年（935?）押衙就弘子貸絹契（習字）》）

按：

《漢語大詞典》"官布"下只釋"古代官府的錢幣"一義，此義无法解釋上三例中的"官布"。

與"官布"之"官"相聯繫，敦煌契約文書中有"官柴草"，例如《輯校》337頁P.3257《甲午年（934）索義成付与兄懷義佃種憑》："比至義成到沙州得來日，所著官司，諸雜、烽子、官柴草等小大稅役，並惚兄懷義應料。"此句中，"諸雜、烽子"與"役"相應，"官柴草"與"稅"相應，"官柴草"即作為賦稅上繳官府的柴、草。上例1中，"官布"與"柴草"並列，可知"官布"即作為賦稅上繳官府之布。"官布"本為上繳官府之布，同時，由於布匹具有價重質輕，便於攜帶等優點，"官布"也在商業貿易中用於支付物價、償還利息等，如上例2中"官布"用於支付物價，上例3中"官布"用於償還利息。

上例1"其地內所著官布、地子、柴草等"，說明"官布"為附著於土地的賦稅。《新唐書卷五十七·志第四十一·食貨一》："凡庸、調、租、資課，皆任土所宜。"根據唐王朝的賦稅政策，當時敦煌地區所徵收的"地內所著官布"的原料必然出產於當地。上文已指出，唐朝敦煌地區麻的種植十分普遍，作為賦稅上繳之布為麻布。"官布"亦用於上繳賦稅，那麼，"官布"與麻布有無關係？圍繞這一問題，學者對敦煌"官布"的質地屬性有不同看法：①[法]童丕先生、[俄]丘古耶夫斯基先生認為官布為用麻織成的麻布[1]。按，根據敦煌寺院經濟文書相關記錄，可知晚唐五代歸義軍時期官布一般和緤布（即棉布）歸於一類，童丕、丘古耶夫斯基先生認為官布為麻布，與敦煌寺院經濟文書的記錄不符。例如 P.2032《淨土寺入破曆》："緤破：官布陸疋，庭子上轉經蓮花錦襖子價用；官布一疋，二月八日與擎像人用；立機壹疋、官布壹疋，七月兵馬去時送路尚書用。"②劉進寶先生認為官布為用羊毛織成的毛布[2]。按，"緤"為音譯詞，意思與棉花相關，"緤布"即棉布。劉進寶先生認為唐五代時期敦煌還沒有種植棉花，並從"緤"之異體字"氎""毾"入手，論證"緤"為毛織品。魏·賈思勰《齊民要術》卷十"木綿"條引晉·張勃《吳錄·地理志》："交阯定安縣有木綿樹，高丈。實如酒杯，口有綿，如蠶之綿也。又可作布，名曰白緤，一名毛布。"《農書》卷二一引三國·吳·萬震《南州異物志》："班布，吉貝木（筆者按，即木棉）所生，熟時狀如鵝毳，細過絲綿。"可見，"氎""毾"之從"毛"，是因緤布由"狀如鵝毳，細過絲綿"的棉花花絮織成，故緤布又稱毛布。劉進寶先生從"氎""毾"之義符"毛"入手論證"緤"為毛織品，存在一定問題。③鄭炳林先生認為官布為用棉花織成的棉布[3]。按，根據敦煌文獻中"緤布"與"官布"的相關記錄，我們認為鄭炳林先生對"官布"質地屬性的判斷更符合事實，即官布為緤布，屬於棉布類。

【不令】

不許。

---

[1] [法] 童丕的《敦煌的借貸：中國中古時代的物質生活與社會》（中華書局 2003 年版）104 頁："在敦煌，官布主要用於支付地稅，……這種稅的支付方式表明當地主要紡織產品是麻，而不是絲織品。"

[俄] 丘古耶夫斯基的《敦煌漢文文書》（上海古籍出版社 2000 年版）169 頁："官布，大概是作為稅收進官庫的標準的整塊麻布。"

[2] 詳劉進寶《唐五代敦煌種植棉花研究》，《歷史研究》2004 年第 6 期。

[3] 詳鄭炳林《敦煌西域出土回鶻文文獻所載 qunbu 與漢文文獻所見官布研究》，《敦煌學輯刊》1997 年第 2 期；《晚唐五代敦煌地區種植棉花研究》，《中國史研究》1999 年第 3 期；《晚唐五代敦煌種植棉花辨析——兼答劉進寶先生》，《歷史研究》2005 年第 5 期。

所有［家］資、地水、活［業］、什物等便共氾三子息並及阿朵，准亭願壽，各取壹分，不令偏併。"（《輯校》358 頁沙州文錄補《宋乾德二年（964）史氾三養男契》）

不令有唱蕩五逆之子，一則令人盡笑，二乃污辱門風。（《輯校》463—464 頁 S.5647《分書樣文》）

其胡兒自典已後，便須驅驅造作，不令東西南北，同主人意庸力。（Д x .1409《後梁貞明六年（921）押衙康富子雇工契》）

按：

《漢語大詞典》"不令"下未釋不許義。"不令"之不許義，亦見於其他敦煌文獻，例如：

諸寺不令異色雜人居住。（《敦煌社會經濟文獻真跡釋錄（五）》121 頁 P.6005《釋門帖諸寺綱管》）

甘湯美藥，各任於時供承，非食醇醪，切斷不令入寺。（《敦煌社會經濟文獻真跡釋錄（五）》138 頁 S.2575《後唐天成四年（929）三月六日應管內外都僧統置方等戒壇牓》）

今有亡僧宋友友絕戶舍窄小一驅，伏望大夫仁恩裁下，特賜居住，已後不令親眷諸人恠護侵奪，伏請處分。（《敦煌社會經濟文獻真跡釋錄（五）》376 頁 P.3281 背《押衙馬通達狀稿》）

C

【䤴】

碾碎的豆子、油渣、麥麩等餵養家畜的飼料。

子年三月廿八日，僧寶積為無牛䤴，今於功德粟便豆漢斗兩碩捌斗。（《輯校》130 頁 P.4686(藏文卷 1297)《子年（832?）悉董薩部落百姓孫清便粟契》）

按：

《玉篇》："䊚，磨豆也。"《集韻》："䊚，破豆也。"《漢語大字典》："䊚，碾碎了的豆子，用做糕點或熬粥。"敦煌文書中，有"牛䊚""馬䊚""羊䊚"諸詞，也有"加䊚秣飼"等記錄，可知"䊚"在唐五代敦煌地區主要用作餵養家畜的飼料。例如：

1.二月十七日，出豆兩石，回造牛䊚。（《敦煌社會經濟文獻真跡釋錄（三）》172頁S.6233《年代不明（九世紀前期）諸色斛斗破曆》）

2.麻查陸餅，充未年羊䊚用。（《敦煌社會經濟文獻真跡釋錄（三）》316頁P.4957《申年（？）某寺諸色入破曆祘會牒殘卷》）

3.麩壹碩貳斗，靈嵒寺大師馬䊚用。（《敦煌社會經濟文獻真跡釋錄（三）》553頁S.4642背1—8《年代不明（10世紀）某寺諸色斛斗入破曆祘會牒殘卷》）

4.貳拾玖碩壹斗豆䊚，貳碩伍斗貳勝三合伍勺麥䊚，伍碩三斗白皮䊚。（《敦煌社會經濟文獻真跡釋錄（一）》493頁P.3446背《巳年？（789？）沙州倉曹會計牒》）

5.兵馬使下馬擇一百疋，加䊚秣飼。蕃馬家生，粗細有別。減收秣飼，草䊚須殊。雖牧養之道可均，而貴賤之宜不等。（《敦煌社會經濟文獻真跡釋錄（二）》624頁P.2942《唐永泰年代（765—766）河西巡撫使判集》）

6.職田佃人送，牛馬足䊚草。（《王梵志詩·仕人作官職》）

上例1"出豆兩石，回造牛䊚"，P.4686《孫清便粟契》記錄了因缺少"牛䊚"而借豆的情況，由此可見䊚的主要原料為豆。豆是營養價值豐富的食品，然而在唐代，豆的這些價值並未被人們認識到。相反，當時人們認為豆是烹調價值很差的食品，所以只是用豆來餵養牲畜。只有在災荒之年，人們才食用豆來救急。例如王禎《農書》："大豆之黑者，食而充饑，可備凶年。豐年可供牛馬料食。"[1]

上例2"麻查"指黃麻榨油過濾後剩下的餘渣，上例3"麩"指小麥磨面篩過後剩下的麥皮和碎屑，由此可知䊚的原料不僅僅是豆，還經常加入油

---

[1] 轉引自[法]童丕《敦煌的借貸：中國中古時代的物質生活與社會》（中華書局2003年版）48頁。

渣和麥麩等輔助原料。做為餵養家畜的飼料，純粹用豆無疑成本太高，因此人們在磨碎的豆渣中摻入油渣和麥麩等輔助原料以降低成本。上例4中"豆䜱""麥䜱"並列，所謂"豆䜱"，自然是以豆為主料的䜱，所謂"麥䜱"，則很可能是麥麩占很大比重的䜱。由此可推知，在唐五代敦煌地區，"䜱"之詞義已由碾碎的豆子轉指飼料，而這種飼料的主要成分並不一定由豆構成。

【蹭蹬】

遊蕩。

1.忽忙時不就田畔，蹭蹬閑行，左南直北，拋工一日，剋物貳䢃。(《輯校》298頁 S.1897《後梁龍德四年（924）燉煌鄉百姓張厶甲雇工契（樣文）》)

2.自養已後，便須孝養二親，盡終之日，不發逆心。所有城內屋舍，城外地水，家資 □□□ 並共永長會子，亭支一般，各取一分。若有蹭蹬往 □□□ ，空身逐出門外，不許橫說道理。(《輯校》357頁 P.3443《壬戌年（962?）龍勒鄉百姓胡再成養男契》)

按：

《漢語大詞典》"蹭蹬"下釋："險阻難行""失勢貌""困頓；失意""倒楣；倒運""犯過失；失足"。以上諸義，都不能解釋上例中的"蹭蹬"。林聰明《唐代敦煌契約文書及其文學性質》[1]以上例2為例證，指出"蹭蹬"為"遊蕩"，但未作論證。本文以林先生觀點為基礎，對上例中"蹭蹬"之"遊蕩"義進行一點補證：

上例1"蹭蹬"與"閑行"並列，"蹭蹬閑行"又與"左南直北"對應，"蹭蹬閑行"即无所事事四處遊蕩。上例2"逐出門外"在其他養男契中或作"趁出門外"，"趁出門外"的原因多为"左南直北"，例如《輯校》370頁 P.4075背《養男契樣文》："若也聽人構厭，左南直北，拗捩東西，不聽者當日口（空）手趁出門外，針草莫与。""左南直北"即四處遊蕩，由此可推知具體語境中與之相關的"蹭蹬"為遊蕩之意。

---

[1] 林聰明《唐代敦煌契約文書及其文學性質》，http://www.docin.com/p-5488419.htm 。

【掣奪】【牽掣】

掣取、拿取。

如違不還，及有欠少不充，任將此帖掣奪家資，用充麥直。（《輯校》319 頁 P.2858 背《酉年（829?）索海朝租地帖》）

如若不納課稅，掣奪家資，用充課稅。（《輯校》346 頁 P.3391 背《丁酉年（937?）捉梁捉磑契（樣文）》）

如違限不還，其麥請陪（倍），仍任將此契為令六（律），牽掣家資雜物，用充麥直。（《輯校》125 頁 S.1475 背《年代不詳沙州寺戶嚴君便麥契》）

按：

《漢語大詞典》未收"掣奪"。"掣"有拿、取義，"掣奪"即掣取、奪取。

《漢語大詞典》"牽掣"下釋"牽拉、牽制"義，但未釋"牽掣"之掣取、拿取義。敦煌契約文書中的"牽掣"不僅指牽拉，更指掣取。

【趁還】

追還。

乙丑年三月五日索豬苟為少種子，遂於龍興寺張法律寄將麥參碩。亦无只（質）典，至秋納麥陸碩。其秋只納得麥肆碩，更欠麥兩碩。直至十月，趁還不得，他自將大頭釧壹，只欠麥兩碩。（《輯校》161 頁 S.5811《乙丑年（905?）索豬苟貸麥契》）

按：

《漢語大詞典》未收"趁還"。

"趁"有追繳、繳納義，如"趁辦"猶繳納，"趁課"為征繳賦稅。結合上例語境，"趁還"即繳納、償還。

或："趁"有追求、追尋義，根據上例語境，"趁還"也有可能為追還義。

【趁（趂）却】【趁出】

驅逐、趕出。

若不孝順者，仰至親情，當日趁却，更莫再看。(《輯校》363頁S.5647《養男契樣文》)

按：

《漢語大詞典》未收"趁却"。

"趁"有驅逐義，例如《敦煌變文集·孝子傳》："父母怒，復更趁之。""却"有退却、辭退義。"趁""却"近義聯合，表驅逐、辭退義。在敦煌契約相關文例中，"趁却"亦作"趁出"。"趁出"即逐出、趕出。例如：

若也聽人構厭，左南直北，拗捩東西，不聽者當日空手趁出門外，針草莫与，便招五逆之子，更莫再看。(《輯校》370頁P.4075背《養男契樣文》)

忽若不盡吾百年，左南直北，便招五逆之罪，空手趁出門外。(Дx.12012《清泰二年（935）正月一日燉煌鄉張富深養男契》)

【成辦】

完成、成功。

右緣當寺虛无，家客貧弊，寺舍破壞，敢不修營。今現施工，未得成辦。(《輯校》97頁沙州文錄補《丑年（821?）五月金光明寺直歲僧明哲請便麥粟牒》)

按：

《漢語大詞典》未收"成辦"。

"辦"有完成、成功義，例如《管子·形勢》："父母不易其則，故家事辦焉。""成""辦"同義聯合，指完成、成功。

【充使】

擔任使官。

戊申年四月十六日，兵馬使徐留通往於西州充使。(《輯校》213頁P.3472《戊申年（948）兵馬使徐留通兄弟欠絹契》)

押衙羅賢信入奏充使，欠闕疋帛，遂於押衙范慶住面上貸生絹壹疋。

（《輯校》203 頁 P.3458《辛丑年（941?）押衙羅賢信貸絹契》）

按：

《漢語大詞典》未收"充使"。

"充"有擔任義，如《書·冏命》："爾无昵於憸人，充耳目之官，迪上以非先王之典。"敦煌契約文書中"充使"多見，即擔任使官。

【充替】

抵償、替換。

在土地、房舍、奴婢、牲畜等主權有爭議或丢失的情況下，敦煌契約文書一般要求相關責任人另找上好的土地、房舍、奴婢、牲畜來"充替"。"充"為抵償，"替"為"替換"，"充替"即抵償、替換。例如：

更親姻及別稱忍（認.）主記者，一仰保人祗當，鄰近覓上好地充替。（《輯校》327 頁 P.3155 背《唐天復四年（904）神沙鄉百姓僧令狐法性出租土地契（稿）》）

若有別人作主，一仰大行悋（另）覓上好舍充替。（《輯校》12 頁 S.3877 背《唐天復二年（902）赤心鄉百姓曹大行回換舍地契（習字）》）

如後有人稱是寒道（盜）識認者，一仰本主賣（買）上好牛充替。（《輯校》55 頁 S.5820+S.5826《未年（803）尼明相賣牛契》）

中間有親情眷表識認此人來者，一仰韓願定及妻七娘子面上覓好人充替。（《輯校》79 頁 S.1946《宋淳化二年（991）押衙韓願定賣妮子契》）

若是放畜牧，畔上失却，狼咬煞，一仰售（受）雇人祗當与充替。若无替，剋雇價物。（《輯校》296 頁 P.3441 背《雇工契》）

【畜乘】

駝、馬、牛等牲畜。

1. 乾寧三年丙辰歲二月十七日，平康鄉百姓馮文達奉差入京，為少畜乘，今於同鄉百姓李略山邊，遂雇八歲黃父駝一頭。（《輯校》

303 頁 P.2825 背《唐乾寧三年（896）平康鄉百姓馮文達雇駝契（習字）》）

2．癸未年四月十五日張修造遂於西州充使，欠闕駝乘，遂於押衙王通通面上雇五歲父馳壹頭。（《輯校》309 頁北敦 09520《癸未年（923?）張修造雇駝契（習字）》）

3．辛卯年九月廿日，百姓董善通、張善保二人往入京，欠少駝畜，遂於百姓劉達子面上雇拾歲黄馬父駝壹頭。（《輯校》312 頁 P.3448 背《辛卯年（931?）百姓董善通張善保雇駝契》）

4．應有沿身使用農具，兼及畜乘，非理失脫傷損者，陪（賠）在厶甲身上。（《輯校》298 頁 S.1897《後梁龍德四年（924）燉煌鄉百姓張厶甲雇工契（樣文）》）

5．戊申年四月六日，兄善護弟遂恩□諸親□别，城外莊田及捨（舍）菌林，城内捨（舍）宅、家資、什物、畜乘、安（鞍）馬等，兩家停分，□无偏取。（《輯校》431 頁 S.11332+P.2685《戊申年（828）善護遂恩兄弟分書》）

6．押衙蘇永進伏緣家于闐充使，欠少畜剩（乘），遂於都頭鄧栽連面上雇陸歲駱駝壹頭。（《輯校》307 頁津藝 061F 背《壬午年（922?）蘇永進雇駱駝契》）

7．切莫貪酒市（嗜）肉，浪破錢物，在心餵飼畜剩（乘），平善早回，滿吾心願。（Дx.12012《乙未年（935）三月慈父致男行深書》）

按：

《漢語大詞典》未收“畜乘”。

根據上例 1、2、3 的相互參照，可知例 1 中的“畜乘”指人們出行時騎乘的駝、馬等。“乘”由乘車義引申則有騎馬或騎其他動物義，例如《後漢書·東夷傳·三韓》：“不貴金寶錦罽，不知騎乘牛馬，唯重瓔珠，以綴衣爲飾，及縣頸垂耳。”“畜乘”即人們騎乘的牲畜。敦煌契約文書中，“畜乘”之“乘”或假借作“剩”，如上例 6、7。

“畜乘”由人們騎乘的牲畜義引申，則可泛指駝、馬、牛等牲畜，上例

4、例 5 中的"畜乘",則不專用於騎乘,也用於耕作、運輸等方面。

【措案】

備案。

> 壹博已後,各自收地,入官措案為定,永為主己。(《輯校》5 頁 P.3394
> 《唐大中六年(852)僧張月光博地契》)

> 立契,或有人忓怪園林、舍宅、田地等,稱為主記者,一仰僧張月
> 光子父知當。竝(並)畔(伴)覓上好地充替,入官措案。(《輯校》
> 5 頁 P.3394《唐大中六年(852)僧張月光博地契》)

> 按:

> 《漢語大詞典》未收"措案"。

"入官措案"即到官府登記備案契約交易的內容和結果,這樣既可以使官府有效地據地徵稅,又可以使契約內容得到官府的公證和認可。

D

【打將】【賊打】

打劫、搶奪。

敦煌雇工契末尾,經常有"或遇賊來打將,壹看大例"之類的套語,如:

> 或遇賊來打將,壹看大例。(《輯校》276 頁 P.3649 背《丁巳年(957)
> 莫高鄉百姓賀保定雇工契(習字)》)

> 作兒賊打將去,壹看大例。(《輯校》280 頁北敦 03925 背《甲戌年(974)
> 慈惠鄉百姓竇跛蹄雇工契(習字)》)

> 或若作兒賊打章(將)去,一看大領(例)。(《輯校》289 頁 P.3094
> 背《年代不詳雇工契》)

"賊來打將""賊打將去"或簡省為"賊打",如:

> 若逢賊打,壹看大例。(《輯校》265 頁津藝 169 背《後晉天福四

年（939）姚文清雇工契》）

  駞若路上賊打病死，一仰要同行見。（《輯校》309 頁北敦 09520《癸未年（923?）張修造雇駞契（習字）》）

  或若路上賊打，看為大例。（《輯校》310 頁北敦 09520《癸未年（923?）張修造雇駞契（習字）》）

"賊來打將""賊打將去"中的"打將"一詞，《漢語大詞典》未收，但該詞在敦煌文獻中常見，如：

  建康軍物被突厥打將，得陪半周兵馬使。（《敦煌社會經濟文獻真跡釋錄（二）》621 頁 P.2942《唐永泰年代（765—766）河西巡撫使判集》）

  被回鶻打將，更得十年，却走到沙州。（《敦煌社會經濟文獻真跡釋錄（四）》49 頁 P.3753《康漢君狀》）

  去五月廿七日從向東有賊出來，於雍歸鎮下，煞却一人，又打將馬三兩疋，却往東去。……又去五月十五日被肅州家一難悉列作引道人，領達坦賊壹伯已來，於瓜州會稽兩處同日下，打將人口及牛馬。（《敦煌社會經濟文獻真跡釋錄（四）》402 頁 P.2155 背《弟歸義軍節度使曹元忠致甘州回鶻可汗狀》）

考察以上文例，可知"打將"即打劫、搶掠之義。雇工契結尾套語"若遇賊來打將，壹看大例"，即：如財物遭到盜賊的打劫、搶奪，則根據地方相關通例進行賠償。

  "打將"之"將"，可能為"打劫"之"劫"的借字，也可能為為"打搶"之"搶"的借字。上引 P.2155 背《弟歸義軍節度使曹元忠致甘州回鶻可汗狀》中又有："自前或有逃人經過，只是有般次行時發書尋問，不曾隊隊作賊偷劫。如今道途開泰，共保一家。不期如此打劫，是何名價。""打劫""打將"同出一文，由此推斷，敦煌文獻中"打將"之"將"更有可能為"搶"之借字。

【貸便】

  借貸。

靈修寺戶團頭劉進國、頭下戶王君子、戶麴海朝、戶賀再晟，已上戶各請便種子麥伍馱，都共計貳拾馱。右進國等貸便前件麥。（《輯校》92 頁北敦 06359 背《丑年（821）靈修寺寺戶團頭劉進國等請便麥牒》）

貸便麥拾伍馱，粟伍馱。……伏望教授都頭倉貸便前件斛斗，自至秋八月填納。（《輯校》97 頁沙州文錄補《丑年（821？）五月金光明寺直歲僧明哲請便麥粟牒》）

今人戶等各請貸便，用濟時難，伏望商量，免失年計。（《輯校》86 頁北敦 06359 背《辛丑年（821）龍興寺寺戶團頭李庭秀等請便麥牒》）按：

《漢語大詞典》未收"貸便"。

"便"有借貸義，《資治通鑒·後唐同光二年》："豆盧革嘗以手書便省庫錢數十萬。"胡三省注："今俗謂借錢為便錢，言借貸以便用也。"適應於漢語詞滙雙音化趨勢，"貸""便"同義聯合，形成"貸便"一詞。"貸便"在其他敦煌文獻中也多次出現，例如：

十月二十八貸便粟四馱入地子數內。（中空）付信通郝苟苟粟兩石二斗。（中空）石判官吳安吉地子三馱，貸便半馱。氾倉曹地子一馱，貸便一馱。高師兩馱吳判官田悉列歾地子一馱，貸便一馱。（《敦煌社會經濟文獻真跡釋錄（二）》422 頁 S.2214《年代不明納支黃麻地子曆》背面）

貸便沙州斛斗，頻征不納。貸便之物，不合遷延。（《敦煌社會經濟文獻真跡釋錄（二）》626 頁 P.2942《唐永泰年代（765—766）河西巡撫使判集》）

【打損】

打傷，打壞，損壞。

1. 所有農具什[物]等，並分付与聰兒，不得非理打損。（《輯校》248 頁 S.3877 背《戊戌年（878）洪潤鄉百姓令狐安定雇工契（習字）》）

2. 若作兒手上使用籠（農）具鐮刀鐸鑄鍬钁袋器什[物]等，畔上拋抶（失）打損，裝（賠）在作兒身，不關主人之事。（《輯校》280

頁北敦 03925 背《甲戌年（974）慈惠鄉百姓竇跛蹄雇工契（習字）》）

　　3.寅年八月十九日，楊謙讓共李條順相諍，遂打損經（脛）。(《輯校》413 頁 S.5816《寅年（834?）節兒為楊謙讓打傷李條順處置憑》）

按：

　　《漢語大詞典》未收"打損"。

　　"損"有損傷、損壞義，"打損"即打傷、打壞。如針對人而言，則"打損"為打傷，如上例 3；如針對物而言，則"打損"為打壞、損壞，如上例 1、2。

　　在相似的契約語境中，"打損"亦可作"打破""傷損"，例如：

　　　　鐮刀器袋，牛羊畜生，合宅，若畔上非理失却打破，裴（賠）在定成身上。(《輯校》353 頁 S.1398《壬午年（982）慈惠鄉郭定成典身契（習字）》)

　　　　應有沿身使用農具，兼及畜乘，非理失脫傷損者，陪（賠）在厶甲身上。(《輯校》298 頁 S.1897《後梁龍德四年（924）燉煌鄉百姓張厶甲雇工契（樣文）》)

【打煞】

　　打殺、打死。

　　　　若牛羊畜生非命打煞，不關主人之事。(《輯校》353 頁 S.1398《壬午年（982）慈惠鄉郭定成典身契（習字）》)

　　　　若非理打煞畜生，一仰營作人祇當填倍（賠）。(Дx.12012《丙申年（936）正月十日赤心鄉百姓雇工契》)

按：

　　"煞"在古代漢語中有殺死、弄死義，如《鶡冠子·備知》："比干、子胥好忠諫，而不知其主之煞之也。"《敦煌變文集·大目乾連冥間救母變文》："言作天堂沒地獄，廣煞豬羊祭鬼神。"

　　"打煞"即"打殺"。"打殺"為打死義，例如《樂府詩集·清商曲辭三·讀曲歌》："打殺長鳴雞，彈去烏柏鳥。"《清平山堂話本·快嘴李翠蓮記》："若是婆婆打殺我，活捉你去見閻王。"

《輯校》296 頁 P.3441 背《雇工契》："若是放畜牧，畔上失却，狼咬煞，一仰售（受）雇人祇當与充替。""咬煞"即"咬殺"，此亦可作"打煞"為"打殺"的旁證。

【當房】

宗族中的同房、本家族。

當房兄弟及別人 ☐☐☐☐ 擾說論來者，一仰殘兒竝伴覓上好地充替。（《輯校》51 頁 P.4017《賣地契樣文》）

按：

《漢語大詞典》"當房"下首見元代例。

【當家人】

主持家政的人。

[同]日，當加（家）人使（史）奉仙便佛帳麥兩碩，並漢斗。（《輯校》124 頁 S.1475 背《年代不詳使奉仙便麥契》）

按：

《漢語大詞典》"當家人"下首見清代例。

【當頭】

同"當下"。立即、立刻義。

謂羊虎同心，一向陳話美詞；心不和合，當頭取辦。夫覓上對，千世同歡，婦娉亳宋，鴛鴦為伴。（《輯校》486 頁 S.6537 背《放妻書樣文》）

按：

《漢語大詞典》"當頭"下未釋當下義。

【地皮】

房屋、院落、門道等所占之地。

准地皮尺數，算著（折）舍價物貳拾玖碩五斗陸升九合五圭，乾濕

各半。（《輯校》33 頁北敦 03925 背《宋開寶九年（976）莫高鄉百姓鄭丑撻賣宅舍契（習字）》）

已前計地皮一千八百三十六尺九寸，合著（折）物五百五十一石七升。（《輯校》47 頁 S.4707+S.6067《年代不詳賣宅舍契》）

按：

上二賣舍契前面內容都在條分縷析各種房屋及院落、門道的占地面積，最後匯總用地皮多少表示，由此可知上例中的"地皮"指房屋、院落、門道等所占之地。《漢語大詞典》"地皮"下釋有"特指供建築用的土地"，但其語例遲至近代。

【抵（袛佂）當】【知當】

抵償、擔當。

向後或有別人識認者，一仰忽律哺袛[1]當。（《輯校》22 頁 S.1285《後唐清泰三年（936）百姓楊忽律哺賣舍契》）

地內所著差稅河作，隨地佂當。中間若親姻兄弟及別人諍論上件地者，一仰口承人男橋橿兄弟佂[2]當，不忓買人之事。（《輯校》18 頁 S.3877 背《天復九年己巳（909）洪潤鄉百姓安力子賣地契（習字）》）

若身東西不平善者，壹仰口承男某甲佂[3]當。（《輯校》197 頁 S.4504《乙未年（935?）押衙就弘子貸絹契（習字）》）

如後牛若有人識認，稱是寒盜，一仰主保知當，不忓賣（買）人之事。（《輯校》59 頁 S.1475 背《寅年（822?）令狐寵寵賣牛契》）

如身東西不在，一仰口承人知當。（《輯校》5 頁 P.3394《唐大中六年（852）僧張月光博地契》）

按：

上例中"袛""佂"為"袛""低"之異寫。蔡忠霖《敦煌漢文寫卷俗

---

[1] 《輯校》錄"袛"為"袛"。敦煌契約文書中的"袛"，原件圖版中多作"袛"。

[2] 《輯校》錄此例中的"佂"為"袛"，與原件字形不符。

[3] 《輯校》錄此例中的"佂"為"伍"。"佂""伍"形近，原件圖版中該字形難以分辨"佂""伍"何者為是。根據敦煌契約相關套語，此處當為"佂當"。

字及其現象》[1]301 頁：“敦煌漢文寫卷各期俗字中，除第一期、第二期未採錄到之外，餘各期俗字凡從“氏”之偏旁，有寫作‘互’者。……從“氏”之偏旁寫作‘互’者，乃受到草書連筆寫法的影響而成。”例如：

第三期：S.2616 胝（胝）；S.2136 觚（羝）；S.2999 互（氏）；S.610 伍（低）；S.610 鸠（鷗）

第四期：北.7095 伍（低）；P.2132 胝（胝）；

第五期：S.5309 伍（低）； S.1177 胝（胝）；P.3931 袛（袛）

“袛當”“低當”之“袛”“低”，當為“抵”之借。《漢語大詞典》“抵當”下釋“抵充；承當”，並舉宋代語例。敦煌契約文書中的“抵當”，可提前辭書中“抵當”的語例時代。

敦煌契約文書中的“抵當”多作“知當”，“知”即“抵”之借（知、抵古音相近，例如從“氏”得聲字有“紙、袛”等）。同時，由於“抵當”經常假借為“知當”，受此影響，敦煌契約文書中“知”獨用或參與構詞時也具有了承當義。詳《詞語匯釋》“知”“知見”。

【底定】

達到最終確定意見。

> 今對六親，商量底定，始立分書，既無偏坡（陂），將為後驗。（《輯校》455 頁 S.4374《分書樣文》）

按：

“商量底定”即通過商量達到最終確定意見。敦煌契約文書中“商量底定”多作“商量為定”。《漢語大詞典》“底定”下釋“達到平定”，其引例為《書·禹貢》：“三江既入，震澤底定。”蔡沈集傳：“底定者，言底於定而不震蕩也。”敦煌契約文書中的“底定”例，可為“底定”語義引申研究以及豐富辭書語例提供材料。

---

[1] 蔡忠霖《敦煌漢文寫卷俗字及其現象》，臺北文津出版社有限公司 2002 年版。

【地水】

可灌溉之田地。

1. 南沙灌進渠中界有地柒畦共叁拾畝（東至官菌，西至吳盈住，南至沙，北至大河）。於時顯德肆年丁巳歲正月廿五日立契。燉煌鄉百姓吳盈順伏緣上件地水佃種，往來施功不便，出賣与神沙鄉百姓琛義深。（《輯校》30 頁 P.3649 背《後周顯德四年（957）燉煌鄉百姓吳盈順賣地契（習字）》）

2. 洪閏鄉百姓氾富川為家中力欠小，田（塡）納兩戶地水七十畝。（《輯校》66 頁 S.2710《清泰四年（938）洪閏鄉百姓氾富川賣牛契（習字）》）

3. 所有城內屋舍，城外地水，家資 ☐☐☐ 並共永長會子，亭支一般，各取一分。（《輯校》257 頁 P.3443《壬戌年（962?）龍勒鄉百姓胡再成養男契》）

4. 地水：渠北地叁畦共壹拾壹畝半，大郎分；捨（舍）東叁畦，捨（舍）西壹畦，渠北壹畦，共拾壹畝，弟分。向西地肆畦，共拾肆畝，大郎分；渠子西共叁畦拾陸畝，弟分。……（《輯校》432 頁 S.11332+P.2685《戊申年（828）善護遂恩兄弟分書》）

按：

《漢語大詞典》未收"地水"。

"地水"從構詞方式看，似為"地"與"水"之聯合；但從敦煌契約文書"地水"出現的語境看，如上例 1 及例 4，"地水"之詞義重心在"地"上面，而"水"只是說明"地"的性質為可灌溉之地。"地水"指可灌溉之地，其義同"水地"。今甘肅很多地方把"公雞"稱為"雞公"，"水地"與"地水"之間的關係可能同"公雞"與"雞公"的關係。

此外，P.3964《趙僧子典男契》中出現的"地水"，指地下之水，與田地无關：

塑匠都料趙僧子，伏願家中戶內有地水出來，缺少手上工物，无地方覓。（《輯校》349 頁 P.3964《乙未年（935?）塑匠趙僧子

典男契》）

【緤（綵）】【毺】【牒（㲲）】【疊】

1. 字形與詞義

敦煌契約文書中"綵"多次出現。"綵"即"緤"，"綵"右部之"枀"，為"枼"的變寫。《禮記·曲禮上》："蔥渫處末，酒漿處右。"阮元《校勘記》："《釋文》出'蔥㳿'。案：渫，本字。渫，唐人避諱字。石經中凡偏旁涉'世'字者，多改從'云'。"

《漢語大字典》"綵"下："《篇海類篇·衣服類·系部》：'綵，西國布。'"《漢語大字典》"緤"下："②木棉的別名。《廣韻·仙韻》：'棉，木棉，樹名。'《吳錄》云：'其實如酒杯，中有綿如蠶綿，可作布。'又名曰緤。③布名。"按：傳入中國西部的棉花當為草綿，"緤"當為草綿的音譯詞[1]；由於草棉和木綿果實的形狀與功能相似，且其所織之布相似，因此後來又以"緤"指木棉。敦煌契約文書多次出現"布"一詞，"緤布"即棉布。"緤"作為音譯詞，字音是其根本，因此，在敦煌契約文書中，又可見與"緤"所指相同的"牒""疊"等音譯詞。例如：

其絹利頭，立機牒一疋。（《輯校》207 頁 P.3627+P.3867 冊子《壬寅年（942）莫高鄉百姓龍鉢略貸絹契》）

定千与驢一頭，白疊襖子一，玉腰帶兩條。（《輯校》514 頁 S.4577《癸酉年（853?）楊將頭遺物分配憑據》）

由漢字的表義性決定，純粹記音的音譯詞无法長久地在漢字體系中生存。音譯詞選取的字形，一般要經過由純粹表音向音義兼表的過渡，並最終逐漸淘汰純粹表音的字形。敦煌契約文書中，表示棉布的音譯詞的字形，

---

[1] [法]童丕認為傳入中國西部邊陲的棉花是草綿，源於阿拉伯及非洲地區，自中亞由陸路傳入；而木綿是印度品種，自南海傳入。草綿的音譯詞為"緤""疊"等，木綿的音譯詞為"古貝"或"吉貝"。敦煌文書中沒有中原地區使用的"古貝""吉貝"等詞，這也說明敦煌地區種植的是由西域傳入的草綿。(詳[法]童丕《敦煌的借貸：中國中古時代的物質生活與社會》，第 106—107、121—122 頁) 按：時至今日，西部地區，特別是新疆，還在大量種植草棉，這說明童丕先生的觀點是可取的。

"緤"占大多數，而"㲲""疊"只是少量存在，正好反映了音譯詞字形的義化。此外，敦煌契約文書中還出現"毬"。"毬"為"毛"旁，"緤"為"糸"旁，"毛""糸"之義，都與布有關，"毬""緤"反映了人們在造字過程中對草棉音譯詞字形義化的不同嘗試。敦煌契約文書中"毬"字例如：

取員子上好生絹壹疋，長▢▢▢▢。捌綜毬壹疋，長貳仗五尺。(《輯校》327頁 P.3155背《唐天復四年（904）神沙鄉百姓僧令狐法性出租土地契（稿）》)

（前缺）為著甘州充使須▢▢▢白細毬叁疋，各長貳丈柒尺。(《輯校》235頁 Дx.1322《年代不詳孔安信貸契》)

2. 敦煌文書中"緤"的來源

考察敦煌契約文書相關記錄，可以發現通過貿易從西州等地販運棉布是"緤"的一個來源，例如：

1. 押衙就弘子往於西州充使，欠少絹帛，遂於押衙閻全子面上貸生絹壹疋，長肆拾尺，福（幅）闊壹尺捌寸叁分。其絹彼（比）至西州回來之日還，絹裏（利）頭立機細緤壹疋，官布壹疋。(《輯校》197頁 S.4504《乙未年（935?）押衙就弘子貸絹契（習字）》)

2. 丙辰年三月廿三日，三界寺僧法寶往於西州充使，欠［闕］［疋］［帛］，遂於同寺法戒德面上貸黃絲生絹壹疋，長肆拾尺，［幅］［闊］［壹］［尺］玖寸。其絹梨（利）頭立機壹疋，到日填還。(《輯校》217頁 P.3051背《丙辰年（956）三界寺僧法寶貸絹契（習字）》)

3. 辛丑年十月廿五日，賈彥昌緣往西州充使，遂於龍興寺上座心善面上貸生絹壹疋，長叁拾柒尺貳寸，幅壹尺捌寸。又貸帛拖（絁）綿綾壹疋，長貳仗（丈）叁尺陸寸，幅壹尺玖寸半。自貸後，西州回日還利頭好立機兩疋，各長貳杖（丈）伍尺。(《輯校》205頁 P.3453《辛丑年（941）賈彥昌貸絹契》)

例1"立機細緤"中的"立機"為一種織機，"立機細緤"即用立機織出的細棉布。通過上例1、2、3的相互比照，可知例2、3中的"立機"為"立機緤"的省稱。外出者，特別是前往西州的使者，一般都要借貸一定數量的絹帛，其原因為"絲織品是一種典型的中國產品，經常是在遙遠的東部織造，越靠近中亞，其價格越高。攜帶在敦煌所借的這一商品，旅行者能在西域市場上獲利"[1]。而使者等外出者從西州等地回來時，却以立機緤償還貸絹的利息，這一方面反映出西州緤在敦煌地區的緊俏，另一方面也反映出外出者從西州等地販運的緤能在敦煌市場上獲利。西州緤能在敦煌市場上獲利，有兩種可能：一是敦煌地區不種植棉花，緤只能由西州等地販運；二是西州紡織的緤比敦煌紡織的緤精細。結合敦煌相關文書記錄，我們基本上可排除上第一種可能。敦煌社會經濟文獻中對"緤"的記錄非常多，而且"緤布"是"官布"的主要類別之一（詳"官布"）。作為稅收的大量官布如果僅靠從外地販運顯然是不可能的。因此，外出者從西州等地販運緤，我們認為主要原因是西州緤的紡織比敦煌緤精細，上 S.4504 例"細緤"之"細"在一定程度上也反映出從西州販運過來的緤是精細、上等之緤。就此，鄭炳林先生認為："由於敦煌地區生產的棉布不及西州地區的品質好，加之西州與敦煌地區路程較近，經常通商。故敦煌地區生產的棉布代替不了西州棉布，市場上大量出售西州棉布——安西緤。"[2]

根據敦煌文獻中"緤布"是"官布"主要類別的事實，鄭炳林先生認為晚唐五代敦煌地區已普遍種植棉花。學術界一般認為，唐五代敦煌地區以產麻為主，而棉花的大量種植在宋元之間。[3] 因此，鄭炳林先生的觀點在學術界還有一定爭議，考慮到敦煌地區的特殊性和敦煌文獻的相關記錄，我們認為鄭炳林先生的觀點是可取的。進而，我們認為，敦煌文獻中"緤"主要來源於敦煌當地棉花的種植和紡織。

---

[1] [法] 童丕《敦煌的借貸：中國中古時代的物質生活與社會》，中華書局 2003 年版，第 109 頁。

[2] 鄭炳林《晚唐五代敦煌地區種植棉花研究》，《中國史研究》1999 年第 3 期。

[3] 明代《大學衍義補》："漢唐之世，遠夷雖以木棉入貢，中國（中原）未有其種，民未以為服，官未以為調。宋元之間，始傳其種入中國，關、陝、閩、廣，首得其利。"

【東西】

"如身東西不在（善），一仰保人（口承人）等代還"是敦煌契約文書常見套語，意思為：如果債務人在還債期間外出逃避或客死他鄉，相關債務要求保人或口承人等替債務人償還。

"身東西不在（善）"或簡省表達為"東西""身不在"等，或變化表達為"身不在有東西"等，例如：

> 如東西，仰保人代還。（《輯校》101 頁歷博《丑年（822?）百姓曹先玉便小麥契》）

> 如身東西，一仰保人代還。（《輯校》103 頁 S.1475 背《卯年（823?）阿骨薩部落百姓馬其鄰便麥契》）

> 若定住身不在，仰口承男德子取上好絹者。（《輯校》201 頁 P.3603 背《乙未年（935?）龍勒鄉百姓張定住貸絹契（習字）》）

> 如中間身不在，一仰保人代還。（《輯校》150 頁 S.4192 背《未年（839）張國清便麥契》）

> 如身不在有東西，一仰保（下空）。（《輯校》137 頁 P.2502 背《寅年（834?）宗縈奴貸麥契（習字）》）

> 如身有東西不在，及依限不辦填還，一仰保人等依時限還足。（《輯校》130 頁 P.4686(藏文卷 1297)《子年（832?）悉董薩部落百姓孫清便粟契》）

對"身東西不在（善）"中"東西"的理解，學術界有不同看法：①江藍生、曹廣順編著《唐五代語言詞典》[1]98 頁"東西"下有"離走，逃往"和"死的諱詞"二義，其中"身東西不在（善）"在"死亡"義下。②蔣禮鴻主編《敦煌文獻語言詞典》[2]80 頁注"身東西不在（善）"之"東西"為"外出、逃走"義。

按：

(1) Д x.2157 背《唐廣德二年（764）王岩等便衫契》："東西逃避，

---

[1] 江藍生、曹廣順編《唐五代語言詞典》，上海教育出版社 1997 年版。

[2] 蔣禮鴻主編《敦煌文獻語言詞典》，杭州大學出版社 1994 年版。

保人代還。""東西逃避，保人代還"與"如身東西不在，一仰保人等代還"所表達的意思相同，其中"東西逃避"即四處躲藏，可知"身東西不在（善）"之"東西"不完全是"死亡"義。

（2）《輯校》188 頁 S.4445《己丑年（929?）龍家何願德貸褐契》："龍家何願德於南山買買（賣），……若東西不平善者，一仰口承弟定德丑子面上取本褐。"《輯校》219 頁 P.3501 背《戊午年（958）兵馬使康員進貸絹契（習字）》："兵馬使康員進往於西州充使，若身東[西]不平善者，一仰口承人男員進面上取本絹。"何願德外出做生意，康員進出使西州，這些與逃亡无關，"身東西不平善"則指何願德、康員進在外出途中不幸死亡。敦煌契約文書中"東西"經常與"不平善"相連，"不平善"則說明債務人並不是為躲債而外出逃亡，而是客死他鄉。《輯校》181 頁北敦 09520《癸未年（923?）王礽敦貸絹契（稿）》："伊舟（州）使到來之日，限十五日便須田（填）還。……悉礽敦身故，東西不在，一仰口承人丈白面上，取為本絹，无裏（利）。"此件"東西不在"與"身故"相連，更可證其中"東西"有"死亡"義。

（3）綜上所述，敦煌契約文書中"身東西不在（善）"之"東西"有"逃避"和"死亡"二義。從事理上分析，作為契約的債權人，在制定契約時自然要全力避免有借无還現象的發生。不管是債務人外出逃避還是客死他鄉，都會導致債務失去歸屬，因此契約必須明確如債務人逃避或死亡，債務由誰代償。在這種情況下，契約中的"東西不在"自然不會單純指逃避而或是死亡。

【都共】

總共。

靈修寺戶團頭劉進國頭下戶王君子，戶麴海朝，戶賀再晟，已上戶各請便種子麥伍馱，都共計貳拾馱。（《輯校》92 頁北敦 06359 背《丑年（821）靈修寺寺戶團頭劉進國等請便麥牒》）

（前缺）齒母羊壹口，兒落悉无囗▢▢▢足齒殺母羊壹口，肆齒

羖□□□壹口，女只无兩。都共計□□□□（後缺）（《輯校》382 頁
P.3156 背 p3《年代不詳領羊殘憑》）

按：

《漢語大詞典》未收"都共"。"都"有總共義，"都共"即總共。

或，上例"都共計……"中"共計"首先組合，"都共計"即"總和起
來，共計……"。若如此，則"都共"不能成詞。

E

【恩敕（勅）】

帝王登極、冊遷皇后、皇上萬壽、武功克捷等大慶時，赦免罪犯、役稅
等的召令。

或有恩敕流行，亦不在論理之限。（《輯校》19 頁 S.3877 背《天
復九年己巳（909）洪潤鄉百姓安力子賣地契（習字）》）

中間如遇恩敕大赦流行，亦不許論理。（《輯校》22 頁 S.1285《後
唐清泰三年（936）百姓楊忽律哺賣舍契》）

或有恩勅流行，亦不在論理之限。（《輯校》51 頁 P.4017《賣地
契樣文》）

或有恩敕赦書行不（下），亦不在論理之限。（《輯校》9 頁 S.3877
背《唐乾寧四年（897）平康鄉百姓張義全賣舍契（習字）》）

或遇恩敕流行，亦不在再來論理之限。（《輯校》79 頁 S.1946《宋
淳化二年（991）押衙韓願定賣妮子契》）

按：

《漢語大詞典》未收"恩敕"。

"或有恩敕流行，亦不在論理之限"是敦煌契約文書末尾常見套語，意
思為：契約簽定之後，即便遇到大赦敕令，契約所規定的條約也不再討論
範圍之內（即契約條約不得更改）。"或有恩敕流行"中"恩敕"又作"恩

敕（勅[1]）"，

"敕"在南北朝以後特指皇帝的詔書，"恩敕"即皇帝恩賜免除罪刑、役稅等的召令，"恩敕"與"恩赦"義同。同時，"敕""赦"形近易混，導致敦煌契約文書中"恩赦""恩敕"經常混同。此外，敦煌契約文書中部分文例出現的"恩敕大赦""恩敕赦書"之類的說法，則進一步說明"恩敕"即皇帝恩賜的大赦召令。

【兒】；【女】

兒：幼小雄性動物。女：幼小雌性動物。

牧羊人康富盈，除死抄外，並分付見行羊籍：大白羖羊壹拾叁口，白羊兒落悉无陸口，大白母羊貳拾口，貳歲白母羊伍口，白羊女羔子陸口，白羊兒羔子壹口，白女落悉无叁口，計白羊大小伍拾肆口。大羖羊羖壹拾玖口，貳歲羖羖壹口，兒羔子伍口，大羖母羊壹拾壹口，貳歲羖母羊拾口，羖女只无伍口，羖兒只兩口，計羖羊大小伍拾叁口。（《輯校》374 頁 S.4116《庚子年（940）報恩寺牧羊人康富盈算會憑》）

甲申年六月廿三日付牧羊人都頭索勝住羖羊陸口，大白母羊拾壹口，女落悉无兩口，羖羖叁口，羖母羊兩口，兒只无壹口，女只无叁口。（《輯校》380 頁英圖 Ch.I0021a《甲申年（984?）六月都頭索勝住領羊憑》）

當年兒白羊羔子兩口，女羔子壹口。已上通計白羊羖羊兒女大小貳伯捌拾伍口。（《輯校》379 頁 S.5964《年代不詳王住羅悉雞領羊憑》）

按：

根據上例"白羊兒落悉无"與"白羊女落悉无"、"白羊兒羔子"與"白羊女羔子"、"羊兒只无"與"羊女只无"[2]的對應，可知"兒"指公羊、"女"指母羊。此外，上例又出現"母羊"，說明"女"與"母"並不等同，這又可

---

[1] 勑，"勅"俗字。《集韻·職韻》："敕，或作勑。"《易·噬嗑》："雷電噬嗑，先王以明罰勑法。"顏師古注："勑，恥力切，此俗字也，《字林》作'敕'。"勑，從力、來聲，本為慰勞之義，用為"敕"，乃"勑""勅"形近而致混同。

[2] 根據敦煌文書中的"牧羊人算會憑"和"牧羊人領羊憑"，"落悉無"為某類白羔羊的名稱，"只無"為某類黑羊羔的名稱，這類名稱可能為吐蕃語的轉音。

敦煌契約文書語言研究 DUNHUANG QIYUE WENSHU YUYAN YANJIU

推出"兒"與"公"不等同。根據上例"羖羊""母羊""羔子"之間的對應關係，可知"兒""女"指幼小的雄性、雌性動物。《漢語大詞典》"兒""女"下釋"雄性動物""雌性動物"。"兒""女"有男孩、女孩義，這一意義轉指到動物身上，則帶有昵稱的色彩，因此"兒""女"最初可能只用於指稱幼小動物，後來詞義泛化，"兒""女"才籠統地表示雄性、雌性動物。

F

【翻（飜）悔】

因後悔而推翻曾經允諾的事或說過的話。

一定已後，不許翻悔。(《輯校》321 頁 P.3643p15《唐咸通二年（861）奇像奴出租地契》)

兩共面對商儀（議）為定，准格不許翻悔。(《輯校》79 頁 S.1946《宋淳化二年（991）押衙韓願定賣妮子契》)

如若不憑言約，互生翻悔者，便招五逆之罪。(《輯校》363 頁 S.5647《養男契樣文》)

按：

《漢語大詞典》"翻悔"下最早引例在宋代。敦煌契約文書中"翻悔"多見，可提前辭書"翻悔"語例時代。"翻"有反轉義，"翻""反"意義相通，因此"翻悔"今多作"反悔"。敦煌契約文書中未見"反悔"用例。

敦煌契約文書中"翻悔"又作"飜悔"，"飜"為"翻"之異體字。例如：

一賣後，如若先飜悔，罰麥伍碩，入不悔人。(《輯校》2 頁 S.1475背《未年（827?）上部落百姓安環清賣地契》)

【方求】【方覓】

索求、尋求。

莫高鄉百姓鄭丑撻，伏緣家內貧乏，債乏深計，无許方求，今遂[將]

口分地舍出賣与慈惠鄉百姓沈都和。（《輯校》33 頁北圖生字 25 背《宋開寶九年（976）莫高鄉百姓鄭丑撻賣宅舍契（習字）》）

塑匠都料趙僧子，伏願家中戶內有地水出來，缺少手上工物，无地方覓，今有腹生男苟子，只（質）典与親家翁賢者李千定。（《輯校》349 頁 P.3964《乙未年（935？）塑匠趙僧子典男契》）

按：

以上文例中，"方求""方覓"之"方"疑為"訪"之借[1]，"訪求""訪覓"即索求、尋覓，"无許方求"即不允許四處索求，"无地方覓"即無處尋覓。"方求""方覓"又見於其他敦煌文獻，例如：

□負難還，畫夜方求。（《敦煌社會經濟文獻真跡釋錄（二）》308 頁 P.3579《宋雍熙五年（988）十一月神沙鄉百姓吳保住牒》）

從甘州來，經今三載，衣食无處方覓，又兼債家往來驅牽。（《敦煌社會經濟文獻真跡釋錄（二）》307 頁 S.4489 背《宋雍熙二年（985）六月慈惠鄉百姓張再通牒（稿）》[2]）

【方始】

開始。

貞明陸年，歲在庚辰，拾壹月貳拾肆日立契，某某鄉百姓辛奴子，伏緣家中闕少極多，无處方始，今將腹生男胡兒，質典与押衙康富子面上。（Дх.1409《後梁貞明六年（921）辛奴子典男契》）

按：

---

[1]《敦煌社會經濟文獻真跡釋錄》所收文獻中，"方求""方覓"出現數次，但不見有"訪求""訪覓"之用例；另一方面，《敦煌社會經濟文獻真跡釋錄》所收文獻中，有"訪尋""訪察""搜訪"等用例。這種現象，可有兩種解釋：(1)"方求""方覓"用"方"，"訪尋""訪察""搜訪"用"訪"，由當時人們的用字習慣所致；(2)"方求""方覓"之"方"為四方、到處義，"方求""方覓"即到處索求、尋覓。我們之所以把"方求""方覓"之"方"講為"訪"之借，出於以下考慮：我們所考察的敦煌文獻中，未見"訪求""訪覓"之用例；同時，在"方求""方覓"出現的語境中，把"方求""方覓"講作"訪求""訪覓"更文通字順。

[2]《敦煌社會經濟文獻真跡釋錄（二）》307 頁此句句讀為："從甘州來經今三載衣食無處，方覓又兼債家往來驅牽。"按，參照敦煌契約文書相關文例，"無地方覓"與本句"無處方覓"同，"無處"與"方覓"之間不應斷開。

《詩·大雅·公劉》："弓矢斯張，干戈戚揚，爰方起行。"朱熹《集傳》："方，始也。""方"有始義，"方""始"聯合，為開始義。"无處方始"即不知從何處開始。

又，Дx.1409《後梁貞明六年（921）辛奴子典男契》中"无處方始"出現的語境也經常出現在其他契約中，例如：

> 塑匠都料趙僧子，伏願家中戶內有地水出來，缺少手上工物，无地方覓，今有腹生男苟子，只（質）典与親家翁賢者李千定。（《輯校》349 頁 P.3964《乙未年（935？）塑匠趙僧子典男契》）

> 洪池鄉百姓何通子，伏緣家中常虧物用，經求无地，獲設謀機，遂將腹生男善宗只（質）典与押牙。（《輯校》348 頁北敦 02381 背《辛巳年（921？）洪池鄉百姓何通子典男契（習字）》）

上文例中，"无地方覓""經求无地"即无處索求。"无地方覓"與"无處方始"有互證關係，因此，"方始"與"方覓"之"方"有可能語義相同，則"方始"之"方"也可能為訪求、尋覓義。"家中缺少極多，无處方始"即家中欠缺極多，不知從何處開始尋求解救之道。

【房資】

家資；家中的財產。

> 如違其[限]，請陪（倍）為伍碩陸䒱，仍任將契為領（令）[六]（律），牽掣房資什物，用充麥直。（《輯校》115 頁 S.1475 背《年代不詳靈圖寺僧義英便麥契》）

> 靈惠只有家生婢子一，名威娘，留与侄女潘娘，更无房資。（《輯校》515 頁 S.2199《唐咸通六年（865）尼靈惠唯書》）

> 房資產業莊園舍宅，一一各自分數，例（列）名如下。（《輯校》522 頁 S.6537 背《遺書樣文》）

> 緣房資貧薄，遺囑輕微，張表單心，請納受。（《輯校》526 頁 P.4001《遺書樣文》）

按：

上例 S.1475 背《年代不詳靈圖寺僧義英便麥契》"牽掣房資什物"在其他便麥契中或作"牽掣家資雜物"，由此可知"房資"即"家資"，指家中的財產。《漢語大詞典》收"家資"，未收"房資"。

【分配】【分張】【分將】【分擘】【分割】【分支】【支分】【分別】【分却】

敦煌契約之分書、遺書類文書中，滙聚了一批和"分配"同義、近義的詞語，由此形成一個以"分配"義為核心的語義場。例如：

【分配】

今聞吾惺悟之時，所有家產田莊、畜牧什物等，已上並以分配，當自腳下，謹錄如後。(《輯校》523 頁 S.0343《析產遺書樣文》)

右件分割，准吾遺囑，分配為定。(《輯校》531 頁 S.5647《遺書樣文》)

【分張】【分將】

家資產業，對面分張。(《輯校》455 頁 S.4374《分書樣文》)

遂便分却所有沿活、家資、產業，均分張支割，各注腳下，具烈如後。(Дx.11038《遺書樣文》)

所要活業，任意分將。(《輯校》487 頁 S.6537 背《放妻書樣文》)

按：

"分張"即分配、分施，例如《南齊書·張岱傳》："岱初作遺命，分張家財，封置箱中，家業張減，隨復改易，如此十數年。"

"分將"之"將"，疑為"張"之借，"分將"即"分張"。或，"將"有拿、取義，"分將"即分取。

【分擘】

餘之貲產，前代分擘俱訖，更無再論。(《輯校》436 頁 P.3744《年

代不詳（9世紀中期）僧張月光、張日興兄弟分書》）

按：

《漢語大詞典》"分擘"下釋"猶分配"，首見宋代例。

【分却】

遂便分却所有沿活、家資、產業，均分張支割，各注腳下，具烈如後。（Дx.11038《遺書樣文》）

按：

《漢語大詞典》未收"分却"。

根據敦煌契約分書、遺書中的相關語例，可確定"分却"即分配義。"分却"也見於其他敦煌文獻，例如《敦煌社會經濟文獻真跡釋錄（二）》288頁S.5812《丑年八月女婦令狐大娘牒》："共語便稱須共你分却門道，量度分割。"該例中"分却"與"分割"相應，亦可證"分却"為分配義。

【分割】

今對親姻行巷，所有些些貧資，田水家業，各自別居，分割如後。（《輯校》441頁S.2174《天復九年（909）神沙鄉百姓董加盈兄弟分書》）

今則兄厶乙弟厶甲，今對枝親村鄰，針量分割。（《輯校》458頁S.6537背《分書樣文》）

【分支】【支分】

家資產業，對面分張。地舍園林，人收半分。分枝（支）各別，具執文憑，不許他年更相鬪訟。（《輯校》455頁S.4374《分書樣文》）

今聞醒素［甦］之時，對兄弟子侄諸親等，遺囑微劭，抄錄支分如後。（《輯校》526頁P.4001《遺書樣文》）

【分別】

右件分別已後，一一各自腳下之（支）配，更不許道東說西，偏說

剩仗（長）。（Дх.12012《兄弟分書樣文（一）》）

【風燈】

喻臨近死亡之人。

忽若命逐風燈，只愁貧資分散。（Дх.11038《遺書樣文》）

按：

《輯校》529 頁 S.6537 背《遺書樣文》："氣如風燭。""氣如風燭"意同"命逐風燈"，"風燈"即"風燭"。風中之燈燭，隨時都有被吹滅的可能，因此"風燭"與"風燈"往往喻臨近死亡之人。《漢語大詞典》"風燭"下釋"喻臨近死亡的人或行將消滅的事物"，而"風燈"下未釋"喻臨近死亡的人"。

【腹生男】【腹生兒】【腹子】；【腹生】

親生子。

1. 塑匠都料趙僧子，伏願家中戶內有地水出來，缺少手上工物，无地方覓。今有腹生男苟子，只（質）典与親家翁賢者李千定。（《輯校》349 頁 P.3964《乙未年（935?）塑匠趙僧子典男契》）

2. 赤心鄉百姓王再盈妻阿吴，為緣夫主早亡，男女碎小，无人求（救）濟，急（給）供[1]依（衣）食，債負深壙（廣），今將福（腹）生兒慶德，柒歲，時丙子年正月廿五日，立契出賣与洪潤鄉百姓令狐信通，斷作時價乾濕共叁拾石。（《輯校》75 頁 S.3877 背《丙子年（916）赤心鄉百姓阿吴賣兒契（習字）》）

3. 乾德二年甲子歲九月廿七日，弟史氾三前因不備，今无親生之子，請屈叔侄親枝姊妹兄弟團座商量，□□欲議養兄史粉埵親男願壽，便作氾三覆（腹）生親子。（《輯校》358 頁沙州文錄補《宋乾德二年（964）史氾三養男契》）

4. 壬戌年三月三日，龍勒鄉百姓胡再成，今則遂養同母弟兄王保住男清朶作為腹子，共弟男□□等二人同父兒子。（《輯校》357 頁 P.3443

---

[1]《輯校》錄為"供急"，原件圖版作"急供"。

《壬戌年（962?）龍勒鄉百姓胡再成養男契》）

按：

《漢語大詞典》收"腹女"，未收"腹子""腹生""腹生男""腹生兒"。
"腹生"義同親生，"腹子""腹生男""腹生兒"即親生兒子。上例
1、2中的"腹生男（兒）"即指有血緣關繫的親生兒子，而例3、4則是為
了強調養父與養子的親密關係，將養子也親切地稱為"腹子""腹生親子"。

【伏事】

侍候、服侍。

但自努力，善伏事軍都，共城（成）公事，莫照（招）敗闕。（《輯
校》528頁S.6537背《慈父与子書樣文》）

按：

"伏"為敬詞，"伏事"即侍候、服侍。《漢語大詞典》"伏事"下首
見元代例。

【伏緣】【為緣】【為】

由于、因為。用於引出簽訂契約的原因。

洪池鄉百姓安員進父安緊子，伏緣家中貧乏，責（債）負深廣，
无物填還，有將前件口分舍出賣与莊客杜義全。（《輯校》24頁北敦
08176背《甲辰年（944）洪池鄉百姓安員進賣舍契》）

平康鄉百姓某甲伏緣家中欠少疋帛，遂於赤心鄉百姓宋清灰面上貸
白絲生絹一疋，長叁丈柒尺，幅闊貳尺陸寸。（《輯校》232頁S.0766背《壬
午年（982）平康鄉百姓貸絹契（習字）》）

甲申年三月五日燉煌鄉百姓蘇流奴，伏緣家內欠少人力，遂於效
谷鄉百姓韓德兒面上雇壯兒，造作營種，從正月至九月末。（《輯校》
262頁S.5509背《甲申年（924?）燉煌鄉百姓蘇流奴雇工契（習字）》）

按：

敦煌契約文書中"伏緣"出現頻率很高，用於引出簽訂契約的原因。"伏"

為敬詞，"緣"為緣由，"伏"用在"緣"前，表恭敬地提出簽約原因。"伏"為敬詞，可從敦煌契約文書相關文例中得到證明，例如：

今人戶等各請貸便，用濟時難，伏望商量，免失年計。（《輯校》86 頁北敦 06359 背《辛丑年（821）龍興寺寺戶團頭李庭秀等請便麥牒（附處分）》）

伏恐後時交加，故立此契，用為後憑。（《輯校》349 頁 P.3964《乙未年（935?）塑匠趙僧子典男契》）

"伏緣"頻頻出現在契約中，作為契約套語，"伏緣"之"伏"的敬詞色彩逐漸弱化。敬詞色彩弱化後的"伏緣"，與"為緣"用法接近。例如：

平康百姓張義全為緣闕小（少）粮用，遂將上件祖父舍兼屋木出買（賣）与洪潤鄉百姓令狐信通兄弟。（《輯校》8 頁 S.3877 背《唐乾寧四年（897）平康鄉百姓張義全賣舍契（習字）》）

丁巳年正月十一日，通頰百姓唐清奴為緣家中欠少牛畜，遂於同鄉百姓楊忽律元面上買伍歲耕牛壹頭。（《輯校》70 頁 P.4083《丁巳年（957?）通頰百姓唐清奴買牛契》）

丙寅三月十一日，平康鄉百姓索清子為緣家中欠疋帛，遂於莫高鄉百姓袁祐住面上貸黃思（絲）絹生絹壹疋，叄仗（丈）陸尺陸寸，福（幅）闊貳尺叄分。（《輯校》225 頁新德里國家博物館（New Delhi, National Museum)《丙寅年（966）平康鄉百姓索清子貸絹契》）

洪潤鄉百姓令狐安定為緣家內欠闕人力，遂於龍勒鄉百姓就聰兒造作一年。（《輯校》248 頁 S.3877 背《戊戌年（878）洪潤鄉百姓令狐安定雇工契（習字）》）

"為緣"或省作"為"，例如：

時清泰三年丙申歲十一月廿三日，百姓楊忽律哺為手頭闕乏，今將父祖口分舍出賣与弟薛安子弟富子二人。（《輯校》21 頁 S.1285《後唐清泰三年（936）百姓楊忽律哺賣舍契》）

寅年正月廿日令狐寵寵為無年粮種子，今將前件牛出買（賣）与同部落武光暉。（《輯校》59 頁 S.1475 背《寅年（822?）令狐寵寵賣牛契》）

□年三月六日僧神寂為負債，今於當寺佛帳物內［便］麥兩碩陸
斛[1]，並漢斗，其麥限至秋八月內送納［當］寺足。（《輯校》119 頁 S.1475
背《年代不詳靈圖寺僧神寂便麥契》）

庚子年三月一日，洪潤鄉百姓陰富晟為家中乏少人力，遂雇同鄉百
姓陰阿朵造作一年。（《輯校》268 頁 S.10564《庚子年（940?）洪潤
鄉百姓陰富晟雇工契（習字）》）

【佛堂】

供奉佛像的堂殿、堂屋。

寅年八月七日，僧慈燈於東河莊造佛堂一所。（《輯校》242 頁北
敦 06359 背《寅年（822）僧慈燈雇博士氾英振造佛堂契》）

佛堂門亭支。（《輯校》441 頁 S.2174《天復九年（909）神沙鄉
百姓董加盈兄弟分書》）

按：

《漢語大詞典》"佛堂"之"供奉佛像的堂殿、堂屋"義首見清代例。

【佛帳】【佛帳所】【佛物處】【佛麥】【佛物粟】

敦煌寺院中，管理佛物的機構稱為"佛帳所"或"佛物所""佛物處"。
從敦煌契約文書可以看出，吐蕃統治敦煌時期，佛帳所作為佛物管理機構，
經營糧食便貸業務是其重要職能之一。敦煌契約文書中的"佛帳家麥""佛
帳青麥""佛帳麥""佛麥""佛物粟"等即指佛帳所便貸的糧食。在 P.4686
《子年（832?）悉董薩部落百姓孫清便粟契》中，"佛物粟"又稱"功德粟"，
這一定程度上體現了吐蕃統治敦煌時期寺院无息借貸糧食的特色，即：借貸
不為謀利，而為宣揚教義、佈施功德。例如：

□年四月十五日，沙州寺戶嚴君為要斛斗駈使，遂於靈圖寺佛帳所
便麥叁碩，並漢斗。（《輯校》126 頁 S.1475 背《年代不詳沙州寺戶

---

[1] 斛，敦煌契約中"斗（斗）"極個別作"斛"，其原因為："斗""斛"形近，而"斗"
的計量又和"升"關聯，不熟悉"斗"構字理據的人對"斗"進行理據重構，從而出現"斛"。

嚴君便麥契》）

　　□年三月一日，中元部［落］［百］［姓］［曹］清奴為无種子，今於
□□寺僧□□手下佛物處便麥肆碩、故豆壹碩。（《輯校》152頁S.1291
《年代不詳中元部落百姓曹清奴便麥豆契》）

　　卯年二月十一日，阿骨薩部落百姓馬其鄰，為欠粮種子，今於靈圖
寺佛帳家麥內便漢斛麥捌碩。限至秋八月內送納寺倉足。如違限不還，
其麥請陪（倍）為壹拾陸碩，仍任將契為領（令）六（律），牽掣家資、
雜物、牛畜等用充佛麥直。（《輯校》103頁S.1475背《卯年（823?）
阿骨薩部落百姓馬其鄰便麥契》）

　　□年二月一日，當寺僧義英於海清手［上］便佛長（帳）青麥貳碩
捌斛，並漢斛。（《輯校》115頁S.1475背《年代不詳靈圖寺僧義英
便麥契》）

　　酉年卜一月，行人部落百姓張七奴為納突不辦，於靈圖寺僧海清處
便佛麥陸碩。（《輯校》113頁S.1475背《酉年（829?）行人部落百
姓張七奴便麥契》）

　　□年二月十四日，當寺僧神寶為負任柒柒漢斛麥兩碩捌斛，今於靈
圖寺佛帳麥內便兩碩捌斛。（《輯校》117頁S.1475背《年代不詳靈
圖寺僧神寶便麥契》）

　　□年三月六日，僧神寂為負債，今於當寺佛帳物內［便］麥兩碩陸
斛，並漢斛，其麥限至秋八月內送納［當］寺足。（《輯校》119頁S.1475
背《年代不詳靈圖寺僧神寂便麥契》）

　　□年三月廿七日，阿骨薩部落百姓趙卿卿為［少］［種］子，今於
靈圖寺佛帳家物內便麥兩漢碩。（《輯校》122頁S.1475背《年代不
詳阿骨薩部落百姓趙卿卿便麥契》）

　　子年二月廿三日，悉董薩部落百姓孫清為无粮用，今於永壽寺便佛
物粟漢斗叄碩。……子年三月廿八日，僧寶積為无牛踏，今於功德粟便
豆漢斗兩碩捌斗。（《輯校》130頁P.4686(藏文卷1297)《子年（832?）
悉董薩部落百姓孫清便粟契》）

【父】【馭】

成年雄性動物。

乾寧三年丙辰歲二月十七日，平康鄉百姓馮文達奉差入京，為少畜乘，今於同鄉百姓李略山邊，遂雇八歲黃父駝一頭。(《輯校》303頁 P.2825背《唐乾寧三年（896）平康鄉百姓馮文達雇駝契（習字）》)

辛卯年九月廿日，百姓董善通、張善保二人往入京，欠少駝畜，遂於百姓劉達子面上雇拾歲黃馭駝壹頭。（《輯校》312頁 P.3448背《辛卯年（931?）百姓董善通張善保雇馳契》）

丁丑年十月廿七日，赤心鄉百姓郭安定遂雇百姓高興達伍歲馭驢壹頭。（《輯校》304頁上圖017（6）《丁丑年（917?）赤心鄉百姓郭安定雇驢契》）

押衙索勝全次著于闐去，遂於翟押衙面上換大馭馬壹疋。（Дx.2143《乙未年（935?）押衙索勝全貸絹契》）

按：

上例中的"父"作為定語出現在牲畜名前，其詞性和詞義相當於表示雄性動物的"公"。《漢語大詞典》"父"下釋有"指與雛、崽有直接血緣關係的雄性禽獸。"敦煌契約文書中表雄性動物的"父"，不強調血緣上的"父子"義，只強調動物的雄性義，這一用法，《漢語大詞典》未釋。

表雄性動物的"父"，或增添義符作"馭"。《玉篇·馬部》："馭，牡馬也。"上例"馭駝""馭驢"的出現，說明"馭"已不再局限於公馬義。

G

【該論】

管理、過問。

饗告先靈，放從良族。枯鱗見海，必遂騰波；臥柳逢春，超然再起。

任從所適，更不該論。後輩子孫，亦無闌恠。（《輯校》494 頁 S.4374
《從良書樣文》）

按：

《漢語大詞典》《唐五代語言詞典》《敦煌文獻語言詞典》等辭書未收
"該論"。

"該"有管義，例如元·關漢卿《謝天香·楔子》："迎新送舊，都是
小人該管。""論"有問義，例如《莊子·漁父》："事親以適，不論所以
矣；飲酒以樂，不選其具矣。""該論"即管理、過問。上例"更不該論"
即再不過問。

"該論"亦見於其他敦煌文書，例如：

又恐後時員奴、員集該論，伏乞令公鴻造，高懸志鏡，鑒照貧流，
特賜判憑，伏請處分。（《敦煌社會經濟文獻真跡釋錄（二）》303 頁 P.3501
背《後周顯德五年（958）押衙安員進等牒（稿）》）

【忓恠】

干犯、阻難。

如後有人忓恠識認，一仰安環清割上地佃種与國子。（《輯校》1—
2 頁 S.1475 背《未年（827?）上部落百姓安環清賣地契》）

立契以後或有人忓恠園林宅舍田地等，稱為主記者，一仰僧張月光
子父知當。（《輯校》5 頁 P.3394《唐大中六年（852）僧張月光博地契》）

中間或有兄弟房從及至姻親忓恠，稱為主記者，一仰舍主宋欺忠及
妻男鄰近穩便買舍充替。（《輯校》26 頁 P.3331《後周顯德三年（956）
兵馬使張骨子買舍契》）

任從所適，更不該論。後輩子孫，亦無闌恠。（《輯校》494 頁 S.4374
《從良書樣文》）

按：

《漢語大詞典》未收"忓恠"。

"忓"即"干"，為干擾、干犯義。

"愹"為"恲"之異寫[1]，"恲"為"夲"之分化字。敦煌契約文書中，"侵凌"或作"侵愹"。例如：

　　自別已後，願妻再嫁，富貴得高，夫主（不）再侵凌論理。（《輯校》489 頁 P.3212 背《夫妻相別書文樣》）

　　後更不得侵愹逐情。（《輯校》491 頁 P.4001《女人及丈夫手書樣文》）

　　上例"侵愹"之"愹"為"凌"之借字，"愹"為"恲"之簡寫。"恲""凌"音近相借，由此推之，"忓恲"之"恲"可能為"凌"之借字。[2]"忓""恲"同義聯合，即干犯、欺凌。

【更】

1. 另外。

　　見与春三個月價，更殘六個月價，秋□填還。（《輯校》278 頁 S.3011 背《辛酉年（961？）李繼昌雇工契（習字）》）

　　乙丑年三月五日，索豬苟為少種子，遂於龍興寺張法律寄將麥三碩。亦无只（質）典，至秋納麥陸碩。其秋只納得麥肆碩，更欠麥兩碩。（《輯校》161 頁 S.5811《乙丑年（905？）索豬苟貸麥契》）

　　其舍准數□□斛斗玖碩，內伍碩准折進通屋木，更肆碩，當日交相分付，一无玄（懸）欠。（《輯校》12 頁 S.3877 背《唐天復二年（902）赤心鄉百姓曹大行回換舍地契（習字）》）

---

[1] "夲"上之"文"，隸書易與"爻"相混，例如《熹平石經》中"夲"作"夲"；"爻"隸書楷化過程中，部分變形作"乑"，例如"肴"在《熹平石經》中作"肴"。"夲"下之"口"，草寫時多作"厶"，例如"句"之異寫為"勾"，"或"之異寫為"戓"等。綜合以上原因，"夲"之異寫字則有"希""丟"等。《集韻》："夲，古文作希。"《廣韻》："夲，俗作丟。""夲"與人的內心有關，"夲"加義符"忄"則有"恲""愹"等字形。

[2] 毛遠明《釋"忓恲"》（《中國語文》2008 年第 4 期）認為："夲"由悔恨之義，引申為恥辱，感到羞恥；如果用作定動詞，"夲"為感到恥辱之義，如果用作使動詞，"夲"便有使人受辱之義；"忓恲"之"恲"為侵侮、冒犯之義。王璐、林峰《敦煌俗語詞考釋二則——般次、忓恲》（《文教資料》2007 年 3 月上旬刊）認為："夲"通"遜"，"忓恲"之"恲"為阻難義。

按：

《漢語大詞典》“更”下釋有副詞義“另外”。上例“更殘六個月價”“更欠麥兩碩”中的“更”即副詞“另外”義。

上例“內伍碩准折進通屋木，更肆碩”中“更”獨用，“更”之副詞“另外”義可能由此種用法虛化而來。

2.再。

如過十月已後至十二月勾填，更加貳拾尺。（《輯校》62 頁 S.1350《唐大中五年（851）僧光鏡負儭布買釧契》）

入了便須還納，更无容面。（《輯校》181 頁北敦 09520《癸未年（923?）王㘴敦貸絹契（稿）》）

兩共對面，穩審平章，更不許休悔。（《輯校》248 頁 S.3877 背《戊戌年（878）洪潤鄉百姓令狐安定雇工契（習字）》）

按：

《漢語大詞典》“更”下釋有副詞義“再，又”，例如《左傳·僖公五年》：“在此行也，晉不更舉矣。”敦煌契約文書中“更”和“再”都使用，說明該時期是“更”向“再”逐漸過渡的時期。例如：

餘之貲產，前代分擘俱訖，更无再論。（《輯校》436 頁 P.3744《年代不詳（9 世紀中期）僧張月光、張日興兄弟分書》）

一定已後，更不許翻悔。如有再生翻悔，罰麥玖碩▢▢▢充入不悔之人。（《輯校》40 頁 S.2385《年代不詳陰國政賣地契》）

若不孝順者，仰至親情，當日趂却，更莫再看。（《輯校》363 頁 S.5647《養男契樣文》）

【工值】

工錢。

今現施工，未得成辦。粮食罄盡，工直（值）未填。（《輯校》97 頁沙州文錄補《丑年（821?）五月金光明寺直歲僧明哲請便麥粟牒》）

按：

《漢語大詞典》未收"工值"。

【勾】

招引。

近勾得一兩家施主，召得兩箇功人，見下手雕餝。（《輯校》99
頁 S.5832《年代不詳請便佛麥牒》）

按：

《漢語大詞典》"勾"之招引義首見宋代例。上例"勾得"與"召得"
對文，可進一步明確"勾"為招引義。現代漢語中"勾"有勾引義，勾引義
當由招引義引申而來，從中可以看到"勾"之詞義由褒義向貶義發展演變的
運動軌跡。

【拘扇】【拘閃】【拘獣】【拘卷】

【拘扇】【拘閃】

勾引、煽動。

不許閑人拘扇，腹心異意。（Дx.12012《清泰二年（935）正月一
日燉煌鄉張富深養男契》）

侍奉六親，成豎居本，莫信閑人拘閃，左南直北。（《輯校》
362—363 頁 S.5647《養男契樣文》）

按：

"拘"同"勾"，"扇"同"煽"，"拘扇"即"勾煽"，指勾引、煽動。
敦煌契約文書中，"拘扇"又作"拘閃"。由於"拘""构"形近易混，"拘
扇"在敦煌文書中又作"构扇"。《唐五代語言詞典》[1]152 頁收"构扇"，
釋義為"挑撥煽動"。《漢語大詞典》收"勾煽"，首見近代例。

---

[1] 江藍生、曹廣順編《唐五代語言詞典》，上海教育出版社 1997 年版。

【拘猷】

勾引、勾結。

若也聽人拘猷[1]，左南直北，拗捩東西，不聽者當日□（空）手趁出門外，針草莫与。（《輯校》370 頁 P.4075 背《養男契樣文》）

按：

今甘肅隴右方言有"勾約"一詞（"約"讀如"葉"），意思為勾引、勾結。上例"拘猷"可能與今隴右方言中的"勾約"同。

【拘卷】

勾引、勾結。

或若到家被惡人拘卷，盜切（窃）他人牛羊菌菜麥粟，一仰慶順祗當，不忓主人之事。（《輯校》351 頁 P.3150《癸卯年（943?）慈惠鄉百姓吳慶順典身契》）

按：

"卷"有卷入義，"拘卷"之"卷"，即為卷入、勾結。《唐五代語言詞典》[2]152 頁收"拘卷"，釋義為"勾引、引誘"。

【過】

交付。

丁酉年正月十九日，漠（莫）高鄉百姓陰賢子伏緣家中為无車乘，今遂於兵馬使氾金剄面上 [買] 車腳壹具並釧，見過捌歲犙耕牛壹頭。（《輯校》64 頁 P.4638 背《丁酉年（937）莫高鄉百姓陰賢子買車具契》）

斷作地價，其日見過麥壹拾伍碩。（《輯校》339 頁 S.0466《後周廣順三年（953）莫高鄉百姓龍章祐兄弟出典地契》）

斷作賈直：每壹尺壹碩，壹尺玖斗。堂內屋木每尺肆斗。乾濕眾（中）

---

[1] 拘，《輯校》錄為"构"，原件圖版作"拘"。

[2] 江藍生、曹廣順編《唐五代語言詞典》，上海教育出版社 1997 年版。

亭，合過物叁拾玖碩玖蚪叁升。(《輯校》24 頁北敦 08176 背《甲辰年 (944)
洪池鄉百姓安員進賣舍契》)

按：

《漢語大詞典》未釋"過"之交付義。上例"見過"即"現付"，義為
當即交付；"合過"即總共交付。

《漢語大詞典》收"過付"，釋義為"雙方交易，由中人經手交付錢或
貨物"。"過付"為"過""付"同義聯合，敦煌契約文書中的"過"，正
是雙方交易中由中人經手交付錢或貨物。甘肅隴右方言中"過"有交付義，
用法與上例完全相同。

H

【寒盜】

盜竊。

> 其牛及麥，當日交相付了，並无懸欠。如後牛若有人識認，稱是寒
> 盜，一仰主保知當，不忏賣（買）人之事。(《輯校》59 頁 S.1475 背《寅
> 年 (822?) 令狐寵寵賣牛契》)

> 其牛及麥即日交相分付了，如後有人稱是寒道（盜）識認者，一仰
> 本主賣（買）上好牛充替。(《輯校》55 頁 S.5820+S.5826《未年 (803)
> 尼明相賣牛契》)

按：

《敦煌文獻語言詞典》[1]126 頁："寒盜"的"寒"假借作"攓"，亦作"搴"。
《小爾雅·廣詁》："寒，取也。"宋翔鳳訓纂："寒，通作攓。《說文》：
'攓，拔取也。南楚語。'"

《漢語大詞典》未收"寒盜"。"寒盜"一詞也見於其他契約或卷宗，
例如：

---

[1] 蔣禮鴻主編《敦煌文獻語言詞典》，杭州大學出版社 1994 年版。

其地保无寒盗。若有人識者，抑伏畝數出兒好□□□。（《北魏正始四年土地買賣文書》）

要无寒盜□。若有人庶忍仰倍還本物，賈石五斗（宣）五十（斤），布四十尺。（《晉太和元年郭孟買地券》）

前件馬並是唐長吏家畜，不是寒盜等色。（《唐開元二十一年（733）西州都督府勘給過所案卷》）

【漢斗（㪷）】；【漢碩】【番碩】；【蕃（番）馱】

其地畝別斷作斛㪷（漢㪷）壹碩陸㪷，都計麥壹拾伍碩，粟壹碩，並漢斗。（《輯校》1 頁 S.1475 背《未年（827？）上部落百姓安環清買地契》）

巳年二月六日，普光寺李和和為種子及粮用，遂於靈圖寺常住處便麥肆漢碩，粟捌漢碩，典貳斗鐵鐺壹口。（《輯校》141 頁 P.2686《巳年（837?）普光寺人戶李和和便麥契》）

當寺僧義英无種子，於僧海清邊便兩番碩。（《輯校》105 頁 S.1475 背《卯年（823?）靈圖寺僧義英便穀契》）

未年四月五日，張國清遂於　　處便麥叄蕃馱。（《輯校》150 頁 S.4192 背《未年（839）張國清便麥契》）

卯年四月一日，悉董薩部落百姓張和和為无種子，今於永康寺常住處取桮籬價麥壹番馱，斷造桮籬貳拾扇，長玖尺，闊六尺。（《輯校》107 頁 S.6829 背《卯年（823?）悉董薩部落百姓張和子預取造桮籬價麥契》）

按：

[俄] 丘古耶夫斯基《敦煌漢文文書》[1] 206 頁："吐蕃佔領時期的敦煌文書中有一個特點，即在使用度量衡時要預先說明是'蕃斗''蕃尺'還是'漢斗''漢尺'，'蕃'表示'吐蕃'，'漢'表示'漢人的''唐代的'意

---

[1] [俄] 丘古耶夫斯基《敦煌漢文文書》，上海古籍出版社 2000 年版。

思。"洪藝芳《敦煌社會經濟文書中的唐五代新興量詞研究》[1]:"漢蕃之分,根據敦煌的飲食數量和其他的東西進行計量換算,得出一個大致的概括,大馱(漢馱)為二石,吐蕃的馱為一石左右。又根據敦煌人每日的口糧標準換算,唐五代的敦煌民間實行大小斗制,三小斗等於一大斗,十斗為石(碩),十升為斗,十合為升,十勺為合,十圭為勺;吐蕃統治時期的量制是一克(番斗)等於二十升,一升等於漢升的十斗。然在敦煌社會經濟文書中頻頻出現'漢碩'和'漢斗'的字樣,那些與'漢碩'和'漢斗'並行的沒有加以說明的'斗',即是吐蕃地區通行的計量器具和計量方法。"

【好生】

用心、當心。

莫拋直課,好生堆(推)剝種事,濛知澆管收苅,渠河口作,農種家秖當。(《輯校》341 頁 P.3277 背《乙丑年(965)龍勒鄉百姓祝骨子合種地契(習字)》)

按:

《漢語大詞典》"好生"之"用心、當心"義首見宋代例。

【合同】

門前道,張月光、張日興兩家合同共出入,至大道。(《輯校》4 頁 P.3394《唐大中六年(852)僧張月光博地契》)

按:

此例中"合""同"同義聯合,"合同"可能為"共同、合用"義。

或:"合同"為協議義。"兩家合同共出入"即兩家協議共同出入。《周禮·秋官·朝士》"凡有責者,有判書以治則聽。"唐·賈公彥疏:"云判,半分而合者,即質劑、傅別、分支合同,兩家各得其一者也。"按,早期契約的形制曾為:契文在同一木牘或竹簡上寫兩遍,中間作記號或寫字,然後剖成兩半,起證明作用的記號或字在每片木牘或竹簡上都有。"合""同"

---

[1] 洪藝芳《敦煌社會經濟文書中的唐五代新興量詞研究》,《敦煌學》第二十四輯,2003 年。

二字字形，從中軸綫一剖為二則左右對稱；如果把剖開的字形會合，則"合同"又含有"結合時相同"的意思。出於字形、語義的雙重考慮，人們經常選擇"合""同"作為契約中縫的證明文字。由此引申，"合同"作為名詞，有契約義；作為動詞，有協議義。

【褐】

"褐"為古時貧賤者所服之粗布，其原料為大麻或獸毛。《詩·豳風·七月》："無衣無褐，何以卒歲？"鄭玄箋："褐，毛布也。"孔穎達疏："毛布，用毛為布。今夷狄作褐，皆織毛為之，賤者所服。"通過敦煌文書的相關記錄，可以看出，晚唐五代時期的敦煌，牧羊業十分發達。晚唐五代時期的敦煌地區，"褐"為用羊毛紡織的布。敦煌文書中，經常出現"褐袋"一詞，"褐袋"又稱"毛袋"，這也可證明"褐"為毛織品。例如：

善因褐袋壹口，折麥粟肆碩。（《敦煌社會經濟文獻真跡釋錄（二）》227頁P.3631《辛亥年（951?）正月二十九日善因願通等柒人將物色折債抄錄》）

三具斧，伍具拘索，伍口毛袋，壹具鑠。（《敦煌社會經濟文獻真跡釋錄（一）》417頁P.3841背《唐開元廿三年?（735?）沙州會計曆》）

根據敦煌契約文書的相關記錄，"褐"是晚唐五代時期僅次於絹帛和糧食的交易和流通手段。旅行者出使或外出做生意，往往攜帶大量的絹，此外也有攜帶褐外出者。褐與絹一樣，既能夠充當貨幣，又能夠在他地增值。例如：

辛未年四月二日，押牙梁保德往於甘州去，欠少疋帛，遂於洪潤穆盈通面上取斜褐壹拾肆段。斷生絹壹疋，長叁丈玖尺，福（幅）貳尺壹甲（寸）。（《輯校》228頁S.4884《辛未年（971?）押牙梁保德貸褐還絹契》）

己丑年十二月廿三日，龍家何願德於南山買買（賣），欠小（少）褐，遂於永安寺僧長千面上貸出褐叁段，白褐壹段。比至南山到來之日，還褐六段。（《輯校》188頁S.4445《己丑年（929?）龍家何願德貸褐契》）

晚唐五代時期敦煌地區牧羊業十分發達，"褐"應該是普通百姓製作衣服的重要原料。作為生活的必須品，褐與絹帛、糧食之間自然會產生許多交易並由此產生相對固定的交易比率，這些在敦煌契約文書中多有反映，例如：

內熟細絹壹疋，斷出褐陸段，白褐陸段，計拾貳段。（《輯校》79頁 S.1946《宋淳化二年（991）押衙韓願定賣妮子契》）

白斜褐叁段，計肆拾捌尺，准折物玖碩陸㪷。……又領得麥肆石，昌褐貳丈，又斜褐一段丈五，又出褐丈肆。已前褐准尺數折物捌石。（《輯校》390頁 Дx.1417《丙子年（976?）楊某領得地價物抄》）

癸未年正月廿二日，張幸德於郭法律家賣（買）出斜褐肆段，至秋斷麥粟六碩為定。（《輯校》397頁 P.4803《癸未廿（983?）張幸德賒賣褐憑》）

以上文例中，"褐"有"斜褐""出褐""白褐""昌褐"等品種，此外，敦煌契約文書中還有"紅褐""京褐""細褐""番褐""大褐"等品種，例如：

己丑年十二月十三日，陳佛德於僧長千面上貸紅褐兩段，白褐壹段。比至三月十五日，著還出褐叁段，白褐壹段。（《輯校》187頁 S.4445《己丑年（929?）陳佛德貸褐契》）

京褐夾長袖壹。（《輯校》511頁 P.3410《年代不詳（840前後）僧崇恩析產遺囑》）

十二綜細褐六十尺，十綜昌褐六十尺，番褐壹段。（《輯校》518頁 S.6417背《孔員信女三子為遺產事訴狀（稿）》）

填還不得者，一仰界男□子面上取大褐為定。（《輯校》230頁 S.5652《辛巳年（982?）金光明寺僧保真貸紅繒契》）

以上"褐"之諸多品種，可從不同角度進行分類：(1)"斜褐""出褐""細褐"為褐之不同質地，"斜褐"斜紋褐，"出褐"與"細褐"相對，"出""粗"音近相借，"出褐"即"粗褐"[1]。(2)"白褐""紅褐""京褐"為褐之不

---

[1] 敦煌文書中也有使用"粗褐"的個別例證，如 P.2040背《後晉時期淨土寺諸色入破曆筭會稿》："細布壹疋，粗布兩疋，粗褐半疋，並願真折債入。"再如 S.4472背（1—3）《辛酉年（961年）十一月廿日張友子新婦身故聚贈曆》："李僧正粟油柴併（餅）。趙法律粟併（餅）柴白粗褐二丈。李法律柴粟面油白粗褐二丈。"（轉引自寧可、郝春《敦煌社邑文書輯校》420頁，江蘇古籍出版社1997年版）

同顏色，"白褐""紅褐"為白色、紅色之褐，"京褐"疑為"荊褐"[1]，明·陶宗儀《輟耕錄·寫像訣》："凡調合服飾器用顏色者，緋紅，用銀朱紫花合……荊褐，用粉入槐花、螺青、土黃標合。"(3)"番褐""昌褐"為褐之不同來源（存疑），"番褐"為吐蕃所織之褐，"昌褐"可能指高昌所織之褐[2]。(4)"大褐"與"中褐""小褐"相對，指一段成品褐的大小規模。[3]

【橫説】

強辯。

　　不許橫說道理。（《輯校》357 頁 P.3443《壬戌年（962?）龍勒鄉百姓胡再成養男契》）

　　按：

《漢語大詞典》"橫説"之"強辯"義首見《朱子語類》例。

【忽】【忽若】【忽如】【忽以】

假如，倘或。

　　忽有死生，寬容三日，然後則須驅驅。（《輯校》248 頁 S.3877 背《戊戌年（878）洪潤鄉百姓令狐安定雇工契（習字）》）

---

[1]P.3410《年代不詳（840 前後）僧崇恩析產遺囑》中"京褐"出現兩次："赤黃綿壯袴壹腰，京褐夾長袖壹，獨織紫綾壯襖子一領，紫綾裙衫壹對"；"紫綾夾裙衫壹對，□□京褐夾綾裙衫壹對"。以上語例對衣服的描述，共同結構為：顏色（赤黃、紫、京）＋質料（綿、褐、綾）＋衣服（壯袴、夾長袖、壯襖子、裙衫）＋數量（壹腰、一領、壹對）。"京"與"赤黃""紫"居於相類語境中的相同位置，可知"京褐"之"京"表顏色。"京"無顏色義，"荊褐"之"荊"為褐中的一種顏色，"京""荊"在《廣韻》中同為舉卿切，故"京褐"之"京"疑為"荊"之借。

[2][法]童丕《敦煌的借貸：中國中古時代的物質生活與社會》（中華書局 2003 年版）121 頁注 42："關於該詞（昌褐）的意思，參看 J.R.Hamilton，N.Beldiceanu1968，第 333 頁，注 12。"[法]童丕《敦煌的借貸：中國中古時代的物質生活與社會》274 頁參考文獻中列 J.R.Hamilton 與 N.Beldiceanu《關於"褐"的研究：一種毛織物的名稱》，《倫敦大學亞非學院學報》。由於筆者無法查閱相關文獻，只能提供他人研究的一點線索。

[3]雲夢秦簡《秦律十八種·金布律》："大褐一，用枲十八斤，直六十錢；中褐一，用枲十四斤，直四十六錢；小褐一，用枲十一斤，直三十六錢。"（睡虎地秦墓竹簡整理小組《睡虎地秦墓竹簡》，文物出版社 1990 年版，第 41 頁）雲夢秦簡中"大褐""中褐""小褐"雖為麻織品，但我們可由此類推到唐代敦煌地區毛織品的褐亦分大、中、小。

忽忙時不就田畔，蹭蹬閑行，左南直北，拋工一日，剋物貳蚪。（《輯校》298 頁 S.1897《後梁龍德四年（924）燉煌鄉百姓張厶甲雇工契（樣文）》）

忽有不照驗約，倚巷曲街，點眼弄眉，思尋舊事，便招解脫之罪。（《輯校》487 頁 S.6537 背《放妻書樣文》）

或有五逆之子，不憑吾之委囑，忽有諍論，吾作死鬼，亦乃不与擁護。（《輯校》531 頁 S.5647《遺書樣文》）

不得偷他麥粟瓜果羊牛，忽若捉得，自身祇當。（《輯校》265 頁津藝 169 背《後晉天福四年（939）姚文清雇工契》）

忽若偷他人牛羊麥粟苽菓菜茹，忽以捉得，陪（賠）在自身祇當。（《輯校》277 頁 P.3649 背《丁巳年（957）莫高鄉百姓賀保定雇工契（習字）》）

若作兒偷他苽菓菜如（茹）羊牛等，忽如足（捉）得者，仰在作兒身上。（《輯校》280 頁北敦 03925 背《甲戌年（974）慈惠鄉百姓竇跛蹄雇工契（習字）》）

若限滿不還者，又須利。忽若推言，掣奪家資。（《輯校》215 頁 P.2504p2《辛亥年（951）押衙康幸全貸生絹契（習字）》）

按：

敦煌契約文書中"忽"多為假如義。"忽"与"如""若"同義聯合，構成雙音詞"忽若""忽如"。《漢語大詞典》收"忽若"，未收"忽如"。敦煌契約文書又有"忽以"一詞，"忽以"即"忽若""忽如"，敦煌契約文書中"以"与"若""如"經常相通。詳《詞語滙釋》"以、如"。

《輯校》263 頁 P.2415p1+P.2869p5《乙酉年（925？）乾元寺僧寶香雇工契》"伃子手內所把隴（農）具一勿（物）已上，忽然路上違（遺）失，畔上睡臥，明明不与主人失却，一仰雇人祇當。"參照相關契約，可知該句中的"忽然"与"忽若""忽如"相應，"忽然"之"然"，可能為"若""如"之假借。

与"忽""忽若""忽如""忽以"等詞用法相近，敦煌契約文書還有"如""或""若""如或""如或""若或""或若"等詞，例如：

如先悔者，罰麥貳拾馱入軍粮，仍決丈（杖）卅。（《輯校》5 頁 P.3394

《唐大中六年（852）僧張月光博地契》）

或有恩敕赦書行下，亦不在論理之限。（《輯校》10 頁 S.3877 背《唐乾寧四年（897）平康鄉百姓張義全賣舍契（習字）》）

若作兒偷他苽菓菜如（茹）羊牛等，忽如足（捉）得者，仰在作兒身上。（《輯校》280 頁北敦 03925 背《甲戌年（974）慈惠鄉百姓竇跛蹄雇工契（習字）》）

如或孝順到頭，亦有留念衣物。若或半路不聽，便還當（償）本所將乳哺恩物，厶便仰別去，不許論訟養父家具。（《輯校》360 頁 P.4525 背《宋太平興國八年（983）僧正崇會養女契（稿）》）

自從入作已後，不得拋功壹日，如若欠作壹日，剋物貳斗。不得偷他麥粟瓜果羊牛，忽若捉得，自身祇當。（《輯校》265 頁津藝 169 背《後晉天福四年（939）姚文清雇工契》）

或若兄弟相爭，延引拋功，便同雇人逐日加物叄斗。如若主人不在，所有農[具]遺失，亦仰慶順填倍（賠）。或若瘠出病死，其物本在，仰二弟填還。（《輯校》351 頁 P.3150《癸卯年（943?）慈惠鄉百姓吳慶順典身契》）

【斛斗（㪷）】

糧食。

都斷作價直伍拾碩，內斛斗、乾貨各半。（《輯校》8 頁 S.3877 背《唐乾寧四年（897）平康鄉百姓張義全賣舍契（習字）》）

斷作舍價物，計斛㪷陸拾捌碩肆㪷，內麥粟各半。（《輯校》26 頁 P.3331《後周顯德三年（956）兵馬使張骨子買舍契》）

按：

"斛""斗"均為糧食量器，二者合在一起，則代指糧食，如唐·元稹《論當州朝邑等三縣代納夏陽韓城兩縣率錢狀》："臣今所征斛斗並請成合，草並請成分，錢並請成文。""斛斗"一詞在敦煌契約文書中出現頻率極高，受"斛"之字形類化影响，同時也為防止有人竄改契約，"斛斗"之"斗"

在敦煌契約文書中多作"㪷"。《玉篇·斗部》："斗，十升曰斗。㪷，俗。"

【戶狀】

中間或有廻換戶狀之次，任進通抽入戶內。（《輯校》18 頁 S.3877 背《天復九年己巳（909）洪潤鄉百姓安力子賣地契（習字）》）

按：

劉進寶《晚唐至宋初土地過戶的法律標誌——戶狀》[1]："晚唐五代宋初歸義軍時期(848—1036)，民戶土地所有權的變動，主要是通過請射、賣買和對換的途徑實現的，但並非在每次的請射、賣買、對換時及時變動，而是待政府有計劃地進行土地調整時才能進行所有權的更換。其更換、變動在法律上得以實現的標誌性文件就是'戶狀'。…… S.3877 背《天復九年己巳(909) 洪潤鄉百姓安力子賣地契》有：'自賣已後，其地永任進通男子孫息姪世世為主記。中間或有廻換戶狀之次，任進通抽人戶內。'由此可見，進通購買了安力子的地以後，就可以為自己所有，但這時進通只有使用權，而沒有法律上的所有權。只有在政府'廻換戶狀之次'，進通才能將其'抽人戶內'，即才能得到法律上的承認或政府的實際認可。"

《輯校》4 頁 P.3394《唐大中六年（852）僧張月光博地契》："壹博已後，各自收地，入官措案為定，永為主己。……立契，或有人忓悋菌林舍宅田地等，稱為主記者，一仰僧張月光子父知當。竝（並）畔（伴）覓上好地充替，入官措案。"土地交換或土地所有權發生變化，要求新的地主到官府登記備案（即"入官措案"）。這一政策，和"回換戶狀"政策緊密相連。歸義軍時期，土地政策發生重大變化，國家賦稅的徵收並非按丁，而是按地徵收，誰擁有土地，就由誰承擔賦稅。正是由於據地而稅，歸義軍政權對民戶土地的變動不再多加干預，而更加關注土地所有權的轉移，"戶狀"就是土地所有權轉移的法律標誌。

---

[1] 劉進寶《晚唐至宋初土地過戶的法律標誌——戶狀》，《中國歷史文物》2006 年第 3 期。

【畫指】【書指】【書紙】

兩共平章，畫指爲驗。(《輯校》82 頁 P.4053 背《唐天寶十三載（754）龍興觀道士楊神岳便麥契（稿）》)

兩共平章，畫爲記。(《輯校》101 頁歷博《丑年（822?）百姓曹先玉便小麥契》)

按：

"畫指"即在契約末尾自己的名下或名旁畫上指節的長短，以爲標記。畫指一般取男左女右，多畫中指、食指指節。畫指之法：

(1) 畫上一根手指長度的綫段，並在指尖、指節位置畫上橫綫。例如《輯校》22 頁 S.1285《後唐清泰三年（936）百姓楊忽律哺賣舍契》（圖 1）"出賣舍主楊忽律哺"後書"左頭指"，"左頭指"旁畫有豎綫表手指，豎綫右有兩橫綫，標明指尖、指節位置；"出賣舍主母阿張"後書"右中指"，"右中指"旁有豎綫表手指，豎綫上有兩橫綫標明指尖、指節位置。再如《輯校》40 頁 S.2385《年代不詳陰國政賣地契》（圖 2）"地主叔陰國政"後"指節年七十二"旁有豎綫表手指，"年"與"七"之間橫綫標明指節

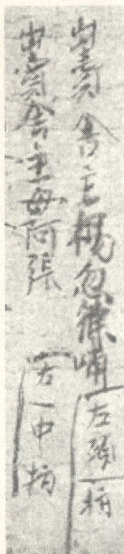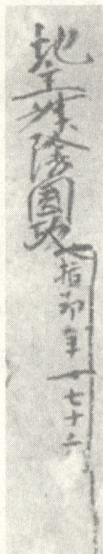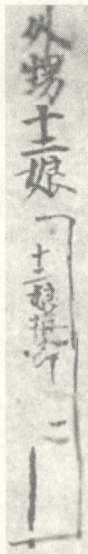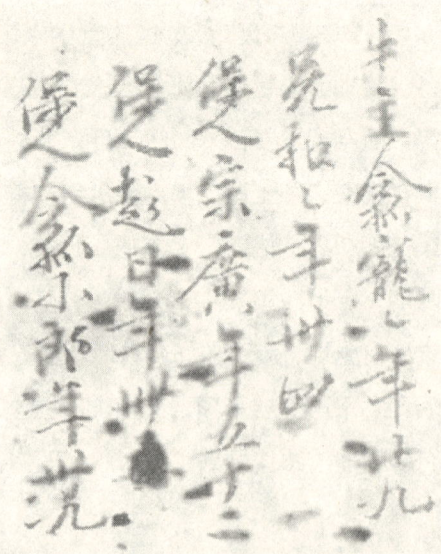

圖 1　　　圖 2　　　圖 3　　　圖 4

位置；《輯校》515頁 S.2199《唐咸通六年（865）尼靈惠唯書》（圖3）"外甥十二娘"後"十二娘指節"旁豎綫表手指，"指"字中間橫綫標明指節位置。

(2) 直接在姓名後點出指尖和指節位置。例如《輯校》60頁 S.1475 背《寅年（822?）令狐寵寵賣牛契》（圖4）"牛主令狐寵寵年廿九；兄和和年卅四；保人宗廣年五十二；保人趙日進年卌；保人令狐小郎年卅九"，上五人姓名後用小點標明指尖、指節位置。

"畫指"在敦煌契約文書多寫作"書指"，"書指"又在個別契約中改寫為"書紙"。例如：

> 兩共平章，書指為記。（《輯校》2頁 S.1475 背《未年（827?）上部落百姓安環清賣地契》）

> 恐人无信；故立此契，書紙為記。（《輯校》103頁 S.1475 背《卯年（823?）阿骨薩部落百姓馬其鄰便麥契》）

> 兩共平章，書紙為記。（《輯校》113頁 S.1475 背《酉年（829?）行人部落百姓張七奴便麥契》）

敦煌契約中，當事人姓名後的標記大多為畫押、簽名或指印，而畫指並不常見；出現畫指的契約中，大多也只是在當事人姓名後點出指尖和指節位置。這種情況說明，契約中的"畫指"，發展到唐五代敦煌地區，已不再流行。從敦煌契約主要的畫指之法中可以看出，"畫指"中"畫"的意味已大大降低，代之而起的則更多是"書"的意味。由於"畫""書"形近，再加上普通民眾已不熟悉"畫指"之用，由此則出現普通民眾將契約套語"畫指為驗"中的"畫指"誤寫為"書指"的現象。"書指"不辭，則又出現變"書指"為"書紙"的用例。

【回博】【博換】【回換】

交換。

> 大中年壬申十月廿七日，官有處分，許回博田地，各取穩便。（《輯

校》4 頁 P.3394《唐大中六年（852）僧張月光博地契》）

幸德□□□博換後，永世更不休悔。（《輯校》16 頁 P.2161 p3《丁卯年（907?）張氏換舍契》）

博換舍兄押衙劉石慶。（《輯校》14 頁 Дx.1414《唐天復六年（906）押衙劉石慶換舍契》）

天成（復）貳年壬戌歲拾叁日，赤心鄉百姓曹大行遂將前件舍地回換与洪潤鄉百姓令狐進通，取同坊南壁上進通上件屋舍兩口，內一口无屋。（《輯校》12 頁 S.3877 背《唐天復二年（902）赤心鄉百姓曹大行回換舍地契（習字）》）

報恩常住為无牛驅使，寺主僧□如今將青草驢壹頭柒歲，更帖細布壹疋，博換玉關鄉驛戶成允恭紫□□。（《輯校》57 頁 S.6233 背《寅年（822?）報恩寺寺主博換驢牛契》）

按：

《漢語大詞典》未收"回博"；《漢語大詞典》"博換"下首見清代例。"回"有交換義，例如《南史·宋南郡王義宣傳》："今之回換，更在欲為汝耳。""博"指以貿易方式換取，例如唐·盧仝《若雪寄退之》詩："市頭博米不用物，酒店買肉不肯賒。""回""博""換"義近，"回博""博換""回換"同為"交換"義。

【回殘】

因上年結餘而得的收入。

常住黃麻除破及回造壓油外，合管回殘黃麻貳拾捌碩貳斗，管在僧正判官身上。（《輯校》391 頁 S.4702《丙申年（996?）某寺算會索僧正等領麻憑》）

舊把倉僧李教授應會四人等麥除破外，合管回殘麥陸拾壹碩肆斗柒升，現分付新把麥人倉司惠善達子四人等。（《輯校》406 頁 S.5806《庚辰年（980?）把麥人惠善等把倉憑》）

按：

《漢語大詞典》"回殘"下僅釋"舊時官府在營建後將剩餘物資變賣回繳國庫之稱"。

"殘"有剩餘、殘餘義，"回殘"則為回收剩餘。在敦煌寺院經濟文書中，經常以"回殘"表示因上年結餘而得的收入。例如：

年終具錄，申所司計會。如有回殘，入來年支數。（《敦煌社會經濟文獻真跡釋錄（二）》582頁P.2507《唐開元二十五年（737）水部式殘卷》）

麥豆三拾碩柒斗，內拾碩豆回殘。（《敦煌社會經濟文獻真跡釋錄（三）》308頁S.4191I背《亥年三月某寺寺主義深諸色斛斗入破曆祈會牒殘卷》）

【活具】

生活用具。

1. 應有莊田、屋舍、家資、活具，一物已上，分付養男。（Дх.12012《清泰二年（935）正月一日燉煌鄉張富深養男契》）

2. 右件分割家沿（沿）、活具、十（什）物，叔侄對坐，以諸親近，一一對直再三，准折均亭，拋鉤為定。（《輯校》463頁S.5647《分書樣文》）

3. 清靜意無常已後，資生、活具少小之間，亦与宜娘。（《輯校》511頁P.3410《年代不詳僧崇恩析產遺囑》）

4. 其父在日，与留銀釵子一雙，牙梳壹，碧綾裙壹，白練壹丈五尺，立機一疋，十二綜細褐六十尺，十綜昌褐六十尺，番褐壹段，被一張，安西綺□（交）□（綠）綾一事，小一事，職（織）機壹，櫃壹口並鏁具全，青銅鏡子一，白絁□褕壹領。已上充三子活具，並在阿姊二娘子為主。（《輯校》517—518頁S.6417背《孔員信女三子為遺產事訴狀（稿）》）

按：

上例1、2、3中"活具"與"家資""家沿""資生"相聯[1]。敦煌契約中常見"家資"與"什物"相聯，如《輯校》458頁S.6537背《分書樣文》：

---

[1] "家沿""資生"的意思與"家資"接近。

"城外莊田，城內屋舍，家資什物及羊牛畜牧等，分為厶分為憑。" "什物"即各種物品器具，多指日常生活用品。借助 "家資" 與 "什物" "活具" 之間的詞義關聯，根據 "活具" 詞義合成方式，可知 "活具" 即生活用具。上例4則能從生活用具方面揭示當時 "活具" 具體所指。

【活業】

生活用品、生活資料等家業、產業。

所要活業，任意分將。（《輯校》486頁 S.6537 背《放妻書樣文》）

右件分割家沿（沿）、活具、十（什）物，叔侄對坐，以諸親近，一一對直再三，准折均亭，抛鉤為定。更無曲受人情，偏藏活葉（業）。（《輯校》463頁 S.5647《分書樣文》）

按：

《漢語人詞典》 "活業" 下僅釋 "指已典給別人的產業"。

J

【寄】【便寄】【寄將】【寄取】

借。

1.右力信去癸亥年闕乏粮食，質得他人銀盞一隻，充作典物，判官梵勝姪男僧滿盛處寄得麥本一石五斗粟五斗。（《輯校》418頁 P.2609 背《癸亥年（903?）龍勒鄉百姓力信為典物寄麥糾紛事辭（草稿）》）

2.天復九年歲次己巳十二月二日，杜通信今緣家內闕少年粮，依張安六面上便奇（寄）粟兩碩，至於秋肆碩。又奇（寄）麥兩碩肆斗，至秋（後缺）。（《輯校》162頁北敦01943背《天復九年（909）杜通信便粟麥契》）

3.右信子等三人，去甲戌年緣无年粮種子，遂於都頭高康子面上寄

取麥叁碩，到當年秋斷作陸碩。（《輯校》420 頁北敦 04698 背《乙亥年（915?）金銀匠翟信子等三人狀》）

4.乙丑年三月五日，索豬苟為少種子，遂於龍興寺張法律寄將麥叁碩。（《輯校》161 頁 S.5811《乙丑年（905?）索豬苟貸麥契》）

按：

"寄"有借義。《漢語大詞典》"寄"下僅出與借義相關的詞條"寄徑""寄畫"。"寄"為寄託、依靠，引申則有借義[1]。或，"寄""借"音近，"寄"表借義，也有假借"借"的可能。

《漢語大詞典》未收"便寄"。"便"有借義，適應於漢語詞彙雙音化趨勢，"便""寄"同義聯合，表借義。上例 2 "便竒"之"竒"為"奇"之異體字，"奇"則為"寄"之假借字。

"將"有取義，"寄將"即"寄取"，為借取義。

【家客】

右緣當寺虛无，家客貧弊，寺舍破壞，敢不修營。（《輯校》97 頁沙州文錄補《丑年（821?）五月金光明寺直歲僧明哲請便麥粟牒》）

按：

家客本為世族家門客，後來世族家的奴僕亦稱家客。唐五代時，在吐蕃佔領的敦煌地區，一些世族將家客施入寺院，這些家客則成為"寺戶"的一部分。上例中的家客即指附屬於寺院的寺戶。《漢語大詞典》"家客"下僅釋門客義。

【家沿（緣）】【家業】【家產】；【家活】【沿活】【活業】

家業、家產。

1.右件分割家沿、活具、十（什）物，叔侄對坐，以諸親近，一一對直再三，准折均亭，抛鈎為定。（《輯校》463 頁 S.5647《分

---

[1] "假"有依靠義，引申也有借義，"寄""假"在詞義運動軌跡上可以互證。

2.今對親姻行巷，所有些些貧資，田水家業，各自別居，分割如後。（《輯校》441 頁 S.2174《天復九年（909）神沙鄉百姓董加盈兄弟分書》）

3.右件家產，並以平量，更無偏黨絲髮差殊。（《輯校》456 頁 S.4374《分書樣文》）

4.所是城外莊田，城內屋舍、家活、產業等。（《輯校》523 頁 S.0343《析產遺書樣文》）

5.遂便分却所有沿活、家資、產業。（Дх.11038：遺書樣文）

6.所要活業，任意分將。（《輯校》487 頁 S.6537 背《放妻書樣文》）

按：

沿，"沿"之俗字，《龍龕手鑒·水部》："沿，同沿。"《正字通·水部》："沿，同沿。俗省。"上例"家沿"即"家沿"，"家沿"之"沿"當為"緣"之假借。"沿"假借為"緣"，文獻多有其例，如陪嫁的衣物資財稱"緣房"，"緣房"亦作"沿房"；再如南朝·梁·劉勰《文心雕龍·誇飾》"莫不因誇以成狀，沿飾而得奇也"，其中"沿"即"緣"之借，表因為、由於義。

"家沿（緣）"即家業、家產，例如唐·呂岩《沁園春》詞之二："限到頭來，不論貧富，著甚千忙日夜憂，勸年少，把家緣棄了，海上來遊。"再如金·董解元《西廂記諸宮調》卷六："夜擁孤衾三幅布，畫欹單枕是一枚甎，只此是家緣。"

敦煌契約文書中與"家沿（緣）"用義相同的詞還有"家產""家業"。從使用頻率看，"家產""家業"的詞頻高於"家沿（緣）"。

敦煌契約文書中多次出現"家資、活具"，"家資"指家中資產，"活具"指生活用具，"家資、活具"簡稱則為"家活"。《漢語大詞典》"家活"下釋"猶家產，家業"，首見宋·歐陽修例。

上例 2"家沿、活具"並列，"家沿、活具"簡稱則為"沿（沿）活"，意思與"家產、家業"接近。《漢語大詞典》未收"沿（緣）活"。

根據上下文語境，上例6之“活業”當指生活之業，義即家業。《漢語大詞典》“活業”下僅釋“指已典給別人的產業。”

【見】【徵見】【證盟】

證明、證實。

> 駝若路上賊打病死，一仰要同行見。（《輯校》309頁北敦09520《癸未年（923?）張修造雇駝契（習字）》）

> 或若道上瘉出病死，須同行證盟。（《輯校》312頁P.3448背《辛卯年（931?）百姓董善通張善保雇駝契》）

> 如若瘡出病死者，得同行三人徵見。（《輯校》315頁P.2652背《丙午年（946?）洪潤鄉百姓宋虫□雇駝契（習字）》）

按：

“見人”為證人，引申則“見”有證明義，如上例1。《漢語大詞典》“見”下未釋證明義。

《漢語大詞典》“證盟”下釋證人義。證人義引申，則有證明義，如上例2。《漢語大詞典》“證盟”下未釋證明義。或，“證盟”即“證明”，“證盟”之“盟”為“明”之借。

《漢語大詞典》“徵見”下釋“猶證實”，引例遲至郭沫若《中國古代社會研究》例。

【見人】

見證人。

> 見人張良友。（《輯校》2頁S.1475背《未年（827?）上部落百姓安環清賣地契》）

> 見人僧張法原；見人于佛奴；見人張達子；見人王和子；見人馬宜奴；見人楊千榮；見人僧善惠。（《輯校》5頁P.3394《唐大中六年（852）僧張月光博地契》）

按：

《漢語大詞典》"見人"之"見證人"義首見元代例。敦煌契約文書中"見人"常見，可提前辭書"見人"語例時代。

【件】：【前件】【上件】【右件】

"前件"即前面已述及的人或事物。敦煌契約文書中"前件"例如：

> 宜秋十里西支地壹段，共柒畦拾畝。……今將前件地出買（賣）與同部落人武國子。（《輯校》1頁 S.1475背《未年（827?）上部落百姓安環清賣地契》）

> 紫犅牛壹頭陸歲，並无印記。寅年正月廿日令狐寵寵為无年粮種子，今將前件牛出買（賣）與同部落武光暉。（《輯校》59頁 S.1475背《寅年（822?）令狐寵寵賣牛契》）

"上件"即上面已述及的人或事物。《漢語大詞典》"上件"下首見宋代例，敦煌契約文書可提前"上件"語例時代。例如：

> 永寧坊巷東壁上舍東房子壹口並屋木……遂將上件祖父舍兼屋木出買（賣）與洪潤鄉百姓令狐信通兄弟。（《輯校》8頁 S.3877背《唐乾寧四年（897）平康鄉百姓張義全賣舍契（習字）》）

> 南沙灌進渠中界有地七畦共叄拾畝……燉煌鄉百姓吳盈順伏緣上件地水佃種，往來施功不便，出賣與神沙鄉百姓琛義深。（《輯校》30頁 P.3649背《後周顯德四年（957）燉煌鄉百姓吳盈順賣地契（習字）》）

"右件"即右面已述及的人或事物。由於古人書寫習慣為自右向左，自上向下，因此"右件""上件"即前面述及的人或事物。"右件""上件""前件"大義相同，略有區別的地方為："前件""上件"一般指前面提到的某一人或事物，而"右件"多指右面排列的一批人或事物。《漢語大詞典》未收"右件"，敦煌契約文書中"右件"例如：

> 團頭史太平，戶安胡胡，安進漢，安達子，僧奴　右件人戶粮食罄盡，種子俱无，闕乏難為，交不存濟。（《輯校》94頁北敦06359背《丑年（821）金光明寺寺戶團頭史太平等請便麥牒》）

> 某物　某物　某物　某物　某物　車　牛　羊　駞　馬　駞畜　奴

婢　莊園　舍宅　田地鄉管渠道四至。右件家產，並以平量，更无偏黨絲髮差殊。（《輯校》456 頁 S.4374《分書樣文》）

【將理】

休養調理。

如若有病患者，許五日將理，餘日算價。（《輯校》263 頁 P.2415p1＋P.2869p5《乙酉年（925?）乾元寺僧寶香雇工契》）

按：

《漢語大詞典》"將理"下首見宋代例。

【交加】

增加。

其上件舍價物，立契日並舍兩家各還訖，並无升合欠少，亦无交加。（《輯校》26 頁 P.3331《後周顯德三年（956）兵馬使張骨子買舍契》）

伏恐後時交加，故立此契，用為後憑。（《輯校》349 頁 P.3964《乙未年（935?）塑匠趙僧子典男契》）

見取麥壹拾碩，黃麻壹碩陸斗，准麥叁碩貳斗。又取粟玖碩，更无交加。（《輯校》351 頁 P.3150《癸卯年（943?）慈惠鄉百姓吳慶順典身契》）

【交】【交不存濟】

曾良《敦煌文獻字義通釋》[1]70 頁："交"通"較"，計會、計較義；"交不存濟"謂計慮起來不能存濟。

1. 比日緣未有施主，近勾得一兩家施主，召得兩個功人，見下手雕飭。今交闕乏糧用。伏望請便前件物，至秋依數填納，即兩得濟辦。（《輯校》99 頁 S.5832《年代不詳請便佛麥牒》）

2. 右件人戶粮食罄盡，種子俱无，缺乏難為，交不存濟。（《輯校》94 頁北敦 06359 背《丑年（821）金光明寺寺戶團頭史太平等請便麥牒）》）

---

[1] 曾良《敦煌文獻字義通釋》，廈門大學出版社 2001 年版。

3. 其有窮乏交不存濟，及侍老行人之家有疾苦者，各令州縣量加醫療及賑恤。（《全唐文·卷二十二》）

4. 天下百姓單貧交不存濟者租庸，每鄉通放三十丁。（《通典·食貨典》）

按：

"交""較"相通以及"較"之計會義，在文獻中都不常見，因此曾良先生觀點還有待進一步考證。

張相《詩詞曲語辭匯釋》[1]701頁釋"存濟"為"安頓或措置之義"。根據上例2、例3"交不存濟"出現語境，可知"交不存濟"指生活困難，無法安頓，"交不存濟"可理解為"不存濟"。上例1"今交闕乏糧用"亦可理解為"今闕乏糧用"。由此推測，上例中的"交"可能為語氣助詞或時間副詞。《漢語大詞典》"交"下釋有"近"義，如按"近"義理解，"今交"則與近來、眼下意思接近，"交不存濟"即近來生活困頓、難以為繼。

【結般】

勾結、攀交。

貪酒看肉，結般盜賊他人，更乃作□者，空身趁出。（《輯校》359頁沙州文錄補《宋乾德二年（964）史氾三養男契》）

按：

《漢語大詞典》未收"結般"。根據以上語境，"結般"當為勾結、攀交義。"結般"之"般"疑為"攀"之借，"攀"有依附、交往義。或，"般"有盤旋、流連義，"結般"亦可理解為勾結、盤旋於他人身邊。

【節下】

節日。

節下依鄉原例寬閑。（《輯校》263頁P.2415p1+P.2869p5《乙酉年（925?）乾元寺僧寶香雇工契》）

---

[1] 張相《詩詞曲語辭匯釋》，中華書局1955年版。

按：

《漢語大詞典》“節下”釋“節日或接近節日的日子”，首見現代例。

【今現】

現今。

右緣當寺虛无，家客貧弊，寺舍破壞，敢不修營。今現施工，未得成辦。（《輯校》97頁沙州文錄補《五年（821？）五月金光明寺直歲僧明哲請便麥粟牒》）

按：

《漢語大詞典》未收“今現”。

《漢語大詞典》“現今”下首見元代例。

【兢心】【兢兢】【駈駈】

小心謹慎、全心全意。

入作之後，比至月滿，便須兢心，勿［存］二意。（《輯校》298頁S.1897《後梁龍德四年（924）燉煌鄉百姓張厶甲雇工契（樣文）》）

自雇已後，便須兢心造作。（《輯校》285頁P.5008《戊子年（988？）梁戶史氾三雇工契》）

按：

《漢語大詞典》未收“兢心”。

敦煌雇工契中，“兢心”與“兢兢”“駈駈”[1]經常出現在相同語境中。《漢語大詞典》釋“兢兢”下釋“精勤貌”，“駈駈”下釋“奔走辛勞”義。“兢”強調內心的投入，“駈”強調行為的勤快，“兢心”“兢兢”“駈駈”在敦煌雇工契中詞義相通，表示全心全意、勤懇認真地投入工作。例如：

自雇如後，便須兢兢造作。（《輯校》280頁北敦03925背《甲戌年（974）慈惠鄉百姓竇跛蹄雇工契（習字）》）

入作已後，事須兢兢。（《輯校》254頁S.6614背《庚辰年（920）

---

[1] 敦煌契約文書中“駈駈”多寫作“駈駈”，“駈”為“駈”之草寫變體。

洪池鄉百姓唐丑丑等雇工契》）

自雇已後，便須馳馳造作。(《輯校》276 頁 P.3649 背《丁巳年（957）
莫高鄉百姓賀保定雇工契（習字）》)

自雇已後，便須馳馳。(《輯校》283 頁 S.6452 背《癸未年（983）
龍勒鄉百姓樊再升雇工契（習字）》)

【窘闕】

窮困、貧乏。

莫高鄉百姓龍章祐弟祐定，伏緣家內窘闕，無物用度，今將父祖口
分地兩畦子共貳畝中半，只（質）典已（与）蓮畔人押衙羅思朝。(《輯校》
339 頁 S.0466《後周廣順三年（953）莫高鄉百姓龍章祐兄弟出典地契》)

按：

《漢語大詞典》收“窘乏”，未收“窘闕”。“窘闕（缺）”與“窘乏”
義同。“窘”為窮困、匱乏義，“窘”與“缺”“乏”都為同義連用。

【啾唧】

爭吵。

指領已訖，後時更不得啾唧。(《輯校》529 頁 S.6537 背《慈父遺
書樣文》)

按：

《漢語大詞典》“啾唧”下未釋爭吵義。“啾唧”本為象聲詞，形容蟲、
鳥等細小而嘈雜的聲音，後遂用“啾唧”來形容人之間的口舌之爭。敦煌文
書中表爭吵義的“啾唧”多見，例如：

當時依衙陳狀，蒙判鞫尋三件，兩件憑由見在，稍似休停。後至京
中尚書到來，又是澆却，再亦爭論，兼狀申陳，判憑見在，不許校撓，
更無啾唧。(《敦煌社會經濟文獻真跡釋錄（二）》292 頁 P.4974《唐
天復年代神力為兄墳田被侵陳狀並判》)

忽起相羅拽，啾唧索租調。(S.0778《王梵志詩》〇〇五首)

【舉口】

張口。

夫若舉口，婦便生嗔，婦欲發言，夫則搋棒。（《輯校》484 頁 S.5578
《放妻書樣文》）

按：

《漢語大詞典》"舉口"之"張口"義首見《西遊記》例。

K

【看】

依據、按照。

1. 若於時限不還者，看鄉元生利。（《輯校》70 頁 P.4083《丁巳
年（957?）通頰百姓唐清奴買牛契》）

2. 若於時限不還者，便看鄉原生利者。（《輯校》187 頁 S.4445《己
丑年（929?）陳佛德貸褐契》）

3. 或遇賊來打將，壹看大例。（《輯校》276 頁 P.3649 背《丁巳年
（957）莫高鄉百姓賀保定雇工契（習字）》）

4. 斷作雇馳價生絹馳陸疋，其叄疋長叄拾尺；又叄疋長叄丈玖尺；
又樓機壹疋。看行內 [1] 駱駝價。將駝去後，比至到來，路上有危難，
不達本州，一看大礼（例）。（《輯校》312 頁 P.3448 背《辛卯年（931?）
百姓董善通張善保雇馳契》）

5. 如若先悔者，罰看臨事，充入不悔人。（《輯校》346 頁 P.3391
背《丁酉年（937?）捉梁捉磑契（樣文）》）

6. 前者囑賣賣（買），切莫定執，看臨時次第當賣買取，即是能也。
（《輯校》528 頁 S.6537 背《慈父与子書樣文 [2]》）

---

[1]《輯校》釋"內"為"納"。

[2]《輯校》定性為"遺書樣文"。

按：

《漢語大詞典》“看”下未釋“依據、按照”義。

上例 1、例 2“看鄉元生利”即按照地方慣例產生利息；上例 3、例 4“壹看大例”即完全按照通例；上例 4“看行內駱駝價”即按照行內駱駝價；上例 5“罰看臨事”即根據遇到事情的情況進行處罰；上例 6“看臨時次第當買買取”即根據當時的情形用適當的價錢買取。

“看鄉元生利”或作“於鄉元生利”，“於”在敦煌契約中有依據、按照義（詳《詞語匯釋》“於”）；《輯校》所收契約出現“准鄉原例生利”一次，“准”亦為依據、按照義。例如：

> 若違時限不還，於鄉元生利。（《輯校》194 頁 P.3124《甲午年（934）鄧善子貸絹契》）

> 其絹限至來年却還本絹，於看[1]鄉元生利。（《輯校》232 頁 S.0766 背《壬午年（982）平康鄉百姓貸絹契（習字）》）

> 若於限不還者，准鄉原例生利。（《輯校》185 頁 Дx.1377《乙酉年（925）莫高鄉百姓張保全貸絹契》）

【課】

農功；作功；功夫。

> 莫拋直（摘）課，好生堆（推）剝種事，濠知澆管收苅。（《輯校》341 頁 P.3277 背《乙丑年（965）龍勒鄉百姓祝骨子合種地契（習字）》）

按：

敦煌雇工契中，多有“不得拋摘功夫（作功）”之類的套語，例如《輯校》283 頁 S.6452 背《癸未年（983）龍勒鄉百姓樊再升雇工契（習字）》：“自雇已後，便須駈駈，不得拋敵（摘）功夫。”《輯校》263 頁 P.2415p1+P.2869p5《乙酉年（925？）乾元寺僧寶香雇工契》：“從入雇已後，便須逐日逐月駈駈入作，不得拋却作功。”參照相關文例，可知上例“莫拋直（摘）課”中的“課”同“功夫”“作功”，即農功。《漢語大詞典》“課”下釋“謂致

---

[1] “於”“看”同義聯合，亦能證“看”之依據、按照義。

力於，從事”，例如《梁書·良吏傳·孫謙》："謙爲郡縣，常勤勸課農桑，務盡地利，收入常多於鄰境。" "課農桑"即致力於農業活動，"課"由動詞活用爲名詞，則具有了農功、作功、功夫義。

【空道】

死亡之道。

> 吾自多生，辜負汝等，今以劣弱，死路來奔，未及恩憐，便歸空道。
>
> （《輯校》529 頁 S.6537 背《慈父遺書樣文》）

按：

《漢語大詞典》"空道"下僅釋"孔道；交通大道"。

【口分】【口分田】【口分地】；【口分舍】【口分地舍】

"口分""口分田"即每口人應分得之田。《新唐書·食貨志一》："授田之制，丁及男年十八以上者，人一頃，其八十畝爲口分，二十畝爲永業；老及篤疾、廢疾者，人四十畝，寡妻妾三十畝，當戶者增二十畝，皆以二十畝爲永業，其餘爲口分。"

《漢語大詞典》收"口分田"，未收"口分地"。"口分地"即口分田，敦煌契約文書中"口分地"多見，而少見"口分田"。例如：

> 莫高鄉百姓龍章祐弟祐定，伏緣家內窘闕，无物用度，今將父祖口分地兩畦子共貳畝中半，只（質）典已（與）蓮畔人押衙羅思朝。（《輯校》339 頁 S.0466《後周廣順三年（953）莫高鄉百姓龍章祐兄弟出典地契》）

> 索義成身著瓜州，所有父祖口分地叁拾貳畝，分付與兄索懷義佃種。（《輯校》337 頁 P.3257《甲午年（934）索義成付與兄懷義佃種憑》）

與"口分地"相聯繫，敦煌契約文書中有"口分舍"一詞，《漢語大詞典》未收。"口分舍"爲"口分地之舍"之簡稱，指在口分田地上所修建之房舍。《唐六典》卷三《尚書戶部》云："凡天下百姓給園宅地者，良口三人已上給一畝，三口加一畝；賤口五人給一畝，五口加一畝。其口分、永業不與焉。若京城及州縣郭下園宅，不在此例。"[1] 唐初，在均田制下，百姓的宅基地主要來自於官府授地，口分田、永業田上不允許修建私家房舍。到了晚唐，特別是在遠離中土的敦煌邊地，以上規定逐漸失去法律效力，口分田已成農民私有財產，不僅可以自由買賣，而且可以在口分田上修建自家私有房舍。盛會蓮《唐五代百姓房舍的分配及相關問題之試析》一文認為："中晚唐五代敦煌文書中出現的'口分舍'，很可能指百姓在歸義軍政權所授的園宅地上修建的屋舍，它可以父子相承。"[2] 盛會蓮先生的觀點，着眼於唐朝百姓宅基地需官府授可的制度。我們認為，唐朝很多制度在敦煌歸義軍政權時已失去法律效力，目前尚无充分證據說明"口分舍"是"百姓在歸義軍政權所授的園宅地上修建的屋舍"。"口分舍"很可能是百姓在自家口分地上所修建的房舍，這些房屋的修建，不一定要得到官府的授可。

與"口分舍"相應，敦煌契約文書中又有"口分地舍"，二者義同。例如：

> 百姓楊忽律哺為手頭闕乏，今將父祖口分舍出賣与弟薛安子、弟富子二人。（《輯校》21 頁 S.1285《後唐清泰三年（936）百姓楊忽律哺賣舍契》）

> 今將前件祖父口分舍遂出賣与平康鄉百姓武恒員。（《輯校》39 頁 S.3835 背《宋太平興國九年（984）莫高鄉百姓馬保定賣舍契（習字）》）

> 今遂[將]口分地舍出賣与慈惠鄉百姓沈都和。（《輯校》33 頁北敦 03925 背《宋開寶九年（976）莫高鄉百姓鄭丑捷賣宅舍契（習字）》）

【寬閑】

自由。

> 念慈（茲）孝道之心，放汝出纏黑綱。從今已往，任意寬閑，選擇高官，充為公子。（《輯校》496 頁 S.6537 背《家童再宜放書（樣文）》）

> 沙彌宜娘比至清淨无常已來，承事清淨意，不許東西。无常已後，一任隨情取意，放汝寬閑。（《輯校》510—511 頁 P.3410《年代不詳（840

---

[1] 李隆基《李林甫注·唐六典·卷三》，三秦出版社 1991 年版。
[2] 盛會蓮《唐五代百姓房舍的分配及相關問題之試析》，《敦煌研究》2002 年第 6 期。

前後）僧崇恩析產遺囑》）

節下依鄉原例寬閑。（《輯校》263—264 頁 P.2415p1+P.2869p5《乙酉年（925?）乾元寺僧寶香雇工契》）

按：

《漢語大詞典》"寬閑（閑）"下釋"從容，閑暇"義。由"從容，閑暇"義引申，"寬閑"在敦煌契約文書中為"自由"義。"寬閑"之"自由"義，亦見於其他敦煌文獻，例如：

伏奉處分遣章午與氾萬通家造作，三五年間，便乃任意寬閑。……伏望司空仁造，念見貧兒，矜放寬閑，始見活路。（《敦煌社會經濟文獻真跡釋錄（二）》294 頁 P.4040《後唐清太三年（936）洪潤鄉百姓辛章午牒》）

及後入名僧尼，並令請依止，无使寬閑。（《敦煌社會經濟文獻真跡釋錄（五）》120 頁 P.6005《釋門帖諸寺綱管》）

L

【來者】

"來""者"語氣詞連用："來"用在句中，帶有假設語氣；"者"加在"來"後，標明語音上的停頓，並引出下文。

1. 若身不平善來者，仰口承妻立驢。（《輯校》304 頁上圖 017（6）《丁丑年（917?）赤心鄉百姓郭安定雇驢契》）

2. 後若房從兄弟及親因（姻）論謹（理）來者，為鄰看上好舍充贊（替）。（《輯校》54 頁 S.5700《賣舍契樣文》）

3. 中間有親情眷表識認此人來者，一仰韓願定及妻七娘子面上覓好人充替。（《輯校》79 頁 S.1946《宋淳化二年（991）押衙韓願定賣妮子契》）

按：

上例 1"不平善"指死亡或逃亡（詳《詞語匯釋》"東西"），因此"不平善"之後的"來"不可能是到來義，而只能是表示假設的句中語氣詞。上例2、例3中的"來者"，在相關契約套語中經常省略"來"或"來""者"都省，在省略的情況下並不影響契約內容的準確表達，由此即可知"來""者"為語氣詞。例如：

　　向後或有別人識認者，一仰忽律哺祇當。(《輯校》21頁 S.1285《後唐清泰三年(936)百姓楊忽律哺賣舍契》)

　　如後有人忓恠識認，一仰安環清割上地佃種与國子。(《輯校》1頁 S.1475背《未年(827?)上部落百姓安環清賣地契》)

【勒】【剋】

克扣。

　　若忙時拋工一日，勒物貳㪷。若閑時拋工一日，勒[物][壹][㪷]。(《輯校》285頁 P.5008《戊子年(988?)梁戶史氾三雇工契》)

　　若作兒病者，算日勒價。(《輯校》280頁北敦03925背《甲戌年(974)慈惠鄉百姓寶跛蹄雇工契(習字)》)

　　如若忙月拋一日，勒勿(物)五斗。閑月拋一日，勒勿(物)壹㪷。(《輯校》263頁 P.2415p1+P.2869p5《乙酉年(925?)乾元寺僧寶香雇工契》)

　　忙時拋工壹日，剋物貳㪷；閑時拋工一日，剋物一㪷。(《輯校》280頁北敦03925背《甲戌年(974)慈惠鄉百姓寶跛蹄雇工契(習字)》)

　　忽忙時不就田畔，蹭蹬閑行，左南直北，拋工一日，剋物貳㪷。(《輯校》298頁 S.1897《後梁龍德四年(924)燉煌鄉百姓張厶甲雇工契(樣文)》)

按：

上例"勒""剋"出現在雇工契相同語境中，"剋"為克扣，知"勒"亦為克扣。

《漢語大詞典》未釋"勒"之克扣義。"勒"之克扣義，可能由勒索、強取義引申而來。

《漢語大詞典》"剋"之"克扣"義首見元代例。

【立】

償還。

1.若身不平善來者，仰口承妻立驢。（《輯校》304 頁上圖 017（6）《丁丑年（917?）赤心鄉百姓郭安定雇驢契》）

2.若或病死，舌（舍）却雇價，立為本馳。（《輯校》310 頁北敦09520《癸未年（923?）張修造雇駝契（習字）》）

3.所有路上駝傷走失，駝 ☐☐☐☐ 在，須立本駝，駝價本在。……若有身東西不平善者，一仰男厶專甲面上折雇價立本駝。（《輯校》315 頁 P.2652 背《丙午年（946?）洪潤鄉百姓宋壬☐雇駝契（習字）》）

4.若駝相（傷）走失者，雇價本在，於年歲却立本馳。（《輯校》312 頁 P.3448 背《辛卯年（931?）百姓董善通張善保雇馳契》）

按：

《漢語大詞典》"立"下未釋"償還"義。分析上例語境，"立"當為"償還"義。敦煌契約文書中"却"有"返還、償還"義（詳《詞語匯釋》"却"），上例 4 中"却""立"同義聯合，"却立"即償還，由此亦可證"立"為"償還"義。《漢語大詞典》"却立"下僅釋"後退站立"。

【利頭】

利潤；利息。

其絹利頭，現還麥粟肆碩。其絹限至來年立契月日，當便填還。（《輯校》185 頁 Дx.1377《乙酉年（925）莫高鄉百姓張保全貸絹契》）

其絹利頭，鐪鑑壹個，重斷貳拾兩。（《輯校》215 頁 P.2504p2《辛亥年（951）押衙康幸全貸生絹契（習字）》）

自貸後，西州回日還利頭好立機兩疋。……若平善到，利頭當日還納。本絹限入後壹月還納。（《輯校》205 頁 P.3453《辛丑年（941）賈彥昌貸絹契》）

自取物後，人无雇價，物无利頭。（《輯校》351 頁 P.3150《癸卯年（943?）慈惠鄉百姓吳慶順典身契》）

按：

《漢語大詞典》未收"利頭"。

敦煌契約文書中"利頭"多見，其義與"利息"大體相當，只不過"利息"多以錢計，而敦煌契約文書中的"利頭"多以物計。敦煌契約文書中"利頭"與"利潤"之間具有互證關係，例如：

> 其絹利閏（潤）見還麥肆碩。其絹限至來年九月一日填還本絹。（《輯校》221 頁 S.5632《辛酉年（961）陳寶山貸絹契》）

> 自典已後，人无雇價，物无利潤。（《輯校》349 頁 P.3964《乙未年（935?）塑匠趙僧子典男契》）

【臨恩】

垂恩，施予恩澤。

> 上者更須臨恩，陪（倍）加憂恤，小者更須去（趨）義，轉益功（恭）勤。（《輯校》463 頁 S.5647《分書樣文》）

按：

《漢語大詞典》未收"臨恩"。

"臨"本義為由上視下，引申則"臨"用作敬辭，表示由上及下，"臨恩"即施予恩澤。"臨"的此種用法，與"垂"接近，"臨恩"與"垂恩"構詞方式接近。

【鄰近】

附近。

> 為要物色用度，遂將前件地捌畝遂共同鄉鄰近百姓員子商量。……更親姻及別稱忍（認）主記者，一仰保人祇當，鄰近覓上好地充替。（《輯校》327 頁 P.3155 背《唐天復四年（904）神沙鄉百姓僧令狐法性出租土地契（稿）》）

> 中間或有兄弟房從及至姻親忓恠，稱為主記者，一仰舍主宋欺忠及妻男鄰近穩便買舍充替。（《輯校》26 頁 P.3331《後周顯德三年（956）

兵馬使張骨子買舍契》)

按：

《漢語大詞典》"鄰近"之"附近"義首見宋代例。

【令律】

律令。

> 如違限不還，其麥請陪（倍），仍任將此契為令六（律），牽挈家資雜物，用充麥直。（《輯校》125頁 S.1475背《年代不詳沙州寺戶嚴君便麥契》）

> 如違，其麥請陪（倍）伍碩貳斗，仍任將契［為］領（令）六（律），牽挈房資什物，用充麥直。（《輯校》119頁 S.1475背《年代不詳靈圖寺僧神寂便麥契》）

> 如違限不納，其車請不著領（令）六（律），任寺收將。其麥壹斗，倍為貳斛（斗）。（《輯校》139頁 P.3422背《卯年（835?）曷骨薩部落百姓武光兒便麥契》）

按：

"令律"即"律令"，《漢語大詞典》收"律令"，未收"令律"。

《輯校》所收契約中，"令律"一詞都出現在靈圖寺的糧食借貸契中，且"令律"多假借作"領六"，這和當時特定人群的用詞、用字習慣有關。查其他敦煌文獻，可見"律令"的使用，而少見"令律"的出現，例如：

> 府一人，史二人，法曹參軍事一人，掌律令格式及罪罰工匠營造及公廨舍宇之事。（《敦煌社會經濟文獻真跡釋錄（二）》548頁 P.4634《唐永康二年（651）令卷第六東宮諸府職員》）

> 右件律令，依律戒儀，曉眾知知，各令遵守者，故牓。（《敦煌社會經濟文獻真跡釋錄（四）》140頁 S.2575《後唐天成四年（929）三月六日應管內外都僧統置方等戒壇牓》）

【論算】

對計算結果產生爭論並要求重新計算。

顧壽所得麥粟債伍拾碩，便任叔氾三自折升合，不得論算。（《輯校》358 頁沙州文錄補《宋乾德二年（964）史氾三養男契》）

按：

《漢語大詞典》未收"論算"。

【論訟】

爭論。

其女作為養子，盡終事奉。如或孝順到頭，亦有留念衣物。若或半路不聽，便還當（償）本所將乳哺恩物，厶便仰別去，不許論訟養父家具。（《輯校》360 頁 P.4525 背《宋太平興國八年（983）僧正崇會養女契（稿）》）

按：

《漢語大詞典》未收"論訟"。

"訟"有爭論義，適應於漢語詞匯雙音化趨勢，"論""訟"同義聯合，表爭論。

【論說】

論理，爭論是非。

1. 或有恩敕流行，不在論說諸（之）限。（《輯校》24 頁北敦08176 背《甲辰年（944）洪池鄉百姓安員進賣舍契》）

2. 大例賊打輸，身却者，无親表論說之分。（《輯校》299 頁 S.1897《後梁龍德四年（924）燉煌鄉百姓張厶甲雇工契（樣文）》）

3. 甲午年二月十九日索義成身著瓜州，所有父祖口分地叁拾貳畝分付与兄索懷義佃種。比至義成到沙州得來日，所著官司，諸雜、烽子、官柴草等小大稅役，並惣兄懷義應料。一任施功佃種，若收得麥粟，任自兄收粿粒，亦不論說。（《輯校》337 頁 P.3257《甲午年（934）索義成付与兄懷義佃種憑》）

按：

《漢語大詞典》未收"論說"。

"或有恩敕流行，不在論理之限"是敦煌契約常見套語，上例1中的"論說"即"論理"。結合上下文語境，可知上例2、例3中的"論說"亦為"論理"義。

【論限】

討論範圍。

中間或有恩敕，亦不在論限。（《輯校》27頁P.3331《後周顯德三年（956）兵馬使張骨子買舍契》）

如違限不還，其麥請陪（倍）為壹拾陸碩，仍任將契為領（令）六（律），牽挈家資雜物牛畜等用充佛麥直。其有剩，不在論限。（《輯校》103頁S.1475背《卯年（823?）阿骨薩部落百姓馬其鄰便麥契》）

按：

《漢語大詞典》未收"論限"。

"限"有範圍義，"論限"即討論範圍。"中間或有恩敕，亦不在論限"是敦煌契約文書常見套語，"不在論限"或作"不在論理之限""不在論治之限""不在論說之限"等，如：

或有恩敕赦書行不（下），亦不在論理之限。（《輯校》9頁S.3877背《唐乾寧四年（897）平康鄉百姓張義全賣舍契（習字）》）

或愚（遇）恩敕大赦流行，亦不在論治之限。（《輯校》33頁北敦03925背《宋開寶九年（976）莫高鄉百姓鄭丑撻賣宅舍契（習字）》）

從今已後，有恩敕行下，亦不在語（論）說之限。（《輯校》327頁P.3155背《唐天復四年（904）神沙鄉百姓僧令狐法性出租土地契（稿）》）

M

【滿說】

胡說、亂說。

> 恐後或有不亭爭論、偏併，或有無智滿說異端，遂令親眷相憎，骨肉相毀，便是吾不了事。（《輯校》523頁S.0343《析產遺書樣文》）

> 恐怕後代子孫改心易意，滿說[1]是非（Дx.12012《分書樣文》）

按：

《漢語大詞典》收"滿話"，釋義為"不留餘地的話；絕對的話"。"滿說"即說滿話。

或，"滿話"之"滿"為"蠻"之借，"蠻說"即蠻不講理地說話。

【面上】【面】；【邊】；【手上】【手下】

出現在契約當事人姓名後，用以明確相關財物的所屬者或相關責任的承擔者。

> 丁巳年正月十一日，通頰百姓唐清奴為緣家中欠少牛畜，遂於同鄉百姓楊忽律元面上買伍歲耕牛壹頭。（《輯校》70頁P.4083《丁巳年（957?）通頰百姓唐清奴買牛契》）

> 龍鄉百姓祝骨子為緣家中地數窄窆（狹），遂於莫高百姓徐保子面上合種地柒拾畝。（《輯校》341頁P.3277背《乙丑年（965）龍勒鄉百姓祝骨子合種地契（習字）》）

> 己丑年十二月.廿三日，龍家何願德於南山買買（賣），欠小（少）褐，遂於永安寺僧長千面上貸出褐叁段，白褐壹段。比至南山到來之日，還褐六段。若東西不平善者，一仰口承弟定德丑子面上取本褐。（《輯校》188頁S.4445《己丑年（929?）龍家何願德貸褐契》）

> 中間有親情眷表識認此人來者，一仰韓願定及妻七娘子面上覓好人

---

[1] 《輯校》461頁S.5647《分書樣文》與Дx.12012《分書樣文》內容大致相同，Дx.12012"滿說"在S.5647中作"謗說"。

充替。(《輯校》79頁S.1946《宋淳化二年(991)押衙韓願定賣妮子契》)

按：

"面上"以上用法，《漢語大詞典》未釋。今甘肅隴右方言保留"面上"以上用法。例如：

這次買房錢不夠，先在姨夫面上借上十萬元。

我還欠你一千元，小王欠我一千元，把小王的這筆賬撥到你面上。

敦煌契約文書中，"面上"或省作"面"，例如：

若身東西不在，一仰口承人妻張三娘子面取勿(物)□交納。(《輯校》164頁北敦09520背《癸未年(923?)平康鄉百姓彭順子便麥粟契(稿)》)

或留通身東西，仰兄留慶、弟盈達等二人面填還，更不許道說東西。(《輯校》213頁P.3472《戊申年(948)兵馬使徐留通兄弟欠絹契》)

敦煌契約文書中出現在人名後的"邊"，和"面上"以上用法接近，這種用法，《漢語大詞典》未釋。例如：

大中五年二月十三日，當寺僧光鏡緣闕車小頭釧壹交(枚)停事，遂於僧神捷邊買釧壹救(枚)。(《輯校》62頁S.1350《唐大中五年(851)僧光鏡負儭布買釧契》)

當寺僧義英无種子床，於僧海清邊便兩番碩。(《輯校》105頁S.1475背《卯年(823?)靈圖寺僧義英便穀契》)

乾寧三年丙辰歲二月十七日，平康鄉百姓馮文達奉差入京，為少畜乘，今於同鄉百姓李略山邊，遂雇八歲黃父駝一頭。(《輯校》303頁P.2825背《唐乾寧三年(896)平康鄉百姓馮文達雇駝契(習字)》)

其堂門替木壹合，於師兄日興邊領訖。(《輯校》436頁P.3744《年代不詳(9世紀中期)僧張月光、張日興兄弟分書》)

和"面上""邊"用法接近，敦煌契約文書極個別地方出現"手上""手下"，例如：

□年二月一日，當寺僧義英於海清手[上]便佛長(帳)青麥貳碩捌斗，並漢斗。(《輯校》115頁S.1475背《年代不詳靈圖寺僧義英便麥契》)

壬戌年十月八日於令狐兵馬使手上領得粟貳拾壹碩伍蚪，領得馬攏真邊麥肆碩伍蚪，為記。（《輯校》389 頁 Дx.1383《壬戌年（962?）翟法律領物憑》）

未年四月三日，紇骨薩部落百姓吳瓊岳為无粮用，今於永壽寺僧手下便□物粟漢蚪捌碩。（《輯校》148 頁 P.3730 背《未年（839）紇骨薩部落百姓吳瓊岳便粟契》）

□年三月一日，中元部［落］［百］［姓］［曹］清奴為无種子，今於□□寺僧□□□手下佛物處便麥肆碩、故豆壹碩。（《輯校》152 頁 S.1291《年代不詳中元部落百姓曹清奴便麥豆契》）

《漢語大詞典》未釋"手上""手下"以上用法。今甘肅隴右方言保留"手上"以上用法。例如：

張三手上還有我一萬塊錢。

他手上的賬還多着哩。

此外，敦煌契約文書中的"手上"也可指手頭所有，此義《漢語大詞典》亦未釋。例如：

塑匠都料趙僧子，伏願家中戶內有地水出來，缺少手上工物，无地方覓。今有腹生男尚子，只（質）典与親家翁賢者李千定。（《輯校》349 頁 P.3964《乙未年（935?）塑匠趙僧子典男契》）

【某甲】【某專甲】【某尊甲】；【某乙】

【某甲】

代詞。敦煌契約很多為習字者習練之作，因此契約中的相關人名往往用"某甲"代指。敦煌契約文書中"某甲"多作"厶甲"，"厶"通"某"。例如：

今則兄厶乙、弟厶甲，今對枝親村鄰，針量分割。（《輯校》458 頁 S.6537 背《分書樣文》）

若身東西不平善者，壹仰口承男某甲佰當。（《輯校》197 頁 S.4504《乙未年（935?）押衙就弘子貸絹契（習字）》）

龍德肆年甲申歲二月一日燉煌鄉百姓張厶甲為家內闕少人力，遂雇同鄉百姓陰厶甲。（《輯校》298頁S.1897《後梁龍德四年（924）燉煌鄉百姓張厶甲雇工契（樣文）》）

【某專甲】

敦煌契約中"某甲"或作"某專甲"，習字者在"某甲"中添加"專"，其原因可能為：(1)漢人的姓名多為三字，"某甲"中添加"專"則構成三字格式，在形式上形成與姓名的對應，這有利於習練者對契約整體章法的把握。(2)"專"有專人義，契約中的"某甲"即為某方面的專人，因此，"某甲"中加入"專"也有利於對"某甲"指代性的強化。例如：

遂於同鄉百姓厶專甲面上故（雇）八歲駱駝一頭。（《輯校》315頁P.2652背《丙午年（946?）洪潤鄉百姓宋虫□雇駝契（習字）》）

所以五親商量，養燗甥某專甲男，姓名為如。（《輯校》362頁S.5647《養男契樣文》）

某專甲謹立放妻手書。（《輯校》475頁S.0343背《放妻書樣文》）

【某尊甲】

敦煌契約中"某甲"或作"某尊甲"。"某甲"中加入"尊"的原因可能有：(1)"專""尊"形近，導致將"專"誤寫為"尊"。(2)"某甲"中加入"尊"起到敬稱的作用，同時"某尊甲"符合漢人姓名常見的三字格式。例如：

厶年月日，厶尊甲養男契。（《輯校》363頁S.5647《養男契樣文》）

某尊甲身染患疾，已經累旬，種種醫療，未蒙抽咸（減）。（《輯校》521頁S.6537背《遺書樣文》）

【某乙】

"某乙"與"某甲"用法相近。"某乙"既有與"某甲"相配套使用的情況，也有單用的情況。相較於"某甲"的出現頻率，"某乙"出現很少。例如：

今則兄厶乙、弟厶甲，今對枝親村鄰，針量分割。（《輯校》458頁S.6537

背《分書樣文》）

況厶乙等，忝為叔姪，智意一般，箱櫃無私，蓄不異居。（Дx.12012《叔姪分書樣文（一）》）

蓋為侄某乙三人，少失父母，叔便為親尊。（《輯校》460頁S.5647《分書樣文》）

庚辰年三月十七日，洪池鄉百姓唐丑丑，慈惠鄉百姓氾子通，欠少急用，遂雇厶乙。（《輯校》254頁S.6614背《庚辰年（920）洪池鄉百姓唐丑丑等雇工契》）

N

【年計】

一年收入生計。

今人戶等各請貸便，用濟時難，伏望商量，免失年計。（《輯校》86頁北敦06359背《辛丑年（821）龍興寺寺戶團頭李庭秀等請便麥牒（附處分）》）

按：

《漢語大詞典》"年計"下僅釋"年度預算"。

【年粮[1]】

用作種子的糧食。

寅年正月廿日令狐寵寵為无年粮種子，今將前件牛出買（賣）与同部落武光暉。（《輯校》59頁S.1475背《寅年（822?）令狐寵寵賣牛契》）

右奉世等人戶，為種逼蒔校，闕乏種子年粮，今請便上件斛㪷。自限至秋輸納。（《輯校》90頁北敦06359背《丑年（821）安國寺寺戶氾奉世等請便麥牒》）

卯年正月十九日，曷骨薩部落百姓武光兒為少年粮種子，於靈圖寺

[1] 敦煌契約文書中"糧"一般作簡體"粮"。

便佛帳麥壹拾伍碩。（《輯校》139 頁 P.3422 背《卯年（835?）曷骨薩部落百姓武光兒便麥契》）

按：

《漢語大詞典》未收“年糧”。

敦煌契約文書中“年粮”與“種子”相配，結合相關契約語境，如上例《氾奉世等請便麥牒》“為種逼蒔校，闕乏種子年粮，今請便上件斛斗”，知“年粮”即用作種子的糧食。

P

【排比】【排批】【排備】【排椑】【安排】

蔣禮鴻《敦煌變文字義通釋》159 頁釋“排比”“排批”“排枇”[1]“排備”等詞為安排、準備義。敦煌契約文書中，有“排備”“排批”“排椑”等寫法，例如：

余外欠闕，任自排備。（《輯校》265 頁津藝 169 背《後晉天福四年（939）姚文清雇工契》）

社人吳懷實自丁酉年初春便隨張鎮使住於新城，其乘安坊巷社內使用三贈，懷實全斷所有，罰責非輕，未有排批。（《輯校》424 頁 P.3636《丁酉年（937）社人吳懷實遣兄王七承當社事憑》）

如內欠闕，佳（仰）自排椑。（《輯校》258 頁 P.2249 背《壬午年（922?）慈惠鄉百姓康保住雇工契（習字）》）

---

[1] 蔣禮鴻《敦煌變文字義通釋》（增補定本，上海古籍出版社 1997 年版）根據《敦煌資料》第一輯《後梁龍德四年張厶甲雇工契》：“餘外欠闕，仰自枇排”，收“枇排”一詞。按：“枇排”不詞，《後梁龍德四年張厶甲雇工契》圖版“排”字右側有表示鉤乙的符號，則正常語序當為“排枇”。敦煌俗字中，“木”“扌”經常混同；“化”“比”形近，“枇”中之“化”，當為“比”的訛變。因此，《敦煌資料》中的“枇排”，其實是“排枇”的誤錄。“排批”即“排比”，“排”“比”連用，“比”受“排”之“扌”旁的影響而類化作“批”。P.2999《太子成道經》：“（大王）遂遣排枇後園觀看。”“排枇”之“排”，受“枇”之“木”旁的影響而由“排”類化作“椑”。由此即可窺敦煌文書用字現象複雜性之一斑。

按：

"椑""備"音近，"排椑"即"排備"。"排"有安排、準備義，"備"為準備，"排""備"聯合，即安排、準備。"備""比"音近，"排比"之"比"，一方面與音近相借有關，另一方面也與"比"自身的排比、排列義有關：排列為東西一件一件的擺放，安排為事情一件一件的擺放，排列與安排之間有引申關係。

敦煌契約文書中，與"排比""排備"等相關，還有"安排"一詞，例如：

> 吾与汝兒子孫侄家眷等，宿緣之會，今為骨肉之深，未得安排，遂有死奔之道。（《輯校》523 頁 S.0343《析產遺書樣文》）

"安排"與"排比""排備"大義相同，但"安排"之"安"有妥善義，上例"未得安排"即還沒來得及妥善安排。由於缺乏更多例證，我們目前无法確定唐代敦煌地區"安排"與"排比""排備"的用法是否有區別。根據"安排""排比""排備"的不同構詞特點，我們人體可以推測：在初期使用階段，"安排"與"排比""排備"相較，對安排的妥善義有更多強調。

【拋擿】【拋摘】【拋敵】【拋敲】【勉敵】【拋敝】【勉敝】【拋直】【拋滌】

拋棄、拋却。

> 遂雇赤心鄉百姓安萬定男永昌癸（營）作九個月，徒正月至玖月末，不得拋摘[1]。（《輯校》270 頁 P.3706 背《丙午年（946?）莫高鄉張再通雇工契（習字）》）

> 自雇已後，便須兢心造作，不得拋敵功夫。（《輯校》301 頁 S.5583《雇工契樣文》）

> 自雇已後，便須馳馳，不得拋敵功夫。[2]（《輯校》283 頁 S.6452 背《癸未年（983）龍勒鄉百姓樊再升雇工契（習字）》）

> 自雇已後，便須兢心造作，不得拋敝功扶（夫）。（《輯校》285 頁 P.5008

[1] 原卷似作"拋擿"。

[2] 董志翹的《唐五代詞語考釋》（《古漢語研究》2000 年第 1 期）根據《敦煌資料》第一輯，錄"拋敵"為"拋敲"。並錄"馳馳"為"驅驅"；"馳"即"（驅）"的草寫變體。

《戊子年（988?）梁戶史氾三雇工契》）

　　事須兢兢，不得勉敵 [1] 公□ [2]。（《輯校》254 頁 S.6614 背《庚辰年（920）洪池鄉百姓唐丑丑等雇工契》）

　　一定已後，比年限滿，中間不得拋直。（《輯校》296 頁 P.3441 背《雇工契》）

　　一般獲時造作，不得拋滌工夫。（《輯校》298 頁 S.1897《後梁龍德四年（924）燉煌鄉百姓張厶甲雇工契（樣文）》）

　　從入雇已後，便須逐日逐月驅驅入作，不得拋却作功。（《輯校》263 頁 P.2415p1＋P.2869p5《乙酉年（925?）乾元寺僧寶香雇工契》）

　　若忙時拋功，一日尅物二斗。（《輯校》289 頁 P.3094 背《年代不詳雇工契》）

　　拋工一日，尅物貳斗。（《輯校》298 頁 S.1897《後梁龍德四年（924）燉煌鄉百姓張厶甲雇工契（樣文）》）

　　通過以上文例的相互比照，可以看出【拋摘】【拋摘】【拋敵】【拋敲】【勉敵】【拋敵】【勉敵】【拋直】【拋滌】是同詞異寫關係。同時，通過相關文例中“拋摘”與“拋却”的互相證明，可知“拋摘”之“拋”為拋却、拋棄義。“摘”為“擿”的古字，《莊子·胠篋》：“摘玉毀珠，小盜不起。”陸德明《釋文》：“摘，持赤反，義與‘擿’字同。”“擿”與“拋”動作相近、詞義相類，“擿”引申也有拋棄義，如晉·陶潛《雜詩》之二：“日月擿人去，有志不得騁。”“拋”“摘（擿）”同義聯合，“拋摘”即拋棄、拋却。《漢語大詞典》：“功夫（工夫），作事所費的精力和時間。”“拋摘功夫（工夫）”即“拋却作功”，拋却、拋棄作事所費的精力和時間，義即作事時偷懶打滑，不好好工作。“拋摘功夫（工夫）”頻頻在敦煌契約文書中出現，作為契約慣用套語，其經常又可簡化為上文例中的“拋功”“拋工”。

　　“拋摘”之“拋”或作“勉”，其原因為：“勉”草寫則為“勉” [3]，“勉”

---

[1]《輯校》錄“勉敵”為“勉敵”。

[2] 原卷作似“公壯”，根據相關契約套語，“公壯”當為“工夫”之誤：“公”為“工”之借，“壯”為“夫”之誤（其原因可能為習字者受“壯夫”連用的影響而將“夫”誤寫為“壯”）。

[3] 字形取自《行草大字典》56 頁，書學會編纂，北京出版社 1992 年版。

下部之"<img>"與"抛"左邊形體易混同，而"<img>"上部之"<img>"又容易在草寫中與"扌"混同。由此經過重重訛誤，導致敦煌文書中部分"抛"訛變為"勉"。此外，以訛變字形"勉"為基礎，敦煌契約文書中部分"抛"的字形又在"勉"的基礎上加提手旁，如上例《輯校》298頁"抛滌工夫"之"抛"在契文原卷中作"<img>"。

"抛摘"之"摘"或作"摘""敵"，其原因為："摘""摘""敵"都有共同的聲符"商"，字形和聲音上的雙重關聯，很容易使文字使用者在它們之間建立假借關係；而"摘""敵"之形體又比"摘"簡單，並且"摘"中之"扌"、"敵"中之"攵"一定程度上能體現"摘"的動作義，進而，在文化水準不高的文字使用者手下，出於快速書寫等目的，就出現"抛摘"少用本字"摘"而多用借字"摘""敵"的現象。至於"抛摘"之"摘"或作"直""滌"，則是文字使用者純粹放棄字形關聯而徑從聲音假借角度用字的現象。[1] 類似以上文字假借現象，在敦煌契約文書中非常普遍，其原因為：敦煌契約文書的書寫者多是一些文化水準不高的普通百姓，對他們而言，使用文字只要能完成大體的記錄任務就已足矣，至於何為本字、何為借字，並不是他們所關心的問題。

"抛摘"或作"抛敲"，"敲"為"敵"在草寫過程中出現的訛誤。"敵"草寫或作"<img>"[2]，"<img>"楷化則為"敵"，例如《廣碑別字》"敵"下收"敵"，"敵"見於魏元壽安墓誌、唐上柱國高邈墓誌等碑。[3] "敵"形很容易和"敲"相混。董志翹先生引《方言》"拌，棄也，楚凡揮棄物謂之拌，或謂之敲"，認為："'抛敲'為同義連文。《方言》中無'敲'表'抛棄'義的用例，敦煌文書中這一例子雖晚，但正可作一旁證。"[4] 按：根據敦煌契約文書相關文例，"抛敲"之"敲"當為"敵"之誤；"敲"本身並

---

[1] 摘，《廣韻》直炙切，入聲，昔部，澄母；直，《廣韻》除力切，入聲，職部，澄母；滌，《廣韻》徒歷切，入聲，錫部，定母。古無舌上音，"澄"母古讀與"定"母同。"摘""直""滌"中古音聲母相同，韻部同為入聲，讀音接近。

[2] 字形取自《中華書法字典》387頁，袁成文編著，新疆人民出版社2002年版。

[3] 詳秦公、劉大新《廣碑別字》，北京國際文化出版社1995年版，第538頁。

[4] 董志翹《唐五代詞語考釋》，《古漢語研究》2000年第1期。又見董志翹《中古文獻語言論集》，巴蜀書社2000年版，第93頁。

无抛棄義，至於《方言》中表示抛棄義的"敲"，可能亦為"敵（摘）"之誤。

"抛敵（摘）"之"敵"草寫作"敵"，而"敵"進一步草寫，則有可能與"敞"相混。由此，造成敦煌契約文書個別"抛敵（摘）"寫作"抛敞"的情況。

【疋帛】【疋物】

絹帛。

午年八月十八日，鄧善子欠少疋物，遂於鄧上座面上貸生絹壹疋，長叁丈捌尺五寸，福（幅）壹尺九寸。又貸生絹壹疋，長叁丈玖尺，幅壹尺九寸。（《輯校》194頁 P.3124《甲午年（934）鄧善子貸絹契》）

兵馬使康員進往於西州充使，欠少疋帛，遂於兵馬使索兒兒面上貸生絹壹疋，長肆拾尺，幅闊壹尺玖寸。（《輯校》219頁 P.3603背 P.3501背《戊午年（958）兵馬使康員進貸絹契（習字）》）

燉煌鄉百姓鄭繼溫伏緣家中欠少疋白（帛），遂於洪潤鄉百姓樊鉢略面上貸帛練壹疋，長叁仗（丈）捌尺，福（幅）闊貳尺一寸。（《輯校》192頁 P.4093冊子《庚寅年（930?）燉煌鄉百姓鄭繼溫貸絹契（習字）》）

押衙就弘子往於西州充使，欠少絹帛，遂於押衙閻全子面上貸生絹壹疋，長肆拾尺，福（幅）闊壹尺捌寸叁分。（《輯校》197頁 S.4504《乙未年（935?）押衙就弘子貸絹契（習字）》）

按：

"疋物"一詞，《漢語大詞典》未收；"疋帛"一詞，《漢語大詞典》釋"泛指紡織品"。借助敦煌契約文書相關語例的參照，可知在敦煌契約文書中，"疋物""疋帛"與"絹帛"義同，"疋物""疋帛"專指絹帛，而非泛指紡織品。

《通典卷第六·食貨六·賦稅下》："其絹絁為疋，布為端，綿為屯，麻為緵。""疋"本為紡織物中絲織品的專門量詞，引申則"疋"可指絹帛，"疋物""疋帛"故与"疋帛"同，指絲織品。

"疋物""疋帛"，亦見於其他文獻，例如：

三十疋加二等，謂負三十疋物，違二十日，笞四十；百日不償，合杖八十。（《唐律疏議·卷第二十六·律·凡三十四條》）

【偏併（並）】

(1) 侵佔、併吞。

(2) 不公正、不公平。

所有〔家〕資、地水、活〔業〕、什物等，便共氾三子息並及阿朶，准亭願壽，各取壹分，不令偏並。（《輯校》358頁沙州文錄補《宋乾德二年（964）史氾三養男契》）

所是城外莊田，城內屋舍，家活產業等，畜牧什物，恐後或有不亭爭論、偏併，或有无智滿說異端，遂令親眷相憎，骨肉相毀，便是吾不了事。（《輯校》523頁 S.0343《析產遺書樣文》）

按：

《漢語大詞典》未收"偏併（並）"。

敦煌契約文書中，"偏併"一詞的出現語境和家產分配相關。家產分配以均分（中分）為基本原則，"偏"即不居中，"偏併"則指家產分配後，一方違背均分原則，侵佔、併吞對方財產。

"偏併（並）"一詞在發展過程中，"併（並）"義弱化，"偏併（並）"之義逐漸側重在"偏"的不公正、不公平義上。例如：

凡澆田，皆仰預知頃畝，依次取用，水遍即令閉塞。務使均普，不得偏並。（《敦煌社會經濟文獻真跡釋錄（二）》577頁 P.2507《唐開元二十五年（737）水部式殘卷》）

但據頃畝均征，固无偏併。（《敦煌社會經濟文獻真跡釋錄（二）》623頁 P.2942《唐永泰年代（765—766）河西巡撫使判集》）

諸餘沿道場雜要數具，仍仰道場司校量差發，不得偏並，妄有加減。（《敦煌社會經濟文獻真跡釋錄（四）》145頁 S.2575背《己丑年（929）五月廿六日應管內外都僧統為道場納色目牓》）

鑒東皐之隴畝不均，睹北皐之畦田偏並。（《敦煌社會經濟文獻真跡釋錄（五）》28 頁 P.3553《宋太平興國三年（978）四月都僧統鋼惠等上太保狀》）

【破】【破用】【破除】；【除破】；【浪破】

【破】

支出、花費。

"破"有花費義。例如唐·韓愈《岳陽樓別竇司直》詩："念昔始讀書，志欲干霸王。屠龍破千金，為藝亦云亢。"P.2040 背《後晉時期淨土寺諸色入破曆祘會稿》："粗面破：面壹㪷，歲付恩子用；面貳㪷，教化柴時眾僧食用；……穀面破：面壹斗，羅平水圈內莊上折梁子僧食用；面壹㪷，三日拾菜沙彌用；……"P.3234 背（1）《年代不明（10 世紀中期）應慶麥粟油入破曆稿》："得油一斗七升，又八升半，又三石六斗，都計三石八斗五升半，內破油兩石六斗九升。"

與"破"之花費義相關，敦煌契約文書中有"破用""除破""浪破"等詞。

【破用】

"破用"即花用、耗費。例如唐·李德裕《論河東等道比遠官加給俸料狀》："自後訪聞戶部所給零碎，兼不及時，觀察使以為虛折，皆別將破用。"敦煌契約文書中"破用"例如：

又萬日中間，條順不可，及有東西營局破用，合著多少物事，一一細算打牒。（《輯校》413 頁 S.5816《寅年（834?）節兒為楊謙讓打傷李條順處置憑》）

先執倉常住倉司法律法進、法律惠文等八人所主持斛㪷，從去庚子年正月一日入笇後，除破用兌利外，合管回殘麥壹伯伍拾碩貳升陸合，粟壹伯肆拾碩壹㪷捌合，豆伍碩肆㪷貳升，黃麻陸拾陸碩玖升陸合叁圭。

（《輯校》410 頁 S.4701《庚子年（1000?）某寺執物僧團頭法律惠員執倉憑》）

【破除】

和"破用"詞義相近，敦煌寺院經濟文書中多見"破除"一詞。敦煌文獻中的"破除"用法，可提前《漢語大詞典》"破除"花費義之例證時代。例如：

通前破除外，合管回殘面粟肆碩肆㪷。（《敦煌社會經濟文獻真跡釋錄（三）》399 頁 S.1625《後晉天福三年（938）十二月六日大乘寺徒眾諸色斛斗入破曆祘會牒殘卷》）

近日破除，實將稍廣。終宜減割，以救時須。（《敦煌社會經濟文獻真跡釋錄（二）》624 頁 P.2942《唐永泰年代（765—766）河西巡撫使判集》）

粟三㪷，窟上回來弟（第）二日破除用。（《敦煌社會經濟文獻真跡釋錄（三）》359 頁 P.2049 背《後唐同光三年（925）正月沙州淨土寺直歲保護手下諸色入破曆祘會牒》）

【除破】

常住黃麻除破及回造壓油外，合管回殘黃麻貳拾捌碩貳㪷，管在僧正判官身上。（《輯校》391 頁 S.4702《丙申年（996?）某寺算會索僧正等領麻憑》）

舊把倉僧李教授應會四人等麥除破外，合管回殘麥陸拾壹碩肆㪷柒升。（《輯校》406 頁 S.5806《庚辰年（980?）把麥人惠善等把倉憑》）

先執黃麻人法律惠興、寺主定昌、都師戒寧三人手下主持，入換油黃麻除破外，合管回殘黃麻肆拾伍碩貳㪷伍升壹合。（《輯校》408 頁 P.3290《己亥年（999）執黃麻人徐僧正等執倉憑》）

按：

《漢語大詞典》釋"除破"為註銷、勾銷義。上例 S.4702"常住黃麻除破及回造壓油外"與詞條"破用"例 S.4701"除破用兌利外"語境大體相同，可知 S.4702 中的"除破"即"除破用"，義為除去花費支出。在算帳時除去花費支出，即為註銷、勾銷相關的花費支出。上例 P.3290"入換油黃麻除破外"中的"除破"即可理解為註銷。

【浪破】

切莫貪酒市（嗜）肉，浪破錢物，在心喂飼畜剩（乘），平善早回，滿吾心願。（Дx.12012《乙未年（935）三月慈父致男行深書》）

按：

"浪破"即"浪費"。《漢語大詞典》未收"浪破"。

【破壞】

破損、損壞。

右緣當寺虛无，家客貧弊，寺舍破壞，敢不修營。（《輯校》97頁沙州文錄補《丑年（821?）五月金光明寺直歲僧明哲請便麥粟牒》）

按：

《漢語大詞典》"破壞"之"破損、損壞"义首見元代例。敦煌文書中"破壞"之破損、損壞义常見，例如：

卯年緣油樑破壞，徒眾矜放油三斗。（《敦煌社會經濟文獻真跡釋錄（三）》322頁 P.2838（1）《唐中和四年（884）正月上座比丘尼體圓等諸色斛斗入破曆祘會牒殘卷》）

諸寺界牆及後門，或有破壞，仍須修治及關鑰。（《敦煌社會經濟文獻真跡釋錄（四）》122頁 P.6005《釋門帖諸寺綱管》）

其先需屋宇者，所管隨事營造；若舊有破壞者，亦量加修葺。（《敦煌社會經濟文獻真跡釋錄（四）》260頁 S.0446《唐天寶七載（748）冊尊號赦》）

若渠堰破壞，即用隨近人修理，公私材木，並聽運下。（《敦煌社會經濟文獻真跡釋錄（二）》577頁 P.2507《唐開元二十五年（737）水部式殘卷》）

Q

【欺屈】

欺負、屈辱。

若或汜三後有男女，並及阿朵長成人，欺屈願壽。（《輯校》358頁沙州文錄補《宋乾德二年（964）史汜三養男契》）

按：

《漢語大詞典》未收"欺屈"。

【齊座】；【團座】

【齊座】

(1) 聚在一起。

(2) 僧眾的例行聚會。

報恩寺徒眾就大業寺齊座算會。（《輯校》372頁S.3984《丁酉年（937）報恩寺牧羊人康富盈算會憑》）

丙申年十二月九日，徒眾就庫舍院齊座筭會。（《輯校》391頁S.4702《丙申年（996?）某寺算會索僧正等領麻憑》）

【團座】

(1) 聚在一起。

(2) 普通民眾聚會或社人的例行聚會。

弟史汜三前因不備，今无親生之子，請屈叔侄親枝姊妹兄弟團座商量，□□欲議養兄史粉塠（堆）親男願壽，便作汜三覆（腹）生親子。（《輯校》358頁沙州文錄補《宋乾德二年（964）史汜三養男契》）

或若團座之日，若有小輩啾唧，不聽大小者，仍罰膿膩一筵，眾社破除，的无容免。（《敦煌社邑文書輯校》[1]34頁P.3691背《宋太平

---

[1] 寧可、郝春文《敦煌社邑文書輯校》，江蘇古籍出版社1997年版。

興國七年（982）立社條》）

按：

《漢語大詞典》未收“齊座”“團座”。

從字面意思看，“齊座”“團座”即聚在一起、坐在一起。從具體用法看，敦煌文書中“齊座”往往用於僧眾的例行聚會，特別是寺院算會活動中，大多有“徒眾齊座算會”之類的表述。“齊”通“齋”，有莊重、齋戒義，這種詞義特徵，可能影響到“齊座”常用於僧眾的例行聚會。

相較於“齊座”，“團座”則指普通民眾的聚會。引申之，“團座”又可專指社人的例行聚會，如上例“團座之日”即社人例行聚會之日。

【起首】

開始。

其佛堂從八月十五日起首。（《輯校》242頁北敦06359背《寅年（822）僧慈燈雇博士氾英振造佛堂契》）

按：

《漢語大詞典》“起首”之開始義首見現代例。

【乞請】【請乞】

請求。

每頭請種子伍拾馱。至秋輸納，不敢違遲。乞請處分。（《輯校》86頁北敦06359背《辛丑年（821）龍興寺寺戶團頭李庭秀等請便麥牒（附處分）》）

伏望商量，請乞處分。（《輯校》88頁北敦06359背《丑年（821）開元寺寺戶張僧奴等請便麥牒（附處分）》）

如違限不納，其斛鈄請倍，請乞處分。（《輯校》92頁北敦06359背《丑年（821）靈修寺寺戶團頭劉進國等請便麥牒（附處分）》）

按：

《漢語大詞典》“乞請”之請求義首見元代例。

"乞"有"請"義，例如《輯校》94頁北敦06359背《丑年（821）金光明寺寺戶團頭史太平等請便麥牒》"乞垂處分"在《輯校》96頁北圖59背《丑年（821）報恩寺人戶圖頭劉沙沙請便麥牒》中作"請垂處分"。"乞""請"同義聯合，"乞請""請乞"都為請求義。

【欠少】

缺少。

其上件舍價物，立契日並舍兩家各還訖，並无升合欠少，亦无交加。（《輯校》26頁P.3331《後周顯德三年（956）兵馬使張骨子買舍契》）

丁巳年正月十一日，通煩百姓唐清奴為緣家中欠少牛畜，遂於同鄉百姓楊忽律元面上買伍歲耕牛壹頭。（《輯校》70頁P.4083《丁巳年（957?）通煩百姓唐清奴買牛契》）

辛未年四月二日，押牙梁保德往於甘州去，欠少疋帛，遂於洪潤穆盈通面上取斜褐壹拾肆段。（《輯校》228頁S.4884《辛未年（971?）押牙梁保德貸褐還絹契》）

龍鄉百姓張納雞家內欠少人力，遂取神鄉百姓就憨兒造作一年，從正月至九月末。（《輯校》250頁S.3877《甲寅年（894）龍勒鄉百姓張納雞雇工契（習字）》）

庚辰年三月十七日，洪池鄉百姓唐丑丑，慈惠鄉百姓汜子通，欠少急用，遂雇厶乙。（《輯校》254頁S.6614背《庚辰年（920）洪池鄉百姓唐丑丑等雇工契》）

按：

《漢語大詞典》未收"欠少"。

"欠"有缺少義，"欠""少"同義聯合，義同"欠缺"。

【青麥】

兩共對面平章，准法不許休悔。如先悔者，罰青麥伍拾馱，充入不

悔人。（《輯校》22 頁 S.1285《後唐清泰三年（936）百姓楊忽律哺賣舍契》）

　　兩共面對平章，准法不悔。如有悔者，罰青麥拾碩，充入不悔人。（《輯校》24 頁北敦 08176 背《甲辰年（944）洪池鄉百姓安員進賣舍契》）

　　□年二月一日當寺僧義英於海清手［上］便佛長（帳）青麥貳碩捌㪷，並漢㪷。其麥自限至秋八月內還足。（《輯校》115 頁 S.1475 背《年代不詳靈圖寺僧義英便麥契》）

按：

　　［法］童丕《敦煌的借貸：中國中古時代的物質生活與社會》[1]37—38 頁對“青麥”有討論，主要觀點為：(1) 池田溫以宋代王安石“青苗錢法”為綫索，將“青麥”譯為“青”的麥。“青苗錢法”的借貸總是伴有特別的條款：人們在事先約定收穫後賣方與借方之間的付款額；而且，付款數額明顯要比借貸數額高，因為春季時穀物匱乏，糧價要比收穫後的糧價高得多。而出現“青麥”的敦煌契約中，沒有指明任何特別條件，條款也都是一般借貸的條款。因此，池田溫的觀點不妥。筆者按，上例 S.1475 背《年代不詳靈圖寺僧義英便麥契》中義英在二月所借之麥，到八月如數歸還即可，契約並沒有其他附加條件，可知敦煌契約中的“青麥”之“青”與“青苗”无關。(2)“青麥”當為與麥同類的一種糧食，其原因為：青麥在敦煌文獻中經常與其他糧食名稱相提並論。筆者按，部分學者認為青麥即青稞麥，《文獻通考·田賦考》在“麥”下羅列“小麥、大麥、青稞麥、廣麥、青麥、白麥、蕎麥”，其中“青稞麥”與“青麥”並列出現，可見，青麥還不完全與青稞麥對等。正如童丕先生所言：“這些糧食的身份鑒定問題還是遠遠沒有解決。”

————————
[1] ［法］童丕《敦煌的借貸：中國中古時代的物質生活與社會》，余欣、陳建偉譯，中華書局 2003 年版。

【親情】【親眷】【親表】【眷表】【親枝】【枝親】【親姻】【姻親】【親近】

【親情】

親戚。今甘肅隴右方言仍稱親戚為"親情"。

若不孝順者，仰至（諸）親情，當日趂却，更莫再看。（《輯校》363 頁 S.5647《養男契樣文》）

知見親情米願昌；知見親情米願盈；知見竝畔村人楊清忽；知見親情開元寺僧願通。（《輯校》350 頁 P.3964《乙未年（935?）塑匠趙僧子典男契》）

【親眷】

親戚眷屬。

恐後或有不亭爭論、偏併，或有无智滿說異端，遂令親眷相憎，骨肉相毀，便是吾不了事。（《輯校》523 頁 S.0343《析產遺書樣文》）

今再會兩家親眷，不要倍地亙天，莫道八卦无涉，五行相剋。（《輯校》481 頁 S.6417 背《放妻書樣文》）

按：

《漢語大詞典》"親眷"首見宋代例。

【親表】

親戚。

大例賊打輪，身却者，无親表論說之分。（《輯校》299 頁 S.1897《後梁龍德四年（924）燉煌鄉百姓張厶甲雇工契（樣文）》）

按：

《漢語大詞典》未收"親表"。

"表"為表親，"親表"即關係非常近的親戚。"親表"一詞，也見其他敦煌文獻，如《王梵志詩》卷一："家口總死盡，吾死无親表。"項楚《王梵志詩校注》[1]16頁："親表，親戚。《顏氏家訓·風操》：'吾親表所行，若父屬者為某姓姑，母屬者為某姓姨。'"

【眷表】

家眷、近親。

中間有親情眷表識認此人來者，一仰韓願定及妻七娘子面上覓好人充替。（《輯校》79頁 S.1946《宋淳化二年（991）押衙韓願定賣妮子契》）按：

《漢語大詞典》未收"眷表"。

"眷"為家屬，"表"為近親。上例"眷表"與"親情"相並，與"親情"相較，"眷表"與當事人之間的關係更近。

【親枝（支）】【枝（支）親】

"親枝（支）""枝（支）親"同，指旁支親屬。《漢語大詞典》"親支"首見例在元代。

乾德二年甲子歲九月廿七日，弟史氾三前因不備，今无親生之子，請屈叔任親枝、姊妹、兄弟團座商量，□□欲議養兄史粉堆（堆）親男願壽，便作氾三覆（腹）生親子。……今對親枝眾座，再三商議，世世代代子孫［男］女，同為一活。（《輯校》358頁沙州文錄補《宋乾德二年（964）史氾三養男契》）

今則兄厶乙弟厶甲，今對枝親村鄰，針量分割。城外莊田，城內屋舍，家資什物及羊牛畜牧等，分為厶分為憑。……今對枝親，分割為定。（《輯校》458頁 S.6537背《分書樣文》）

兄弟三人對知（枝）親……一定已後，對知（枝）親……如若兄有義者，對坐知（枝）親、友、師兄等。（《輯校》452頁北敦09293《年代不詳令狐留留叔任共東四防兄弟分產書》）

---

[1] 項楚《王梵志詩校注（增訂本）》，上海古籍出版社 2010 年版。

【親姻】【姻親】

"親姻""姻親"同，指由婚姻關係結成的親屬。

今親姻村老等与妻阿孟對眾平論，判分離別遣夫主留盈訖。（《輯校》473 頁 P.4525《年代不詳留盈放妻書》）

今對親姻行巷，所有些些貧資，田水家業，各自別居，分割如後。（《輯校》441 頁 S.2174《天復九年（909）神沙鄉百姓董加盈兄弟分書》）

中間或有兄弟房從及至姻親忤悷，稱為主記者，一仰舍主宋欺忠及妻男鄰近穩便買舍充替，更不許異語東西。（《輯校》26 頁 P.3331《後周顯德三年（956）兵馬使張骨子買舍契》）

仰兄弟姻親鄰人，為作證明。（《輯校》437 頁 P.3744《年代不詳（9 世紀中期）僧張月光、張日興兄弟分書》）

【親近】

親戚、近鄰。

右件分割家沿（沿）活具十（什）物，叔侄對坐，以諸親近，一一對直再三，准折均亭，抛鉤為定。（《輯校》463 頁 S.5647《分書樣文》）

按：

《漢語大詞典》"親近"下未釋"親戚、近鄰"義。根據敦煌契約文書之分書中的相關語例，可知上例中的"親近"為親戚、近鄰義。例如：

今對枝親村鄰，針量分割。（《輯校》458 頁 S.6537 背《分書樣文》）

今對親姻行巷，所有些些貧資，田水家業，各自別居，分割如後。（《輯校》441 頁 S.2174《天復九年（909）神沙鄉百姓董加盈兄弟分書》）

仰兄弟姻親鄰人，為作證明。（《輯校》437 頁 P.3744《年代不詳（9 世紀中期）僧張月光、張日興兄弟分書》）

【請】【請射】【侵射】

1.神沙鄉百姓僧令狐法性有口分地兩畦捌畝，請在孟受陽員渠下界。（《輯校》327 頁 P.3155 背《唐天復四年（904）神沙鄉百姓僧令狐法

性出租土地契（稿）》）

2.自賣已後，永世琛家子孫男女稱為主記為准。有吳家兄弟及別人侵射此地來者，一仰地主面上並畔（伴）覓好地充替。(《輯校》30頁 P.3649背《後周顯德四年（957）燉煌鄉百姓吳盈順賣地契（習字）》)

按：

"射"有"逐取、謀求"義，例如漢·桓寬《鹽鐵論·除狹》："富者以財買官，勇者以死射功。""請"為請求。"請射"即請取，在唐代，"請射"具體指向官府提出申請，要求占取某些土地。"請射"或簡稱"請"，指經申請後由官府批准的土地，如上例1。

"侵""請"音近[1]，同時，"侵"有侵占、占取義。語音和語義的雙重關聯，導致"請射"多作"侵射"。在詞義演變過程中，由於"請"字多被假借作"侵"，"侵射"中"請"的意思不斷弱化，"侵射"之詞義逐漸轉向侵取、占取，如上例2。

【驅（駈[2]）使】【驅（駈）馳】

使用。

1.老僧買得小女子一口，待老師終畢，一任与婚柴駈使，莫令為賤。(《輯校》511頁 P.3410《年代不詳（840前後）僧崇恩析產遺囑》)

2.寅年正月十八日，報恩常住為無牛驅使，寺主僧□如今將青草驢壹頭柒歲，更帖細布壹疋，博換玉關鄉驛戶成允恭紫𤛼。(《輯校》57頁 S.6233背《寅年（822?）報恩寺寺主博換驢牛契》)

3.卯年四月十八日，悉董薩部落百姓翟米老，為無斛斗駈使，遂於靈圖寺便佛帳所便麥陸碩。(《輯校》109頁 S.1475背《卯年（823）悉董薩部落百姓翟米老便麥契》)

4.□年四月十五日，沙州寺戶嚴君為要斛斗駈使，遂於靈圖寺佛帳所便麥參碩，並漢斗。(《輯校》126頁 S.1475背《年代不詳沙州寺

---

[1] 在甘肅方言中，很多地方前後鼻音不分。
[2] "駈"為"（驅）"的草寫變體。

戶嚴君便麥契》）

5.自取物後，人無雇價，物無利頭，便任索家驅馳。比至還得物日，不許左右。（《輯校》351 頁 P.3150《癸卯年（943?）慈惠鄉百姓吳慶順典身契》）

6.奴婢驅馳，幾個不勤。（《輯校》487 頁 S.6537 背《放妻書樣文》）

7.況厶甲自從葉（業）綱羈來，累年驅馳，有恭之心，侍奉不虧孝道。（《輯校》498—499 頁 S.5700《放家童青衣女書樣文》）

按：

"驅使"本為差使義，引申則"驅使"有對人、對動物的使用義，上例 1、例 2 中的"驅使"即為對人、對動物的使用。對人、對動物的使用義再引申，"驅使"便產生對無生命之物的使用義，上例 3、例 4 中的"驅使"便是對糧食的使用。"為無斛斗驅使"在敦煌契約文書中經常作"為無糧用"，其中"斛斗"與"糧"相應，"驅使"與"用"相應，這也可從側面證明"驅使"的使用義。《漢語大詞典》"驅使"下對無生命之物的使用義的例證遲至清代。

上例 5、例 6、例 7 中的"驅馳"義同"驅使"，表對人的使用。《漢語大詞典》"驅馳"下未釋"驅使、使用"義。

【取辦】

辦理。

謂羊虎同心，一向陳話美詞；心不和合，當頭取辦。夫覓上對，千世同歡，婦娉亳宋，鴛鴦為伴。（《輯校》486 頁 S.6537 背《放妻書樣文》）

按：

《漢語大詞典》"取辦"之"辦理"義首見明代例。

【却】；【却還】【却立】【却收】【却付】；【失却】

(1)返還、回收、交回。

"却"有返回義，例如《輯校》303 頁 P.2825 背《唐乾寧三年（896）

平康鄉百姓馮文達雇駝契（習字）》：“平康鄉百姓馮文達奉差入京，為少畜乘，今於同鄉百姓李略山邊，遂雇八歲黃父駝一頭。斷作雇價，却回來時，生絹五疋。”

返回義引申，“却”則有返還、回收、交回等義。《漢語大詞典》“却”下未釋返還、回收、交回等義。敦煌契約文書中有“却還”“却立”“却收”“却付”等詞，“却還”“却立”即返還、償還，“却收”即回收，“却付”即交付。例如：

> 如立契後在三日內牛有宿疹，不食水草，一任却還本主。（《輯校》59 頁 S.1475 背《寅年（822?）令狐寵寵賣牛契》）

> 斷雇價麥粟眾(中)亭陸碩，限至來年正月却還。（《輯校》262頁 S.5509 背《甲申年（924?）燉煌鄉百姓蘇流奴雇工契（習字）》）

> 若駝相（傷）走失者，雇價本在，於年歲却立 [1] 本馳。（《輯校》312 頁 P.3448 背《辛卯年（931?）百姓董善通張善保雇馳契》）

> 甲午年二月十九日，索義成身著瓜州，所有父祖口分地叁拾貳畝分付与兄索懷義佃種。……義成若得沙州來者，却收本地。（《輯校》337 頁 P.3257《甲午年（934）索義成付与兄懷義佃種憑》）

> 其前件地祖（租）与員子貳拾貳年佃种。从今乙丑年至后丙戌年末，却付本地主。（《輯校》327 頁 P.3155 背《唐天復四年（904）神沙鄉百姓僧令狐法性出租土地契（稿）》）

(2) 丟掉、丟失。

《漢語大詞典》“却”下釋“去掉”義。由“去掉”義引申，“却”有“丟掉、丟失”義，《漢語大詞典》未釋“却”之“丟掉、丟失”義。敦煌契約文書“却”之“丟掉、丟失”義例如：

> 手上使用籠（農）具失却，倍（賠）在自身。（《輯校》265 頁津藝 169 背《後晉天福四年（939）姚文清雇工契》）

> 若是放畜牧，畔上失却，狼咬煞，一仰售（受）雇人祗當与充替。

---

[1] 敦煌契約文書中，“立”有償還義（詳《詞語匯釋》“立”）。“却”“立”同義聯合，為返還、償還義。

（《輯校》296 頁 P.3441 背《雇工契》）

　　若若非里（理）押（打）損、走却，不馳主知（之）事。（《輯校》
309 頁北敦 09520《癸未年（923?）張修造雇駝契（習字）》）

R

【仍】

又、且。

　　如先悔者，罰麥貳拾馱入軍粮，仍決丈（杖）卅。（《輯校》5 頁 P.3394
《唐大中六年（852）僧張月光博地契》）

　　如若先悔者，罰樓綾壹疋，仍罰大羯羊兩口，充入不悔人。（《輯
校》79 頁 S.1946《宋淳化二年（991）押衙韓願定賣妮子契》）

　　如違其限不還。其麥請陪（倍）伍碩陸㪷，仍任將契為領（令）六
（律），掣奪家資雜物，用充麥直。（《輯校》117 頁 S.1475 背《年
代不詳靈圖寺僧神寶便麥契》）

　　後有不於此契諍論者，罰綾壹疋，用□官中，仍麥拾伍碩，用充軍
粮。（《輯校》458 頁 S.6537 背《分書樣文》）

按：

《漢語大詞典》“仍”之“又、且”義首見宋代例。

【容面】

情面。

　　入了便須還納，更无容面。（《輯校》181 頁北敦 09520《癸未年（923?）
王㪷敦貸絹契（稿）》）

按：

《漢語大詞典》未收“容面”。上例“更無容面”即再不講情面。

【柔儀】

　　　三年依（衣）粮，便獻柔儀。（《輯校》479 頁 S.6537 背《放妻書樣文》）

　　按：

　　"儀"有容貌儀表義，"柔儀"指女性溫柔的容貌儀表。進而，"柔儀"可為女性之代稱，如明故宮中"柔儀殿"為皇妃的住所。上《放妻書樣文》中的"柔儀"則為丈夫對與自己即將離異的妻子的稱呼。

【入奏】

　　　押衙羅賢信入奏充使，欠闕疋帛，遂於押衙范慶住面上貸生絹壹疋。（《輯校》203 頁 P.3458《辛丑年（941?）押衙羅賢信貸絹契》）

　　按：

　　上例"入奏"指到都城長安出使。《漢語大詞典》"入奏"下釋"謂入朝向君主進言或上書"，首見宋代例。

【入作】

　　勞作。

　　　1.立契已後，便須入作。（《輯校》296 頁 P.3441 背《雇工契（樣文）》）

　　　2.入作之後，比至月滿，便須竸心，勿[存]二意。（《輯校》298 頁 S.1897《後梁龍德四年（924）燉煌鄉百姓張厶甲雇工契（樣文）》）

　　　3.從入雇已後，便須逐月逐日駈駈入作，不得拋却作功。（《輯校》263 頁 P.2415p1＋P.2869p5《乙酉年（925?）乾元寺僧寶香雇工契》）

　　　4.入作弟盈德。（《輯校》275 頁 P.2887《乙卯年（955）莫高鄉百姓孟再定雇工契》）

　　按：

　　《漢語大詞典》未收"入作"。

　　"入"為進入，"作"為勞作，上例1、例2中的"入作"即進入勞作、開始勞作。由於"入作"經常在敦煌雇工契套語中出現，"入作"之"入"義逐漸淡化，"入作"在更多情況下表現為勞作義，上例3"逐月逐日駈駈入作"即每月每日都要勤勤懇懇地勞作。上例4中"入作"詞性由動詞轉為名詞，"入作弟"即被雇傭的勞作人的弟弟。

【上好】

頂好，最好。

更親姻及別稱忍（認）主記者，一仰保人祇當，鄰近覓上好地充替。（《輯校》327 頁 P.3155 背《唐天復四年（904）神沙鄉百姓僧令狐法性出租土地契（稿）》）

若有別人作主，一仰大行愶（另）覓上好舍充替。（《輯校》12 頁 S.3877 背《唐天復二年（902）赤心鄉百姓曹大行回換舍地契（習字）》）

其牛及麥即日交相分付了，如後有人稱是寒道（盜）識認者，一仰本主賣（買）上好牛充替。（《輯校》55 頁 S.5820+S.5826《未年（803）尼明相賣牛契》）

若定住身不在，仰口承男德子取上好絹者。（《輯校》201 頁 P.3603 背《乙未年（935?）龍勒鄉百姓張定住貸絹契（習字）》）

按：

《漢語大詞典》"上好"首見元代例。

【施工】

工程按計劃進行建造。

右緣當寺虛无，家客貧弊，寺舍破壞，敢不修營。今現施工，未得成辦。（《輯校》97 頁沙州文錄補《丑年（821?）五月金光明寺直歲僧明哲請便麥粟牒》）

敦煌契約文書語言研究 DUNHUANG QIYUE WENSHU YUYAN YANJIU

按：

《漢語大詞典》“施工”之“工程按計劃進行建造”義首見宋代例。

【施功】

進行農業生產工作，如耕地、播種、施肥、收割等。

敦煌鄉百姓吳盈順，伏緣上件地水，佃種往來，施功不便，出賣与神沙鄉百姓琛義深。（《輯校》30 頁 P.3649 背《後周顯德四年（957）燉煌鄉百姓吳盈順賣地契（習字）》）

甲午年二月十九日，索義成身著瓜州，所有父祖口分地叁拾貳畝分付与兄索懷義佃種。比至義成到沙州得來日，所著官司，諸雜、烽子、官柴草等小大稅役，並惣兄懷義應料。一任施功佃種，若收得麥粟，任自兄收粿粒，亦不論說。（《輯校》337 頁 P.3257《甲午年（934）索義成付与兄懷義佃種憑》）

按：

敦煌雇工契中多有套語“自雇以後，便須兢兢造作，不得拋功壹日”，其中“功”指農業生產工作。上例中“施功”即進行農業生產工作。《漢語大詞典》“施功”下釋有“操作”義，引例為宋·蘇軾《再乞發運司應副浙西米狀》：“又自今已往，若得淫雨稍止，即農民須趁初夏秧種車水，耕耘之勞，十倍常歲，全藉糧米接濟。見今已自闕食，至時必難施功，縱使天假之年，亦无所望，公私狼狽，理在必然。”此例中的“施功”也指進行農業生產工作，《漢語大詞典》釋為“操作”，不太妥帖。

【失却】【失脫】【失他】【抛抶】

失掉、丟失。

仵子手內所把隴（農）具一勿（物）已上，忽然路上遺（遺）失，畔上睡臥，明明不与主人失却，一仰雇人祇當。（《輯校》263 頁 P.2415p1+P.2869p.5《乙酉年（925？）乾元寺僧寶香雇工契》）

手上使用籠具失却，倍（賠）在自身。（《輯校》265 頁津藝169 背《後

晉天福四年（939）姚文清雇工契》）

　　若是放畜牧，畔上失却，狼咬煞，一仰售（受）雇人祇當与充替。（《輯校》296頁 P.3441背《雇工契（樣文）》）

　　所有莊上膿（農）具秋、钁、鐮、鏵、鋪、袋器、實（什）物等，並分付作兒身上。或若收到家內失脫者，不忏作兒之是（事）。（《輯校》289頁 P.3094背《年代不詳雇工契》）

　　應有沿身使用農具，兼及畜乘，非理失脫傷損者，陪（賠）在厶甲身上。（《輯校》298頁 S.1897《後梁龍德四年（924）燉煌鄉百姓張厶甲雇工契（樣文）》）

　　更若畔上失他主人農具鏵、鋪、鐮、刀、鍬、钁（钁）、袋器、什物者，陪（賠）在作兒身上。（《輯校》276頁 P.3649背《丁巳年（957）莫高鄉百姓賀保定雇工契（習字）》）

　　若作兒手上使用籠（農）具鐮、刀、鏵、鋪、鍬、钁、袋器、什［物］等，畔上拋扶（失）打損，裴（賠）在作兒身，不關主人之事。若收到家中，不關作兒之事。（《輯校》280頁北敦03925背《甲戌年（974）慈惠鄉百姓竇跛蹄雇工契（習字）》）

按：

　　《漢語大詞典》“失却”下釋“失掉”義。“却”在敦煌契約文書中有“失掉、丟失”義（詳《詞語滙釋》“却”），失”“却”同義聯合，“失却”即失掉、丟失。

　　在相似的契約語境中，“失却”或作“失脫”，《漢語大詞典》未收“失脫”。“脫”亦有失去義，如《漢書·藝文志》：“迄孝武世，書缺簡脫，禮壞樂崩。”“失”“脫”同義聯合，“失脫”即“失却”。

　　敦煌契約文書中，“失脫”或作“失他”。“他”“脫”音近，“失他”之“他”可能為“脫”之假借。

　　與“失却”“失脫”相關，敦煌契約文書又有“拋扶”。“扶”常見義為“笞擊、鞭打”，“拋扶”之“扶”，與“笞擊、鞭打”无關。“拋扶”之“扶”，當為“失”之俗字，“失”加提手旁以增強丟失的動作義。

【時常】

常常、經常。

僧正崇會□為釋子，具足凡夫。□俗即目而齊修，衣食時常而要覓。是以往來舉動，隨從藉人方便招呼，所求稱願。（《輯校》360 頁 P.4525 背《宋太平興國八年（983）僧正崇會養女契（稿）》）

按：

《漢語大詞典》"時常"下首見元代例。

【事儀（宜）】

事情。

一則寺舍成立，二則乃斛斗不虧。二圖事儀（宜），似有穩便。（《輯校》97 頁沙州文錄補《五年（821?）五月金光明寺直歲僧明哲請便麥粟牒》）

按：

《漢語大詞典》未收"事儀"。上例"二圖事儀，似有穩便"即雙方都受惠之事，似乎是穩妥的。"事儀"即"事宜"，《漢語大詞典》"事宜"下首見清代例。敦煌文書中"事宜"例如：

堅意雖无所識，攬處紀剛，在寺事宜，須存公道。（《敦煌社會經濟文獻真跡釋錄（四）》116 頁 S.0542 背 2《堅意請處分普光寺尼光顯狀》）

已前西頭所有世界事宜，每有般次。（《敦煌社會經濟文獻真跡釋錄（四）》395 頁 P.2992 背《兄某致弟甘州回鶻順化可汗狀》）

【收將】

收取。

如違限不納，其車請不著領（令）六（律），任寺收將。（《輯校》139 頁 P.3422 背《卯年（835?）曷骨薩部落百姓武光兒便麥契》）

按：

《漢語大詞典》未收"收將"。

"將"有取、拿義，"收將"即收取。敦煌契約文書中"將"之取、拿義如《輯校》146頁P.2964背《巳年（837？）令狐善奴便刈價麥契》："如若依時吉報不來，或欠收苅不了，其所將斛斗，請陪（倍）罰叁碩貳斗，當日便須佃（填）納。"

【收勒】【收領】

收取、領取。

1.從正月至九[月]末，斷作價直，每月五斗。現与春肆個月價，与（餘）收勒到秋。（《輯校》248頁S.3877背《戊戌年（878）洪潤鄉百姓令狐安定雇工契（習字）》）

2.斷作雇價，從正月至九月末造作，逐月壹馱。見分付多少已訖，更殘到秋物出之時收領。（《輯校》298頁S.1897《後梁龍德四年（924）燉煌鄉百姓張厶甲雇工契（樣文）》）

3.又萬日中間，條順不可，及有東西營局破用，合著多少物事，一一細算打牒，共鄉閭老大計算收領，亦任一聽。（《輯校》413頁S.5816《寅年（834？）節兒為楊謙讓打傷李條順處置憑》）

按：

比較上例1、例2，可知"收勒""收領"詞義相同，"勒"可能為"領"之借字。或，"勒"有勒索、索取義，"收勒"即收取。

"收"為收取，"領"為領取，上例2、例3中"收領"的詞義重心在"收"上，"收領"主要為收取義。《漢語大詞典》"收領"下僅釋"領取"而未釋"收取"。

【手頭】

時清泰叄年丙申歲十一月廿三日，百姓楊忽律哺為手頭闕乏，今將父祖口分舍出賣与弟薛安子、弟富子二人。（《輯校》21頁S.1285《後唐清泰三年（936）百姓楊忽律哺賣舍契》）

按：

《漢語大詞典》"手頭"下釋"謂手中所有。指個人經濟狀況",首見元代例。

【說論】

爭論。

1. 當房兄弟及別人忓擾說論來者,一仰殘兒竝伴覓上好地充替。(《輯校》51 頁 P.4017《賣地契樣文》)

2. 若中閑(間)有兄弟及別人爭論此舍來者,一仰口承□□□二人面上取並鄰舍充替。(《輯校》37 頁 S.1398《宋太平興國七年(982)赤心鄉百姓呂住盈呂阿鸞兄弟賣舍契》)

3. 中間若親姻兄弟及別人諍論上件地者,一仰口承人男橝橝兄弟祇當,不忓買人之事。(《輯校》18—19 頁 S.3877 背《天復九年己巳(909)洪潤鄉百姓安力子賣地契(習字)》)

按:

參照上賣地契相關套語,可知例 1 中的"說論"即"爭論"。《漢語大詞典》"說論"下未釋"爭論"義。

《輯校》504 頁 S.0343 背《放良書樣文》:"後有兒侄,不許忓論。一任從良,榮於世業。"其中"忓論"即例 1"忓擾說論"之省略。

【四至】

田地、道路、住宅等四周的界限。

某物 某物 某物 某物 某物 車 牛 羊 馲 馬 馲畜 奴婢 莊園 舍宅 田地鄉管渠道四至。右件家產,並以平量,更无偏黨絲髮差殊。(《輯校》456 頁 S.4374《分書樣文》)

按:

上例作為分書樣文,只是籠統地在所分田地、渠道等後面注明"四至",而在具體契約文書中,經常用"東至於……南至於……西至於……北至於……"的模式來說明田地、道路、住宅等四周的界限。例如:

[宜][秋][平]都南枝渠上界舍地壹畦壹畝，並牆及井水，門前[道]
[張][月][光]張日興兩家合同共出入，至大道。東至張日興舍半分，
西至僧張法原園及智通園道，南至張法原及車道井南牆，北至張日興園
園道、智通舍東間。又園地叁畦共肆畝。東至張日興園；西至張達子道；
南至張法原園及子渠，並智通園道；法原園□□牆下間四尺道，從智通
舍至智通園，与智通往來出入為主己，其法原園東牆□□□智通舍西牆，
法原不許訖恌；北至何榮。又僧法原園与東无地分，井水共用。園門与
西車道□分，同出入，至大道。又南枝下界地一段叁畦共二十畝。東至
劉黑子及張和子，西至氾榮子廟，南至渠及周興子，北至索進晟廟。(《輯
校》4 頁 P.3394《唐大中六年（852）僧張月光博地契》)

永寧坊巷東壁上舍東房子壹口並屋木，東西壹丈叁尺伍寸□基，南
北貳仗（丈）貳尺伍寸並基。東至張加閏，南至氾文君，西至張義全，
北至吳翁翁。(《輯校》8 頁 S.3877 背《唐乾寧四年（897）平康鄉百
姓張義全賣舍契（習字）》)

【算（笇）會】

唐五代敦煌寺院重要的財產管理方式：僧政、法律、判官等與普通僧眾
一起通過計算而得出寺院的收入、支出和結餘的總數。

庚子年十月廿六日立契。報恩寺徒眾就南沙莊上齊座笇會。(《輯
校》374 頁 S.4116《庚子年（940）報恩寺牧羊人康富盈算會憑》)

丙午年六月廿四日，翟信子及男定君二人，先辛丑年於氾法律面上
便麥陸石，粟兩石，中間其麥粟並惣填還多分。今与算會，智定欠麥肆
碩、粟六碩，並在信子及男定君身上，至午年秋還本拾碩。(《輯校》
392 頁 P.3860《丙午年（886）翟信子翟定君父子欠麥粟憑》)

天福六年辛丑歲二月廿一日算會。行像司善德欠麥六碩柒卧、粟叁
碩，餘者並無交加憑。(《輯校》S.4812《後晉天福六年（941）社人
兵馬使李員住等欠麥憑》)

按：

《漢語大詞典》未收"算會"。

"算會"之"算"在敦煌文書中多作"筭","筭"為"算"之異體字。"算"為計算，"會"為會總、總計，"算會"即通過計算而得出總數。通過大量敦煌算會文書，可知"算會"是唐五代敦煌寺院重要的財產管理方式。

《周禮》："歲終則會其出入。"鄭玄注："會，計也。"唐五代敦煌寺院的"算會"與傳世文獻中的"歲計"相似，但從敦煌契約文書所揭上例可看出，唐五代敦煌寺院中的"算會"時間並不確定在"歲終"，不同部門就不同事務，因其方便，可以選擇不同的時間進行算會。

【遂養】

養育。

> 壬戌年三月三日，龍勒鄉百姓胡再成，今則遂養同母弟兄王保住男清朵作為腹子，共弟男□□等二人同父兒子。(《輯校》357 頁 P.3443《壬戌年（962?）龍勒鄉百姓胡再成養男契》)

按：

《漢語大詞典》未收"遂養"。

"遂"有養育義，例如《管子·兵法》："定宗廟，遂男女，官四分，則可以定威德，制法儀，出號令，然後可以一眾治民。"適應於漢語詞滙雙音化趨勢，"遂""養"同義聯合，表養育義。

【碎小】

年齡小。

> 赤心鄉百姓王再盈妻阿吳，為緣夫主早亡，男女碎小，无人求(救)濟，急(給)供[1]依(衣)食，債負深壙(廣)，今將福(腹)生兒慶德，柒歲，時丙子年正月廿五日，立契出賣与洪潤鄉百姓令狐信通，斷作時價乾濕共叁拾石。(《輯校》75 頁 S.3877 背《丙子年（916）赤心鄉百姓阿吳賣兒契（習字）》)

---

[1]《輯校》錄為"供急"，原件圖版作"急供"。

按：

《漢語大詞典》未收"碎小"。

今甘肅隴右方言稱孩子小或東西小為"碎"，如稱小孩為"碎娃娃"。"碎""小"同義聯合，指孩子年齡小。

【所要】【所有】【所是】【應有】

所有。

> 所要活業，任意分將。（《輯校》487 頁 S.6537 背《放妻書樣文》）

> 從今已後，至病可日，所要藥餌當直及將息物，亦自李家自出，待至能行日，算數計會。（《輯校》413 頁 S.5816《寅年（834?）節兒為楊謙讓打傷李條順處置憑》）

按：

《漢語大詞典》未收"所要"。

上例中"所要"為"所有"義，此種用法，亦見其他敦煌文獻，例如：

> 普光寺道場差發牓。沿道場所要什物等著何色目、名目、名數標於腳下：……（《敦煌社會經濟文獻真跡釋錄（四）》146 頁 S.2575 背 6—7《三月四日普光寺道場司差發牓》）

> ▢▢月廿一日，諸寺尊宿教授法律就靈圖寺▢▢[高]窟彌勒像。所要色縹麻膠等物，仰▢▢▢▢▢；所要人功，仰諸寺尊宿禪律有徒弟者。（《敦煌社會經濟文獻真跡釋錄（四）》106 頁 Дx.6065《吐蕃佔領敦煌時期乘恩貼》）

"所要"有"所有"義，原因可能為：(1)"要"為"有"之假借，"所要"實即"所有"；(2)"要"有"總歸、歸總"義，例如《史記·高祖功臣侯者年表序》："帝王者各殊禮而異務，要以成功爲統紀，豈可繩乎？"唐·劉長卿《送王員外歸朝》詩："往來无盡日，離別要逢春。""所要"即"所總"，進而產生所有義。

《漢語大詞典》"所有"之"整個、全部"義的首見例出自《水滸傳》。敦煌契約文書中"所有"頻頻出現，例如：

戊申年四月十六日，兵馬使徐留通往於西州充使，所有些些小事，兄弟三人對面商議。（《輯校》213 頁 P.3472《戊申年（948）兵馬使徐留通兄弟欠絹契》）

甲午年二月十九日索義成身著瓜州，所有父祖口分地叁拾貳畝分付与兄索懷義佃種。（《輯校》337 頁 P.3257《甲午年（934）索義成付与兄懷義佃種憑》）

所有莊上膿（農）具秋纏鐮鏵鏵袋器實（什）物等，並分付作兒身上。（《輯校》289 頁 P.3094 背《年代不詳雇工契》）

與"所有"詞義相同，敦煌契約文書還有"所是""應有"，例如：

所是城外莊田，城內屋舍，家活產業等，畜牧什物，恐後或有不亭爭論、偏併，或有无智滿說異端，遂令親眷相憎，骨肉相毀，便是吾不了事。今聞吾惺悟之時，所有家產田莊、畜牧什物等，已上並以分配，當自腳下，謹錄如後。（《輯校》523 頁 S.0343《析產遺書樣文》）

應有沿身使用農具，兼及畜乘，非理失脫傷損者，陪（賠）在厶甲身上。（《輯校》298 頁 S.1897《後梁龍德四年（924）燉煌鄉百姓張厶甲雇工契（樣文）》）

應有莊田、屋舍、家資、活具、一（衣）物，已上分付養男。（Дх.12012《清泰二年（935）正月一日燉煌鄉張富深養男契》）

敦煌契約文書中"所有"與"所是""所要""應有"並用，特別是上例 S.0343《析產遺書樣文》中"所是"和"所有"同時使用。從使用頻率看，"所有"占絕大多數，這說明"所有"是當時敦煌口語常用詞，而"所是""所要""應有"是帶有一定文言色彩的書面語。為了追求文辭的文言色彩，在個別契約中則出現"所是""所要""應有"。

【填】【充】【填還】【充還】【填納】【還納】【送納】【輸納】【呈納】【徵納】【交納】【受納】

【填】

敦煌契約文書中"填"有償還義，"填還""填納"等詞中"填"的語素義即償還。《漢語大詞典》"填"下釋"補充、抵償"，未釋"償還"。"填"之償還義，既能體現在語素義中，也能在"填"單用時體現在詞義中。例如：

> 今現施工，未得成辦。粮食罄盡，工直（值）未填。（《輯校》97
> 頁沙州文錄補《丑年（821?）五月金光明寺直歲僧明哲請便麥粟牒》）

【充】

"填""充"詞義相近，敦煌契約文書中"充"亦有償還義，"充還"中"充"的語素義即償還。《漢語大詞典》"充"下釋"當作、抵償"，未釋"償還"。"充"之償還義，既能在語素義中體現，也能在"充"單用時體現為詞義。例如：

> 如違不還，及有欠少不充，任將此帖掣奪家資，用充麥直。（《輯
> 校》319 頁 P.2858 背《酉年（829?）索海朝租地帖》）

【填還】【充還】

"填還""充還"即償還。《漢語大詞典》收"填還"，未收"充還"。敦煌契約文書"填還"多見，"充還"出現較少，例如：

> 洪池鄉百姓安員進父安緊子，伏緣家中貧乏，責（債）負深廣，
> 无物填還，有將前件口分舍出賣與莊客杜義全。（《輯校》24 頁北敦
> 08176 背《甲辰年（944）洪池鄉百姓安員進賣舍契》）
> 其絹限至來年立契月日，當便填還。（《輯校》185 頁 Дх.1377《乙
> 酉年（925）莫高鄉百姓張保全貸絹契》）

其絹利頭須還麥粟肆碩。次（此）絹限至來年田（填）還，若於限不還者，便看鄉原生利。（《輯校》180 頁 P.2817 背《辛巳年（921）燉煌鄉百姓郝獵丹貸生絹契（習字）》）

家中闕少極多，无處方始，今將腹 生男胡兒，質典与 押衙康富子面上。典生絹 ⊠⊠疋 充還債主。（Д х .1409《後梁貞明六年（921）押衙康富子雇工契》）

【填納】

敦煌契約文書中“填納”出現的語境，多為個人向寺院、政府償還所欠的糧食、布匹、租金等。“填”為償還，“納”為繳納，“填納”即向有關機構償還、繳納所欠債務、租金。《漢語大詞典》“填納”下釋“猶補繳”，引例為唐·白居易《奏閿鄉縣禁囚狀》：“今前件囚等，欠負官錢，誠合填納。”按，根據敦煌契約文書中“填納”用例，“填納”意義重點在“償還”，而非“補繳”，上《漢語大詞典》引例中的“填納”可解釋為“償還、繳納”。敦煌契約文書中“填納”例如：

伏望教授都頭倉貸便前件斛㪷，自至秋八月填納。（《輯校》97 頁沙州文錄補《丑年（821？）五月金光明寺直歲僧明哲請便麥粟牒》）

其布限十月已後（前）於儭司填納。如過十月已後至十二月勾填[1] 更加貳拾尺。（《輯校》62 頁 S.1350《唐大中五年（851）僧光鏡負儭布買釧契》）

清泰三年丁酉歲十二月，洪閏鄉百姓氾富川為家中力欠小（少），田（填）納兩戶地水七十畝，全緣□有定，母舍三口，兩家到（對）面買（賣）六歲庚（耕）牛。（《輯校》66 頁 S.2710《清泰四年（938）洪閏鄉百姓氾富川賣牛契（習字）》）

此外，敦煌契約文書中極個別的“填納”發生在個人和個人之間，這說明在詞義演變過程中，“填納”的償還義在強化，而“繳納”義在弱化。例如：

---

[1] “勾填”即勾消、償還債務。敦煌契約文書中“勾填”僅此一例，故不單列討論。

當寺僧義英无種子床，於僧海清邊便兩番碩。限至秋，依契填納。（《輯校》105 頁 S.1475 背《卯年（823?）靈圖寺僧義英便穀契》）

【還納】

"填"有"還"義，"還納"與"填納"同，也表示償還、繳納。例如：

□年三月一日，中元部［落］［百］［姓］［曹］清奴為无種子，今於□□寺僧＿＿＿＿手下佛物處便麥肆碩、故豆壹碩。自限至秋七月還納。（《輯校》152 頁 S.1291《年代不詳中元部落百姓曹清奴便麥豆契》）

按：

曹清奴從寺院佛物處借麥，限至秋七月還納，"還納"即償還、繳納所借之麥。另外，"還納"與"填納"一樣，在詞義演變過程中，"還"義加強，"納"義減弱。在一些個人之間的借貸契約中出現的"還納"，就只能按償還來理解。例如：

辛丑年四月三日立契。押衙羅賢信入奏充使，欠闕疋帛，遂於押衙范慶住面上貸生絹壹疋，長叄杖（丈）玖尺，幅闊壹尺九寸。其押衙回來之日還納，於尺數本利兩疋。（《輯校》203 頁 P.3458《辛丑年（941?）押衙羅賢信貸絹契》）

【送納】【輸納】；【呈納】；【徵納】【徵收】

敦煌契約文書中"送納""輸納"常見，"輸""送"義同，"送納"與"輸納"同，為輸送、繳納義。"呈"為上呈，"呈納"即繳納。例如：

其豆自限至秋八月卅日已前送納。（《輯校》111 頁 S.1475 背《酉年（829?）下部落百姓曹茂晟便豆契》）

其麥粟並限至秋八月內送納足。（《輯校》141 頁 P.2686《巳年（837?）普光寺人戶李和和便麥契》）

未年十月三日，上部落百姓安環清為突田債負，不辦輸納，今將前件地出買（賣）與同部落人武國子。（《輯校》1 頁 S.1475 背《未年（827?）上部落百姓安環清賣地契》）

地子逐年於官，員子逞（呈）納。（《輯校》327 頁 P.3155 背《唐天復四年（904）神沙鄉百姓僧令狐法性出租土地契（稿）》）

和"輸納"相應，敦煌契約文書又有"徵納"一詞。"輸納"為繳納，"徵納"為徵收，雙方詞義互補。例如：

每頭請種子伍拾馱。至秋輸納，不敢違遲。……准狀支給，至秋徵納。（《輯校》86—87 頁北敦 06359 背《辛丑年（821）龍興寺寺戶團頭李庭秀等請便麥牒》）

上例"至秋徵納"在其他請便麥牒中又作"至秋徵收"，例如：

依計料支給，至秋徵收。（《輯校》96 頁北敦 06359 背《丑年（821）報恩寺人戶圖頭劉沙沙請便麥牒》）

【交納】

"交納"在《輯校》164 頁出現一次。由於圖版中出現"交納"的語例殘缺，我們只能確定"交納"為交付義，但无法明確"交納"具體所指。《漢語大詞典》"交納"之交付義，首見宋代例。

【受納】

遷延不納，今再立限，至十一月五日於寺受納。（《輯校》156 頁 P.2487p5《年代不詳便麥契》）

按：

"受納"在《輯校》中出現一次。從字面理解，"受納"即接受繳納；但從"受納"所處語境分析，"受納"與"還納""送納"等詞義同。

【佃種】

耕種。

一賣已後，一任武國子修营佃種。（《輯校》1 頁 S.1475 背《未年（827?）上部落百姓安環清賣地契》）

其前件地祖（租）与員子貳拾貳年佃種。（《輯校》327 頁 P.3155

背《唐天復四年（904）神沙鄉百姓僧令狐法性出租土地契（稿）》）

　　甲午年二月十九日索義成身著瓜州，所有父祖口分地叁拾貳畝分付
与兄索懷義佃種。（《輯校》337 頁 P.3257《甲午年（934）索義成付
与兄懷義佃種憑》）

　　按：

　　《漢語大詞典》未收"佃種"。

　　佃（tián）為耕作義，如《漢書·韓安國傳》："方佃作時，請且罷屯。"
顏師古注："佃，治田也，音與田同。""佃""種"聯合，表耕種義。

【帖】【手帖】

【帖】

　　契約。

　　　　恐人无信，故立此帖。（《輯校》111 頁 S.1475 背《酉年（829?）
下部落百姓曹茂晟便豆契》）

　　　　如違不還，及有欠少不充，任將此帖掣奪家資，用充麥直。……
酉年二月十三日，索海朝立帖。身或東西不在，仰保填還。（《輯校》
319 頁 P.2858 背《酉年（829?）索海朝租地帖》）

　　按：

　　"恐人无信，故立此契"是敦煌契約文書常見套語，由此即可推知上例
"故立此帖"中的"帖"為契約義。《漢語大詞典》"帖"下未釋"契約"
義。《漢語大詞典》"帖"下釋"證券；單據；憑證"，首見宋代例。

【手帖】

　　本人親筆書寫的契約。

　　　　今恐前所由及晟子无信，故立私帖，用為後憑。十五日令狐晟子手
帖。（《輯校》414 頁 S.5827《年代不詳令狐晟子帖》）

　　　　恐人无信，故勒此契。卯年四月一日，張和和（子）手帖。中間或

身東西，一仰保人等代還。（《輯校》107 頁 S.6829 背《卯年（823?）
悉董薩部落百姓張和子預取造芘籬價麥契》）

按：

《漢語大詞典》"手帖"下釋："手寫的書信、文章之類。"上例中的
"手帖"與表示契約的"帖"對應，"手帖"當指本人親筆書寫的契約。

【亭（停）】；【不亭（停）】；【均亭（停）】；【中亭（停）】； 【亭（停）分】；【亭（停）支】

【亭、停】

"亭""停"有平均、公平義，如《淮南子·原道訓》："味者，甘立
而五味亭矣。"高誘注："亭，平也。"再如沈括《夢溪筆談·象數一》：
"凡移五十餘刻，立冬、立春之景方停。"

今甘肅隴西方言"亭（停）"仍有平均、公平義，例如：

把西瓜亭切開。

亭炕睡覺不扯氈。（昔日隴西一帶窮人睡覺，大家同蓋一條氈，故
謂睡在炕中不扯氈）

【不亭（停）】

所是城外莊田，城內屋舍，家活產業等畜牧什物，恐後或有不亭爭
論、偏並，或有无智滿說異端，遂令親眷相憎，骨肉相毀，便是吾不了
事。（《輯校》523 頁 S.0343《析產遺書樣文》）

按：

"亭""停"為平均、公平，"不亭（停）"則指不均勻、不公平。

【均亭（停）】

叔姪對座，以諸親近，一一對直再三，准折均亭，拋鉤為定。（《輯
校》463 頁 S.5647《分書樣文》）

按：

《漢語大詞典》未收"均亭"。

"均"與"亭"的同義聯合，義為平均、公平。

【中亭（停）】

断作地價，每尺兩碩，乾濕中亭，生絹伍疋，麥粟伍拾貳碩。（《輯校》30 頁 P.3649 背《後周顯德四年（957）燉煌鄉百姓吳盈順賣地契（習字）》）

断作月價，每月麥粟眾（中）亭一馱。（《輯校》278 頁 S.3011 背《辛酉年（961?）神沙鄉百姓李繼昌雇工契（習字）》）

断作雇價，每月一馱，麥粟各半。（《輯校》284 頁 P.3826 背《丁亥年（987）燉煌鄉百姓鄧憨多雇工契》）

按：

《漢語大詞典》未收"中亭"。

"亭"由平均、均勻義引申則有中分義，如"中午"亦可稱"亭午"。"中""亭"同義聯合，表示中分、均勻之義。"中亭"一詞的產生，一是為了適應漢語詞匯雙音化的趨勢，二是"中""亭"聯合，能更明晰地表達中分義。上例"乾濕中亭"即乾、濕各半；"麥粟各半"與"麥粟眾（中）亭"出現在雇工契的相同語境中，由此即可知"中亭"義為中分、對半。

【亭（停）分】

城內舍，堂南邊舍壹口，並院落地壹條，共弟懷盈二亭分。（《輯校》442 頁《天復九年（909）神沙鄉百姓董加盈兄弟分書》）

廚舍慢兒共進儒停分。（《輯校》446 頁 P.2985 背《年代不詳（10 世紀?）分宅舍書》）

按：

《漢語大詞典》收"停分"而未收"亭分"。

"亭分""停分"即平分，今甘肅隴右方言仍保存該詞。敦煌契約文書"亭分""停分"多見，例如《輯校》436—440 頁 P.3744《沙州僧張月光

敦煌契約文書語言研究
DUNHUANG QIYUE WENSHU YUYAN YANJIU

兄弟分書》一文既有"是故在城舍宅，兄弟三人停分為定"，又有"塞庭地及員佛圖地，兩家亭分"。"停分""亭分"出現在同一篇文書中，說明當時表示平均、公平義的"亭""停"是可以隨意通用的。其中道理，就如同我們用字時對"象""像"的區分並不嚴格一樣。

【亭（停）支】

佛堂門亭支，……園舍三人亭支。（《輯校》441 頁 S.2174《天復九年（909）神沙鄉百姓董加盈兄弟分書》）

又井道四家停支出入。不許隔截。（《輯校》21 頁 S.1285《後唐清泰三年（936）百姓楊忽律哺賣舍契》）

按：

"亭支""停支"即平均、公平地支配使用。

【頭下】【頭下戶】

龍興寺戶團頭李庭秀、段君子、曹昌晟、張金剛等狀上。右庭秀等並頭下人戶，家無著積。（《輯校》86 頁北敦 06359 背《辛丑年（821）龍興寺寺戶團頭李庭秀等請便麥牒》）

靈修寺戶團頭劉進國頭下戶王君子，戶麹海朝，戶賀再晟，已上戶各請便種子麥伍馱，都共計貳拾馱。（《輯校》92 頁北敦 06359 背《丑年（821）靈修寺寺戶團頭劉進國等請便麥牒》）

按：

《漢語大詞典》"頭下"釋"猶名下"，引宋代語例。上"便麥牒"中的"頭下"可理解為名下，即團頭名下。

向達先生在 50 年代末編寫的《中西交通史教學大綱》中指出："敦煌發現的卷子中常見頭下戶、團頭的名稱，這就是《遼史·地理志》和《食貨志》所說俘掠來的人口，又名投下，即是一種奴隸。"[1] 李錫厚先生認為：唐代頭下戶的概念，是把若干人戶聚合為團、保等組織，為首者稱團頭、保

---

[1] 向達《中西交通史教學大綱》，北京大學歷史系油印本，第 14—15 頁。

頭，其下屬即謂之"頭下戶"；遼朝的頭下制度即源於此，契丹軍事貴族聚合被俘掠的漢人建為漢城，並將他們編制為團，設團頭進行管轄，於是便把團頭下的漢人稱為頭下戶。[1]

【突】【突田】【突稅】【納突】

"突"為吐蕃語"dor"的音譯，可能指兩頭壯牛自朝至晚所能耕作的份量。[2] 吐蕃統治敦煌時期，實行突田制，"突"轉為土地計量單位，一突相當於唐代十畝。吐蕃實行的突田制，仍是一種計口授田的制度，其授田標準為每人一突。突田制度的實行與賦稅的交納有密切關係，這一時期的土地稅稱為"突田""突稅"，交納"突稅"則稱為"納突"。例如：

> 未年十月三日，上部落百姓安環清為突田債負，不辦輸納，今將前件地出買（賣）與同部落人武國子。（《輯校》1 頁 S.1475 背《未年（827?）上部落百姓安環清賣地契》）

> 酉年十一月行人部落百姓張七奴為納突不辦，於靈圖寺僧海清處便佛麥陸碩。（《輯校》113 頁 S.1475 背《酉年（829?）行人部落百姓張七奴便麥契》）

"突"由計量單位義引申，則變為量詞，例如：

> 索海朝租僧善惠城西陰安渠地兩突，每年價麥捌漢碩，仰海朝八月末已前依數填還了。（《輯校》319 頁 P.2858 背《酉年（829?）索海朝租地帖》）

> 授无窮地兩突，延康［地］兩突。（《輯校》508 頁 P.3410《年代不詳（840 前後）僧崇恩析產遺囑》）

"突"作為量詞，其前代、同時代及後代文獻中皆未見其用例，當為唐代敦煌社會經濟文書中新興的量詞。蘇暘《敦煌契約中的量詞》[3]："'突'字用作量詞，在同時代的詩文小說中未見。《廣韻》：'突，陀骨切。'定母沒韻入聲合口一等字。'段，徒玩切。'定母換韻去聲合口一等字。'突'

[1] 李錫厚《頭下與遼金"二稅戶"》，《文史》第三十八輯，1994 年。
[2] 參見姜伯勤《突地考》，《敦煌學輯刊》1984 年第 1 期。
[3] 蘇暘《敦煌契約中的量詞》，《江南大學學報》2003 年第 4 期。

和‘段’聲母相同，都是定母；韻母相近，都是合口一等字。因此，我們覺得，‘突’可能是‘段’的音近替代字。”按，上例“安渠地兩突”後有明確的數量“每年價麥捌漢碩”；“无窮地兩突，延康[地]兩突”為遺囑內容，為了避免不必要的分歧，遺囑中田地的分配數量要儘量精確，一般不會出現某某地兩段之類的籠統說法。鑒於以上原因，我們認為“突”作為田地的量詞，應有明確的數量（即 1 突 = 10 畝）。因此，“突”的量詞用法，當由“突田”之“突”引申而來，與“段”无關，

　　“突”之突田義和量詞義，《漢語大詞典》未收。

【徒眾】

　　僧眾。

　　　　庚子年十月廿六日立契。報恩寺徒眾就南沙莊上齊座筭會。（《輯校》374 頁 S.4116《庚子年（940）報恩寺牧羊人康富盈算會憑》）

　　按：

　　《漢語大詞典》“徒眾”下釋：(1) 兵眾；(2) 門徒。敦煌文書中“徒眾”多指普通僧眾。通過大量敦煌算會文書，可知當時普通僧眾能廣泛參與寺院的財產管理。例如：

　　　　光啟二年丙午歲十二月十五日，僧政、法律、判官、徒眾筭會。（《敦煌社會經濟文獻真跡釋錄（三）》328 頁 P.2838（2）《唐光啟二年（886）安國寺上座勝淨等諸色斛斗入破曆祆會牒殘卷》）

　　　　乾寧肆年丁巳歲正月十九日，當寺尊宿、法律、判官、徒眾等，就廚院廳內筭會直歲慶果手下斛斗。（《敦煌社會經濟文獻真跡釋錄三》335 頁 P.2974 背《唐乾寧四年（897）某寺諸色斛斗入破曆祆會稿》）

【推遷】

　　“死亡”之委婉語。

　　　　某年月日，厶甲緣己身染患，恐有推遷。今聞醒素（甦）之時，對兄弟子姪諸親等，遺囑微尠。（《輯校》526 頁 P.4001《遺書樣文》）

按：

《漢語大詞典》"推遷"下未釋"死亡"義。

汪啟濤《中古及近代法制文獻語言研究》[1]57頁對"推遷"之"死亡"義有討論。

W

【文歷】

文書。

　　文歷已訖，如有違者，一則犯其重罪，入獄無有出期，二乃於官受鞭一阡（千）。（《輯校》437頁P.3744《年代不詳（9世紀中期）僧張月光、張日興兄弟分書》）

按：

《漢語大詞典》"文歷（曆）"下釋"帳冊之類"，首見宋代例。分析上例"文曆"出現語境，上"文曆"當為文書義。

【穩審】

穩妥、審慎。

　　兩共對面穩審平章，更不許休悔。（《輯校》248頁S.3877背《戊戌年（878）洪潤鄉百姓令狐安定雇工契（習字）》）

按：

《漢語大詞典》"穩審"下未釋"穩妥、審慎"義。

【五親】

近親。

　　1.五親商量，養外孫進成為男。張富深更無貳意。應有莊田、屋舍、

---

[1]　汪啟濤《中古及近代法制文獻語言研究》，四川大學博士學位論文，2001年。

家資、活具，一物已上，分付養男。汝從[今]已後，恭謹六親，溫和鄰里，上交下接，莫失儒風，懇苦力田，勤耕考夜，緊把基本，就上加添，省酒非行，只是報吾心願。（Дх.12012《清泰二年（935）正月一日燉煌鄉張富深養男契》）

2. 所以五親商量，養甥甥某專甲男，姓名為如。……侍奉六親，成豎居本，莫信閑人構閃，左南直北。（《輯校》362頁S.5647《養男契樣文》）

3. 六親歡美，遠近似父子之恩；九族邕怡，四時而不曾更改。……飯飽衣全，意隔累年，五親何得團會。（《輯校》483—484頁S.5578《放妻書樣文》）

按：

《漢語大詞典》未收"五親"。

"五親"之說，當源於"六親"，乜小紅《俄藏敦煌契約文書研究》[1]認為："'六親'中，除去本人即是五親。"敦煌契約中，"五親"出現的文例中，大都有"六親"與之對應。分析以上文例，可知提及"六親"時，包括本人在內，如S.5647《養男契樣文》"侍奉六親"即包括侍奉養父本人在內；而提及"五親"時，一般不包括本人，如Дх.12012《張富深養男契》"五親商量"後有"張富深更無貳意"，可知養父張富深本人被排除在商量人之外。結合《輯校》358頁沙州文錄補《宋乾德二年（964）史汜三養男契》："弟史汜三前因不備，今無親生之子，請屈叔侄、親枝、姊妹、兄弟團座商量"，可知上例1、例2中的"五親"，大致與"叔侄、親枝、姊妹、兄弟"相應，這與一般理解的六親"父、子、兄、弟、夫、婦"有很大不同。因此，敦煌契約中的"五親"，可籠統理解為近親。

【物事】

東西、物品。

又萬日中間，條順不可，及有東西營局破用，合著多少物事，一一細算打牒，共鄉間老大計算收領，亦任一聽。（《輯校》413頁S.5816

---

[1] 乜小紅《俄藏敦煌契約文書研究》，上海古籍出版社2009年版，第202頁。

169

貳　敦煌契約文書詞語滙釋

《寅年（834?）節兒為楊謙讓打傷李條順處置憑》）

按：

《漢語大詞典》"物事"之"東西、物品"義首見《朱子語類》。

【物用】

生活資料。

如為（違）不還者，掣奪家資物用。（《輯校》159 頁 P.3192 背《唐大中十二年（858）燉煌鄉百姓孟憨奴便麥粟契》）

洪池鄉百姓何通子，伏緣家中常虧物用，經求无地，獲設謀機，遂將腹生男善宗只（質）典与押牙。（《輯校》348 頁北敦 02381 背《辛巳年（921?）洪池鄉百姓何通子典男契（習字）》）

按：

《漢語大詞典》"物用"之"生活資料"義首見元代例。

X

【下子】

播種。

種蒔當時，春无下子之功，秋乃憑何依託。（《輯校》86 頁北敦 06359 背《辛丑年（821）龍興寺寺戶團頭李庭秀等請便麥牒（附處分）》）

按：

《漢語大詞典》"下子"下未釋"播種"義。

【見（現）行】

現在的。

報恩寺徒眾就南沙莊上齊座笮會，牧羊人康富盈，除死抄外，並分付見行羊籍。（《輯校》374 頁 S.4116《庚子年（940）報恩寺牧羊人

康富盈算會憑》）

    見行大白羊羯陸口，貳齒白羊羯肆口，大白母壹拾捌口，白羊兒落悉无柒口，白羊女落悉无伍口。（《輯校》378 頁 Дx.1424《庚申（960）王拙羅寔雞領羊憑》）

按：

    “見”即“現”。“現行”即現在的。

    《漢語大詞典》“見行”下未釋“現在的”。《漢語大詞典》“現行”之“現在的”義首見清代例。

【鄉元】【鄉原】

    “看（於）鄉元生利”是敦煌契約常見套語，即依據地方慣例產生利息。《輯校》219 頁 P.3501 背《戊午年（958）兵馬使康員進貸絹契（習字）》：“若於限不還者，便於鄉例生利。”《輯校》185 頁 Дx.1377《乙酉年（925）莫高鄉百姓張保全貸絹契》：“若於限不還者，准鄉原例生利。”參照以上文獻，可知敦煌契約文書中“鄉元（原）”為“鄉元（原）例”之省。“元”“原”都有原初義，“鄉元（原）例”即地方原初的慣例。例如：

    若違時限不還，於鄉元生利。（《輯校》194 頁 P.3124《甲午年（934）鄧善子貸絹契》）

    若不還者，看鄉元生利。（《輯校》201 頁 P.3603 背《乙未年（935?）龍勒鄉百姓張定住貸絹契（習字）》）

    若不還者，看鄉原生利。（《輯校》188 頁 S.4445《己丑年（929?）龍家何願德貸褐契》）

    節下依鄉原例寬閑。（《輯校》263 頁 P.2415p1＋P.2869p5《乙酉年（925?）乾元寺僧寶香雇工契》）

【相諍】

    相爭。

    寅年八月十九日，楊謙讓共李條順相諍，遂打損經（脛）。（《輯

校》413 頁 S.5816《寅年（834？）節兒為楊謙讓打傷李條順處置憑》）

　　　數年不累，如貓鼠相諍。（《輯校 491 頁 P.4001《女人及丈夫手書樣文》）

　　　吾若死後，不許相諍。（《輯校》529 頁 S.6537 背《慈父遺書樣文》）

　按：

　　　《漢語大詞典》"相諍"下僅釋"直言規勸"。上例"相諍"之"諍"為"爭"之俗字，"相諍"即"相爭"。由於"爭論"與言語相關，在加上受"論"之義符類化影響，敦煌文書中"爭論"之"爭"多作"諍"，例如《輯校》526 頁 P.4001《遺書樣文》："恐有諍論，立此文書，用為後憑。""相爭"即相互爭論，敦煌契約文書中"相爭"多作"相諍"。

【行巷】

同巷近鄰。

　　　今對親姻行巷，所有些些貧資，田水家業，各自別居，分割如後。（《輯校》441　頁 S.2174《天復九年（909）神沙鄉百姓董加盈兄弟分書》）

　　　對諸親行巷老大，具立文書，抄錄分付諸親。（《輯校》428 頁 P.3146《年代不詳殘憑》）

　　　今　　候陰兼行巷村鄰，押抄示名為　　　　　。（《輯校》400 頁 P.2161 p2《年代不詳（十世紀初）兵馬使岳安□等還穀贖舍抄》）

　按：

　　　《漢語大詞典》未收"行巷"。

【醒甦】【醒素】【甦醒】；【惺悟】【醒悟】

清醒、明白。

　　　不是昏沉之語，並是醒甦之言。（《輯校》515 頁 S.2199《唐咸通六年（865）尼靈惠唯書》）

　　　今醒素之時，對兄弟子姪諸親等遺囑。（《輯校》521 頁 S.6537 背《遺

書樣文》）

今聞醒素之時，對兄弟子姪諸親等，遺囑微尠。（《輯校》526 頁 P.4001
《遺書樣文》）

聞吾惺悟，為留後語。吾若死後，或有喧則依吾囑矣。（《輯校》
529 頁 S.6537 背《慈父遺書樣文》）

今聞吾惺悟之時，所有家產、田莊、畜牧、什物等，已上並已分配。
（《輯校》523 頁 S.0343《析產遺書樣文》）

按：

敦煌契約文書之遺書類中常見"醒甦""醒素""惺悟"等詞。"醒甦"
即"甦醒"之倒文，與"甦醒"義同，例如《敦煌變文集·醜女緣起》："多
少內人噴水救，須臾得活却醒甦。""醒甦""甦醒"本為昏迷後醒過來之
義，引申則有明白、清醒義，如元·劉壎《隱居通議·理學二》："其辨析
《西銘》，平易朗徹，見者蘇（甦）醒。"上文"不是昏沉之語，並是醒甦
之言"之"醒甦之言"即清醒、明白之言。

"醒素"之"素"，為"甦"之借字。"醒素"即"醒甦"，"醒素之
時"即清醒、明白之時。《輯校》527 頁校記："'醒素'當作'醒悟'，
叁斯三四三背遺書樣文七行。"根據相關文例，"醒素"當作"醒甦"。

"醒悟"或作"惺悟"，指從昏迷、睡眠等狀態中清醒過來，引申則指
認識由模糊走向明白，再引申則有明白、清醒義。上文遺書中的"惺悟之時"
即指清醒、明白之時。根據遺書文例，"惺悟之時"與"醒素之時"義同，
這也是《輯校》把"醒素"校為"醒悟"的原因所在。

《漢語大詞典》"醒甦""蘇（甦）醒""惺悟""醒悟"諸詞條下均
未釋清醒、明白義。

【休廢】

停止、廢棄。

只欲休廢，恐石木難存。只欲就修，方圓不遂。（《輯校》97 頁
沙州文錄補《五年（821？）五月金光明寺直歲僧明哲請便麥粟牒》）

按：

《漢語大詞典》"休廢"下僅釋"衰敗"義。

【休悔】

後悔。

一定已後，不許休悔。（《輯校》6 頁 P.3394《唐大中六年（852）
僧張月光博地契》）

兩共對面平章，准法不許休悔。（《輯校》22 頁 S.1285《後唐清
泰三年（936）百姓楊忽律哺賣舍契》）

按：

《漢語大詞典》未收"休悔"。

"休悔"即"後悔"，"休""後"音近，[1]"休悔"之"休"即"後"
之假借。敦煌契約文書中不見"後悔"，說明唐五代敦煌地區人們習慣於將
"後悔"寫作"休悔"。

Y

【窈窕】

(1) 女子美好之態。

(2) 祝福女子能尋覓到心中理想的丈夫。

1. 從今已後，任意隨情，窈窕東西，大行南北。（《輯校》499 頁
S.5700《放家童青衣女書樣文》）

2. 今婦一別，更選重官雙職之夫，隨情窈宓（窕），美耷（齊）音
樂，琴瑟合韻。（《輯校》470 頁 P.3220《宋開寶十年（977）放妻書（習
字）》）

3. 娥媚秀柳，美娉窈窕之能（態），拔鬢抽綜（絲），巧逞芙蓉之好。

---

[1] 今甘肅隴右方言中表示"不要"的"休"仍讀為"hou"。

徐行南北，慢步東西，擇選高門，娉為貴室。（《輯校》504 頁 S.0343
背《放良書樣文》）

4.願妻娘子相離之後，重梳蟬鬢，美掃娥媚，巧逞窈窕之姿，選娉
高官之主。（《輯校》475 頁 S.0343 背《放妻書樣文》）

5.已歸一別，相隔之後，更選重官雙職之夫，弄影庭前，美逞琴瑟
合韻之態。（《輯校》477 頁 P.3730 背《放妻書樣文》）

按：

敦煌契約文書之"放良書""放妻書"中，經常化用經典名句"窈窕淑
女，君子好逑"，使"窈窕"在描寫女子美好之態的同時，成為主人對放良
人或丈夫對妻子的美好祝福：分別後，祝福對方能尋覓到心儀的丈夫。"窈
窕淑女，琴瑟友之"，"琴瑟"經常用以比喻夫妻間的美好感情，如宋·蘇
軾《答求親啟》"許敦兄弟之好，永結琴瑟之歡"。借助相關語境和"琴瑟"
詞義參證，可明上例中"窈窕"一方面指女子美好之態，另一方面也是對女
子美好的祝福。進而，可明例 1 "任意隨情，窈窕東西"[1] 與例 2 "隨情窈窕"
義同，即祝福女子能按照自己情感所系，找到理想的丈夫。

【應料】

應對、料理。

甲午年二月十九日，索義成身著瓜州，所有父祖口分地叁拾貳畝分
付与兄索懷義佃種。比至義成到沙州得來日，所著官司，諸雜、烽子、
官柴草等小大稅役，並惣兄懷義應料。（《輯校》337 頁 P.3257《甲午
年（934）索義成付与兄懷義佃種憑》）

按：

《漢語大詞典》未收"應料"。

---

[1] 曾良《敦煌文獻字義通釋》（廈門大學出版社 2001 年版）第 174 頁認為此例中的"窈窕"
為遊蕩、遠遊義；汪啟濤《中古及近代法制文獻語言研究》（四川大學博士學位論文，2001 年）
70 頁認為此例中的"窈窕"為"隨意"義。本書根據敦煌契約文書中的相關例證，僅解釋
"窈窕"在上例中的文義，至於"窈窕"是否有遊蕩、遠遊、隨意等義，暫存疑。

【用度】

莫高鄉百姓龍章祐弟祐定，伏緣家內窘闕，無物用度，今將父祖口分地兩畦子共貳畝中半，只（質）典已（与）蓮畔人押衙羅思朝。（《輯校》339頁S.0466《後周廣順三年（953）莫高鄉百姓龍章祐兄弟出典地契》）

為緣闕少用度，遂將本戶口分地出賣与同鄉百姓令狐進通。（《輯校》18頁S.3877背《天復九年己巳（909）洪潤鄉百姓安力子賣地契（習字）》）

為要物色用度，遂將前件地捌畝遂共同鄉鄰近百姓價員子商量，取員子上好生絹壹疋。（《輯校》327頁P.3155背《唐天復四年（904）神沙鄉百姓僧令狐法性出租土地契（稿）》）

按：

"用"為使用，"度"為度日。"用度"作為動詞，即為使用度日所需之基本物品、錢財，如上例"無物用度"；"用度"作為名詞，則為度日所需之基本生活物品、錢財，如上例"闕少用度""物色用度"。

敦煌契約文書中"用度"一詞的用法，正好能揭示"用度"的本源意義。《漢語大詞典》"用度"下釋："1. 費用；開支。2. 使用。"《漢語大詞典》所釋，儘管能在表面上解釋敦煌契約中"用度"的詞義，但無法揭示"用度"的本源意義。

【於】

依據，按照。

若違時限不還，於鄉元生利。（《輯校》194頁P.3124《甲午年（934）鄧善子貸絹契》）

口承人妻願春面上取於尺數本絹。（《輯校》239頁P.2119背《年代不詳貸絹契》）

身若東西不平善者，於口承弟幸達面上，於幅尺准契取本絹兼利。（《輯校》215頁P.2504p2《辛亥年（951）康幸全貸生絹契（習字）》）

中間若□別飾（識）認稱為主記者，仰留住覓於年歲人充替。（《輯

校》77 頁 P.3573p1《後梁貞明九年（923）索留住賣奴僕契》）

後有不於此契詳論者，罰綾壹疋，用充官中，仍罰麥拾伍碩，用充官粮。（《輯校》466 頁上圖 017（6）《分書樣文》）

按：

《漢語大詞典》"於"下釋"介詞。依。表示行為的依據。"敦煌契約文書中多見"於"之"依據、按照"義的實詞用法。上例"於鄉元生利"即按照地方慣例產生利息 [1]；"於尺數""於幅尺"即依據契約所規定的相應尺數；"於年歲"即依據契約所規定的相應年齡；"於此契"即按照契約規定。

【已】【以】；【与】；【如】

1. "已"和"以"的通用

"已"有停止、完畢、已經義，由此引申，"已"可表示時間、方位、數量界限。因此，從字用角度講，"已上""已後"之"已"是本字，"以上""以後"之"以"反而是"已"之借字。在敦煌契約文書中，"以上""以後""以西"等表示時間、方位、數量界限的"以"全做"已"。例如：

從今已後，不許諍論。（《輯校》431 頁 S.11332+P.2685《戊申年（828）善護遂恩兄弟分書》）

所有家產、田莊、畜牧、什物等，已上並已分配。（《輯校》523 頁 S.0343《析產遺書樣文》）

東至治穀場西牆直北已西為定（《輯校》436 頁 P.3744《年代不詳（9 世紀中期）僧張月光、張日興兄弟分書》）

2. "已""以"和"与""如"的借用

(1) "已""以"借作"与""如"等。

其兒慶德自出賣与（已）後，永世一任令狐進通家□充家僕，不許

---

[1]　"於鄉元生利"或作"看鄉元生利"，"看"亦有"依據、按照"義（詳《詞語滙釋》"看"）。《輯校》232 頁《壬午年（982）平康鄉百姓貸絹契（習字）》："其絹限至來年却還本絹，於看鄉元生利。""於""看"同義聯合，《輯校》在該例"於"下誤注"與"。

別人論理。（《輯校》75 頁 S.3877 背《丙子年（916）赤心鄉百姓阿吳賣兒契（習字）》）

兩共對面平章，一定与（已）後，不許休悔。（《輯校》325 頁 S.5927 背《唐天復二年（902）慈惠鄉百姓劉加興出租地契（習字）》）

自賣如（已）後，一任丑撻男女收餘居主（住），世代為主。（《輯校》33 頁北敦 03925 背《宋開寶九年（976）莫高鄉百姓鄭丑撻賣宅舍契（習字）》）

自雇如（已）後，便須兢兢造作，不得抛功壹日。（《輯校》280 頁北敦 03925 背《甲戌年（974）慈惠鄉百姓竇跛蹄雇工契（習字）》）

(2)“与”“如”借作“已”“以”。

今將父祖口分地兩畦子共貳畝中半，只（質）典已（与）蓮畔人押衙羅思朝。（《輯校》339 頁 S.0466《後周廣順三年（953）莫高鄉百姓龍章祐兄弟出典地契》）

天復玖年己□歲潤八月十二日，神沙鄉百姓賽田渠地，加和出買（賣）以（与）人。（《輯校》441 頁 S.2174《天復九年（909）神沙鄉百姓董加盈兄弟分書》）

今以（与）汝別，痛亦何言。（《輯校》534 頁 S.5647《遺書樣文》）

忽若偷他人牛羊麥粟苽菓菜茹，忽以（如）捉得，陪（賠）在自身祇當。（《輯校》276 頁 P.3649 背《丁巳年（957）莫高鄉百姓賀保定雇工契（習字）》）

3.“以”“已”“与”“如”的本用

(1) 表示“用以”“因為”等的“以”用本字。

如無替，一任和子圻（拆）其材梁，以充修本。（《輯校》436 頁 P.3744《年代不詳（9 世紀中期）僧張月光、張日興兄弟分書》）

夫以同胎共氣，昆季情深，玉葉金枝，相美兄弟。（《輯校》458 頁 S.6537 背《分書樣文》）

(2) 表示“已經”的“已”用本字。

軀（區）分已定，世代依之。一一分析，兄弟無違。文曆已訖，如有違者，一則犯其重罪，入獄無有出期，二乃於官受鞭一阡（千）。（《輯校》436頁P.3744《年代不詳（9世紀中期）僧張月光、張日興兄弟分書》）

吾今桑榆已逼，鐘漏將窮。（《輯校》523頁S.0343《析產遺書樣文》）

⑶ 表示“並列”“給与”等義的“与”多用本字。

吾与汝兒子、孫侄、家眷等，宿緣之會，今為骨肉之深，未得安排，遂有死奔之道。（《輯校》523頁S.0343《析產遺書樣文》）

如後有人忓恡識認，一仰安環清割上地佃種与國子。（《輯校》1—2頁S.1475背《未年（827?）上部落百姓安環清賣地契》）

⑷ 表示“如果”的“如”多用本字。

如先悔者，罰麥貳拾馱入軍粮，仍決丈（杖）卅。（《輯校》5頁P.3394《唐大中六年（852）僧張月光博地契》）

如若先悔者，罰上耕牛一頭，充入不悔人。（《輯校》19頁S.3877背《天復九年己巳（909）洪潤鄉百姓安力子賣地契（習字）》）

Z

【造作】【營作】

勞作。

龍鄉百姓張納雞家內欠少人力，遂取神鄉百姓就憨兒造作一年。（《輯校》250頁S.3877《甲寅年（894）龍勒鄉百姓張納雞雇工契（習字）》）

自雇已後，駈駈造作，不得左南直北閑行。（《輯校》272頁S.5578《戊申年（948?）燉煌鄉百姓李員昌雇工契》）

按：

敦煌雇工契中“造作”多見，根據相關語境，可知“造作”即勞作義。《漢語大詞典》“造作”下僅釋“製造、製作”義，敦煌契約文書中的“造作”可添補辭書對“造作”釋義的遺漏。

敦煌雇工契中“造作”與“營作”對應，《漢語大詞典》釋“營作”為勞作，由此亦可證"造作"之勞作義。例如：

赤心鄉百心（姓）宋多胡緣家內欠少人力，遂雇洪池鄉百性（姓）馬少住男營作九個月。（Дх.12012《丙申年（936）正月十日赤心鄉百姓雇工契》）

莫高鄉張再通為緣家中欠少人力，遂雇赤心鄉百姓萬定男永昌熒（營）作九個月。（《輯校》270頁P.3706背《丙午年（946?）莫高鄉張再通雇工契（習字）》）

敦煌雇工契中與"造作""營作"相應，又有"造作營種"，例如：

燉煌鄉百姓蘇流奴，伏緣家內欠少人力，遂於效谷鄉百姓韓德兒面上雇壯兒，造作營種。（《輯校》262頁S.5509背《甲申年（924?）燉煌鄉百姓蘇流奴雇工契（習字）》）

龍勒鄉百姓賢者樊再昇伏緣家中欠少人力，遂於（雇）效谷鄉百姓氾再員造作營種。（《輯校》283頁S.6452背《癸未年（983）龍勒鄉百姓樊再昇雇工契（習字）》）

"營種"指種植，例如《通典·食貨七》："五十畝以上為私田，任其自營種。"敦煌雇工契"造作""營作"後多有"所有莊上農具，並分付作兒身上"之類的套語，由此可知敦煌雇工契中的"造作""營作"主要指耕作。[1]

【債負】

所欠的債。

未年十月三日，上部落百姓安環清為突田債負，不辦輸納，今將前件地出買（賣）與同部落人武國子。（《輯校》1頁S.1475背《未年（827?）上部落百姓安環清賣地契》）

赤心□□□阿鸞二人家內欠少，債負深廣，無物填還。（《輯校》

---

[1] 王雲路《中古漢語詞匯史》（商務印書館2010年版）176頁、208頁等處釋"造作"為"建造、製造"義，並在209頁指出："以上（筆者按，'造作'等）雙音詞的含義都由前一個語素決定，我們稱為前語素。而後一個語素'作'都不決定詞語含義，只表抽象概括義，表示意義類別，我們稱為後語素。"按，從敦煌契約文書"造作"的使用情況看，前語素"造"已不再決定"造作"的具體義，"造"和"作"一樣，都虛化表示抽象概括義，"造作"即"勞作"。

35 頁 S.1398《宋太平興國七年（982）赤心鄉百姓呂住盈、呂阿鸞兄弟賣地契（習字）》）

未年潤十月廿五日，尼明相為無粮食及有債負，今將前件牛出賣与張抱玉。（《輯校》55 頁 S.5820+S.5826《未年（803）尼明相賣牛契》）

按：

《漢語大詞典》"債負"之"所欠的債"義首見《儒林外史》例。

【針草】

喻極細小的事物或極細微之處。

亦不得侵損他［人］田苗、針草，須守本分。（《輯校》299 頁 S.1897《後梁龍德四年（924）燉煌鄉百姓張厶甲雇工契（樣文）》）

若也聽人構厭，左南直北，拗揆東西，不聽者當日□（空）手趁出門外，針草莫与，便招五逆之子，更莫再看。（《輯校》370 頁 P.4075 背《養男契樣文》）

吾若後更有男女出者，針草亭支。（Дx.12012《清泰二年（935）正月一日燉煌鄉張富深養男契》）

今則兄某乙、弟某甲，今對諸親村鄰，針草分割。（Дx.12012《兄弟分書樣文》）

按：

《漢語大詞典》未收"針草"，收"針芥"。"芥"指小草，"針芥"與"針草"同。《漢語大詞典》"針芥"下首見清代例。

【知】

敦煌契約文書末尾個別債務人或債務相關人姓名後書寫"知"，例如《輯校》211 頁 P.3004《乙巳年（945）兵馬使徐留通欠絹契》末尾：

還絹人兵馬使徐留通　知

還人徐留慶　同知

還絹人弟徐盈達　知

按：

敦煌契約文書中"抵當"多作"知當"，"抵當"即抵償、擔當（詳"抵當"）。契約末尾債務相關人姓名後的"知"即"抵"之借，用以明確契約規定債務的償還者和擔當者。由於是債務的擔當者，因此和"知"相關的人首先是借債當事人，例如上例"兵馬使徐留通"即貸絹人。為了防止債務人在還債期間發生意外（死亡、逃避等），債主必然要儘量擴大債務承擔者的範圍，因此，債務人的兄弟、妻兒等最親近的人的姓名也經常出現在契約末尾，成為債務的擔當者。例如上例"徐留慶"即"徐留通"之兄，"徐盈達"即"徐留通"之弟。

"知"在敦煌契約中頻頻出現，沿用一久，則在一些契約中，"知"逐漸演變成一種形式的套用。例如《輯校》22 頁 S.1285《後唐清泰三年（936）百姓楊忽律哺賣舍契》出現："鄰見人張威賢　知。""見人"只是契約雙方交易的證人，本來不具有承擔債務的責任。此件賣舍契前已說明"其舍及物當日交相分付訖，更无玄（懸）欠"，因此契約雙方所關注的不再是債務的償還，而是怕其中一方以後反悔，該件契約末尾出現的"見人"多達七個，其目的就是為了防止契約某方以後反悔。該件契約"鄰見人張威賢"出現在契約"見人"姓名的最後，"知"出現在該件契約最末，與其相應的"張威賢"恐怕只是契約責任形式上的擔當者（詳"知見"）。

"知"既成為形式的套用，則契約中"知"的擔當義逐漸消失，而"知"本身的知曉義則逐漸顯現。甘肅隴西方言中有"知單"一詞，謂請客或通知某事的帖子，上列有關姓名，有關人員看完後，在自己名下簽個"知"字，表示"知道了"。"知"的這種用法，可能和契約及其他帖子中"知"的套用有一定關係。

【知見】

證人。

知見親情米願昌；知見親情米願盈；知見竝畔村人楊清忽；知見親情開元寺僧願通。（《輯校》350 頁 P.3964《乙未年（935?）塑匠趙僧

子典男契》）

　　知見報恩寺僧丑捷；知見龍興寺樂善安法律。（《輯校》79 頁 S.1946《宋淳化二年（991）押衙韓願定賣妮子契》）

　　知見人押衙李阿朵奴。（《輯校》199 頁 Дх.2143《乙未年（935?）押衙索勝全貸絹契》）

　　按：

　　《漢語大詞典》"知見"下未釋"證人"義。

　　《輯校》22 頁 S.1285《後唐清泰三年（936）百姓楊忽律啒賣舍契》末尾"鄰見人張威賢"後書"知"，"見人"即契約的證人，"知"用於明確契約責任的擔當者。"見人"後書"知"，則"張威賢"既是契約的證人，又是契約責任的擔當者。敦煌契約文書多見"知見"，分析"知見"語義合成方式，則"知見"當為契約證人和責任擔當者合二為一的稱呼。我們在"知"下分析，"鄰見人張威賢"可能只是契約責任形式上的擔當者。分析敦煌契約文書"知見"的出現語境，我們可進一步明確"知見"的詞義經過演變之後，"知見"的主要身份為"見（證人）"，而"知（責任人）"的身份則更多是一種形式。例如《輯校》234 頁 S.0766 背《甲申年（984）平康鄉百姓曹延延貸絹契》已說明："若或延延身東西不平善者，一仰口承男吉成面上取好本絹壹定。"並且契約末尾有"口承兄曹延昌"的花押。在契約責任有明確承擔者的前提下，該件契約末尾出現"知見人河（何）阿父奴"，該"知見人"的職責自然只能是"見人"，而"知"的職責可以說幾乎沒有。

【質典】

抵押、典當。

　　今將父祖口分地兩畦子共貳畝中半，只（質）典已（与）蓮畔人押衙羅思朝。（《輯校》339 頁 S.0466《後周廣順三年（953）莫高鄉百姓龍章祐兄弟出典地契》）

　　今有腹生男苟子，只（質）典与親家翁賢者李千定。（《輯校》349 頁 P.3964《乙未年（935?）塑匠趙僧子典男契》）

按：

《漢語大詞典》"質典"首見元代例。

敦煌契約文書中"質典"之"質"多假借作"只"。

【種金】

種金壹付。（《輯校》433 頁 S.11332+P.2685《戊申年（828）善護遂恩兄弟分書》）

百姓王太嬌為无粮用，便粟叄碩，其典種金壹。（《輯校》167 頁 P.3666 背《年代不詳百姓王太嬌便粟契》）

其典勿（物）大華（鏵）一孔，眾（種）金一付[1]。（《輯校》159 頁 P.3192 背《唐大中十二年（858）燉煌鄉百姓孟慇奴便麥粟契》）

按：

《漢語大詞典》未收"種金"。

上例"蘳金"之"蘳"為"種"的異體字。"種金"可能指種植用的某種金屬器具。由於文獻不足，我們无法明確"種金"具體為哪種器具。上例《戊申年（828）善護遂恩兄弟分書》"蘳金"前後出現"鏵壹孔""鍬壹張""钁壹具"，根據量詞的搭配情況，可初步把"鏵""鍬""钁"排除在"種金"之外。

【逐】：【逐日】【逐月】【逐年】

每：每日，每月，每年。

1. 從入雇已後，便須逐月逐日馱馱入作，不得拋却作功。（《輯校》263 頁 P.2415p1+P.2869p5《乙酉年（925?）乾元寺僧寶香雇工契》）

2. 或若兄弟相爭，延引拋功，便同雇人逐日加物叄斗。（《輯校》351 頁 P.3150《癸卯年（943?）慈惠鄉百姓吳慶順典身契》）

3. 如拋公（工）一日，逐[日]勒物一斗。（Дx.12012《丙申年（936）正月十日赤心鄉百姓雇工契》）

4. 斷作雇價，從正月至九月末造作，逐月壹馱。（《輯校》298 頁

---

[1]《輯校》誤錄"眾金一付"為"眾釜一當"。

184

S.1897《後梁龍德四年（924）燉煌鄉百姓張厶甲雇工契（樣文）》）

5.其絹限壹個月還，若得壹個月不還絹者，逐月於鄉原生裹（利）。（《輯校》197 頁 S.4504《乙未年（935？）押衙就弘子貸絹契（習字）》）

6.地子逐年於官，員子逞納。（《輯校》327 頁 P.3155 背《唐天復四年（904）神沙鄉百姓僧令狐法性出租土地契（稿）》）

7.其羊逐年保生 □□□ 羊一分。（《輯校》292 頁 Дx.1323+5942《年代不詳押衙劉某雇牧羊人契》）

按：

《漢語大詞典》“逐”下釋“依次；一個挨着一個”，並引清·李調元《劓說·自宋以來多用逐為辭》：“自宋以來多用逐字爲辭，如逐人、逐事、逐件、逐年、逐月、逐時之類，皆謂隨其事物以爲區處，无所脫漏，故云逐也。”

“每”有“逐個”義，“逐”“每”義通，敦煌契約文書中的“逐日”“逐月”“逐年”相當於“每日”“每月”“每年”。

《漢語大詞典》“逐日”下釋“一天接一天；每天”，引例為唐·白居易《首夏》詩：“料錢隨月用，生計逐日營。”《西遊記》第二十六回：“我聞大聖棄道從釋，脫性命保護唐僧往西天取經，逐日奔波山路，那些兒得閑，却來耍子？”按，“生計逐日營”可理解為“生計一日一日地經營”，“逐日奔波山路”則需理解為“每日奔波在山路”。上敦煌契約例1“便須逐月逐日馯馯入作”即“便須每月每日勤懇耕作”，敦煌契約文書“逐日”例可提前“逐日”之“每日”義的辭書引例時代。

《漢語大詞典》“逐月”下僅釋“一月一月地”，首見清代例。上例4“逐月壹馱”在相關雇工契中多作“每月壹馱”，如《輯校》276 頁 P.3649 背《丁巳年（957）莫高鄉百姓賀保定雇工契（習字）》：“斷作雇價，每月壹馱，乾濕中亭。”敦煌契約文書“逐月”例既可提前“逐月”的辭書引例時代，也可增添辭書對“逐月”的釋義。

《漢語大詞典》“逐年”下僅釋“一年一年地”。上例6、7“逐年”為“每年”義，此種用法，可增添辭書對“逐年”的釋義。

【主己】【主記】

主人。

壹博已後,各自收地,入官措案為定,永為主己。(《輯校》5 頁 P.3394
《唐大中六年（852）僧張月光博地契》)

其舍一買已後, 中間若有親姻兄弟兼及別人稱為主己者, 一仰舊舍
主張義全及男粉子支子祇當還替,不忏買舍人之事。(《輯校》10 頁 S.3877
背《唐乾寧四年（897）平康鄉百姓張義全賣舍契（習字）》)

按:

《漢語大詞典》未收"主己"。

"主"為主人, "己"為自己, "主""己"近義聯合,表"主人"義。
敦煌契約文書中"主己"多作"主記", 例如:

一定已後, 其舍各自永充主記。(《輯校》12 頁 S.3877 背《唐天
復二年（902）赤心鄉百姓曹大行回換舍地契（習字）》)

自賣已後, 其地永任進通男子孫息姪世世為主記。(《輯校》18
頁 S.3877 背《天復九年己巳（909）洪潤鄉百姓安力子賣地契（習字）》)

其舍一買後, 任張骨子永世便為主記居住。(《輯校》26 頁 P.3331
《後周顯德三年（956）兵馬使張骨子買舍契》)

【著（着）】

(1)受……限制。

如違, 其麥［請］［倍］為肆漢碩, 仍任不著領（令）六（律）,
牽掣家資雜物,［用］充麥直, 有剩不在論限。(《輯校》122 頁 S.1475
背《年代不詳阿骨薩部落百姓趙卿卿便麥契》)

如違限不納, 其車請不著領（令）六（律）, 任[1]寺收將。(《輯校》
139 頁 P.3422 背《卯年（835?）曷骨薩部落百姓武光兒便麥契》)

按:

"著"由"附著、依附"義引申為"受……限制"義,《漢語大詞典》

---

[1]《輯校》錄"任"為"住"。

"著"下未釋"受……限制"義。

(2) 到某地去。

押衙索勝全次著于闐去，遂於翟押衙面上換大馱馬壹疋。（Дх.2143《乙未年（935?）押衙索勝全換馬[1]契》）

甲午年二月十九日，索義成身著瓜州，所有父祖口分地叄拾貳畝，分付与兄索懷義佃種。（《輯校》P.3257《甲午年（934）索義成付与兄懷義佃種憑》）

按：

《漢語大詞典》"著"下釋"介詞。向，朝。表示動作行為的方向"，例如宋·陳亮《最高樓·詠梅》詞："花不向沉香亭上看，樹不著唐昌宮裏觀。"按，"著"之介詞"向、朝"義的出現，應該有個實詞虛化的過程。上二例中的"著"為動詞，"次著于闐去"即"使次到于闐去"，"身著瓜州"即"人到瓜州去"。P.3257案卷中與"身著瓜州"相關的表述有"遣著瓜州"，"遣著瓜州"即發配到瓜州。《漢語大詞典》未釋"著"之"到某地去"義。"著"的這種用法，很可能是"著"之介詞"向、朝"義虛化前的實義。

或，"著"有介詞"在"義，表示處所，"身著瓜州"即身在瓜州，"遣著瓜州"即發配在瓜州。

(3) 表示使令。

於限不還者，絹利著梁都頭還。（《輯校》228頁S.4884《辛未年（971?）押牙梁保德貸褐還絹契》）

比至三月十五日，著還出褐叄段，白褐壹段。（《輯校》187頁S.4445《己丑年（929?）陳佛德貸褐契》）

按：

"著"有使令义，例如唐·王建《和蔣學士新授章服》："看宣賜處驚回眼，著謝恩時便稱身。"上例"著梁都頭還"即讓梁都頭還，"著還"即要求還。

---

[1] 《輯校》199頁認為該契約性質為貸絹契。

(4) 假借作"折"。折合義。

　　已前計地皮一千八百三十六尺九寸,合着物五百五十一石七升。(《輯校》47 頁 S.4707+S.6067《年代不詳賣宅舍契》)

　　斷作舍物,每尺兩碩貳斗五升。准地皮尺數,算着舍價物貳拾玖碩五斗陸升九合五圭,幹濕各半。(《輯校》33 頁北敦 03925 背《宋開寶九年(976)莫高鄉百姓鄭丑撻賣宅舍契(習字)》)

　　及有東西營局破用,合着多少物事,一一細算打牒,共鄉間老大計算收領。(《輯校》413 頁 S.5816《寅年(834?)節兒為楊謙讓打傷李條順處置憑》)

　　按:

　　上例"着物……"即折合物若干;"算着……"即經計算,折合物若干;"合着……"即總共折合物若干。

　　與"着"相應,敦煌契約文書中表"折合"的本字"折"也多次出現,同時也有"折物"用例。例如:

　　又領得麥肆石,昌褐貳丈,又斜褐一段丈五,又出褐丈肆。已前褐准尺數折物捌石。(《輯校》390 頁 Дx.1417《丙子年(976?)楊某領得地價物抄》)

　　又斜褐壹段丈玖尺,折土布伍拾尺。(《輯校》402 頁 S.6308《丙辰年(956?)某僧政付唐養子地價麥粟褐憑》)

　　其麥平章日付布壹疋,折麥肆碩貳斗,又折先負慈燈麥兩碩壹斗,余欠氾英振壹碩柒斗,畢功日分付。(《輯校》242 頁北敦 06359 背《寅年(822)僧慈燈雇博士氾英振造佛堂契》)

【准折】

　　折算;折合;抵償。

　　生絹壹疋,長叁丈柒尺三寸,准折濕物貳拾伍碩;白斜褐叁段,計肆拾捌尺,准折物玖碩陸斗。(《輯校》390 頁 Дx.1417《丙子年(976?)楊某領得地價物抄》)

壹卧伍升銅鐺壹口，准折麥粟拾碩。（《輯校》452 頁北敦 09293《年代不詳令狐留留叔侄共東四防兄弟分產書》）

其舍准數□□斛卧玖碩，內伍碩准折進通屋木，更肆碩，當日交相分付，一无玄（懸）欠。（《輯校》12 頁 S.3877 背《唐天復二年（902）赤心鄉百姓曹大行回換舍地契（習字）》）

右件分割家汦（沿）、活具、十（什）物，叔侄對坐，以諸親近，一一對直再三，准折均亭，拋鈎為定。（《輯校》463 頁 S.5647《分書樣文》）

按：

“准”有折算、折合、抵償義，如《管子·山至數》：“君有山，山有金以立幣，以幣准穀而授祿。”《南齊書·王敬則傳》：“漸及元嘉，物價轉賤，私貨則束直六千，官受則匹准五百。”“准”“折”同義聯合，為折算、折合、抵償義。《漢語大詞典》“准折”下釋“償還、抵償”義，但其語例遲至近代，敦煌契約文書用例可提前“准折”語例時代。

【左右】

四處閑逛。

自取物後，人无雇價，物无利頭，便任索家馳馳。比至還得物日，不許左右。（《輯校》351 頁 P.3150《癸卯年（943？）慈惠鄉百姓吳慶順典身契》）

按：

《漢語大詞典》“左右”下未釋“四處閑逛”義。

敦煌契約文書之典身契與雇工契的部分套語的表達方式相似，上例中的“左右”，意思與敦煌雇工契中的“左南直北”相同。例如《輯校》272 頁 S.5578《戊申年（948？）燉煌鄉百姓李員昌雇工契》：“自雇已後，駈駈造作，不得左南直北閑行。”《輯校》276 頁 P.3649 背《丁巳年（957）莫高鄉百姓賀保定雇工契（習字）》：“自雇已後，便須駈駈造作，不得忙時左南直北。”這兩例中的“駈駈造作”可與上例中的“駈馳”對應，

"不得左南直北"可與"不許左右"對應。"不得左南直北""不許左右"
即不許四處閑逛。

【作人】【作兒】【廝兒】

打工者。

牛畜違打，倍（賠）在作人身。（《輯校》248 頁 S.3877 背《戊戌年（878）
洪潤鄉百姓令狐安定雇工契（習字）》）

更若畔上失他（脫）主人農具鏵鏵鐮刀鍬鑊袋器什物者，陪（賠）
在作兒身上。若分付主人，不忏作兒之事。（《輯校》276 頁 P.3649 背
《丁巳年（957）莫高鄉百姓賀保定雇工契（習字）》）

若作兒手上使用籠具鐮刀鏵鏵鍬鑊袋器什［物］等，畔上拋扶
（失）打損，裝（賠）在作兒身，不關主人之事。若收到家中，不
關作兒之事。若作兒偷他苽菓菜如（茹）羊牛等，忽如足（捉）得者，
仰在作兒身上。若作兒病者，算日勒價。作兒賊打將去，壹看大例。
（《輯校》280 頁北敦 03925 背《甲戌年（974）慈惠鄉百姓竇跛蹄
雇工契（習字）》）

其廝兒白（自）雇後一任造作，不得拋［功］一日。（《輯校》
268 頁 S.10564《庚子年（940?）洪潤鄉百姓陰富晟雇工契（習字）》）

按：

"作人""作兒""廝兒"在敦煌雇工契中指被雇傭的打工者。

《漢語大詞典》"作人"下釋"指役夫、匠人等勞動者"。

《漢語大詞典》未收"作兒"。"兒"與"人"通，並且"兒"在稱謂
中能增添親近色彩，敦煌雇工契中的"作兒"即"作人"。

《漢語大詞典》"廝兒"下釋"小男孩"義和"輕蔑的稱呼，猶言小子"
義。上二釋義，不能解釋敦煌雇工契中的"廝兒"。"廝"在古代指幹粗活
的男性奴隸或僕役，則"廝兒"與"作兒"義同。"兒"的出現，使稱呼變
得更加親切，敦煌契約中，"廝兒""作兒"之"兒"，與小男孩无關。

敦煌契約文書選註

　　本章選取敦煌契約文書中內容典型、篇幅完整的賣地契、賣舍契、賣牛契、賣人契、便麥契、貸絹契、雇工契、雇駝契、租地契、典身契、養男契、算會憑、分書、放書、遺書等進行注釋。注釋內容，主要包括：(1)《敦煌契約文書輯校》錄文、注釋、標點等問題的勘正；(2) 字形分析：考釋俗字和難字，並分析敦煌契約文書中記錄同一詞的眾多字形之間的異寫、異構[1]、假借關係；(3) 詞語解釋：彙集並箋注前人的考釋，前人未作考釋或考釋有誤的，本人重新考釋；(4) 疏通句義，並分析句義的深層含義及文化背景；(5) 契約術語、契約文體分析；(6) 歷史、法律、文化、民俗等相關說明。

---

[1] "異寫""異構"採用王寧師《漢字構形學講座》中的概念：異寫字指因寫法不同而形成的異體字；異構字為因構件不同而形成的異體字。

S.1475 背：1 [1] 未年（827？）上部落百姓安環清買地契

1. [2]宜秋 [1] 十里西支地 [2] 壹段，共柒畦 [3] 拾 [4] 畝（東道，西渠，南索晟，北武再再 [5]）。

2. 未年十月三日，上部落 [6] 百姓安環清為

3. 突田 [7] 債負 [8]，不辦輸納 [9]，今將前件 [10] 地

4. 出買（賣）[11] 与 [12] 同部落人武國子。其地畝別

5. 斷 [13] 作 [14] 斛斗 [15]（漢斗）[16] 壹碩 [17] 陸斗，都計麥壹拾

6. 伍碩，粟壹碩，並漢斗。一 [18] 賣已後 [19]，一任 [20] 武

7. 國子修營 [21] 佃種 [22]。如後有人忓惚 [23] 識認 [24]，

8. 一仰 [25] 安環清割上地 [26] 佃種与國子。其地

9. 及麥當日交相 [27] 分付 [28]，一無 [29] 懸欠 [30]。一賣 [後]，

10. 如若先飜悔 [31]，罰麥伍碩，入不悔人。

11. 已後若　　恩勑 [32]，安清 [33] 罰金伍兩納入

12. 官。[34] 官有政法，人從私契。[35] 兩共平章 [36]，書指為記 [37]。

13. 地主安環清年廿一

14. 母安年五十二 [38]（倒書）　　師叔正燈（押）

15. 見人 [39] 張良友（倒書）　　姊夫安恒子

注：

[1] 宜秋：敦煌文書中有"宜秋西支渠""宜秋東支渠""宜秋渠"。據《沙州圖經》記載，"宜秋渠"為敦煌縣七條灌渠之一。[3] 此文中的"宜秋"，疑為"宜秋渠"之簡稱。

[2] 支地：《輯校》4頁 P.3394《唐大中六年（852）僧張月光博地契》

---

[1] 選文標題中冒號後的數字為該契約在《敦煌契約文書輯校》中的頁碼；如冒號後無數字，則說明《敦煌契約文書輯校》未收該契約。後同。

[2] 錄文前的數字為該錄文在契約原件圖版中的行列位置。

[3] 參見 [俄] 丘古耶夫斯基《敦煌漢文文書》，上海古籍出版社 2000 年版，第 181 頁。

首句"[宜][秋][平]都南枝渠上界舍地壹畦壹畝";《輯校》7頁P.2595《唐乾符二年（875）慈惠鄉陳都知賣地契（習字）》首句"厶坊東壁上空地一院"。以上相關地契中的"舍地""空地"都為名詞，"舍""空"為"地"的修飾語，表示地的性質或狀態。參照相關文例，可知此件中的"支地"即條形地（"支"為"枝"之借），"支地（條形地）"與下文"壹段"之"段"正好相應。

[3] 畦：古代土地面積單位，通常為五十畝。但在敦煌契約文書中，根據畦與畝之間的對應關係，可知"畦"大小不定，如《輯校》4頁P.3394《唐大中六年（852）僧張月光博地契》中有"舍地壹畦壹畝""藺地叁畦共肆畝""下界地一段叁畦共二十畝"等。

[4] 本件中"壹段""柒畦拾畝""壹碩陸𣃁""壹拾伍碩"等中的數字都採用大寫，這反映了契約文書使用數字的特色：為防止他人竄改契約，契約中重要的數字一般採用大寫。出於同樣的道理，作為計量單位的"石""斗""丈"等在契約文書中也大都作"碩""𣃁""仗"，如本件後文"壹碩陸𣃁"等。

不少學者對大寫數字的起源問題進行過深入研究，其中以顧炎武的"始於武則天"說影響最大，如《辭源》"貳"字下引顧炎武"數字作壹貳叁肆捌玖等字，皆唐武后所改"，《漢語大字典》"玖"下第②個義項"'九'字的大寫。唐武則天時所改"。敦煌契約以及唐前契約的面世，已證實顧炎武的說法不符合實際。就此，張涌泉先生在其《漢語俗字研究》[1]367—373頁"數目用大寫字探源"中指出：在公元四世紀前後（東晉末年）人們已開始有意識地在券契中使用大寫數字，到了公元五、六世紀，這種用法進一步得到普及；唐武后時大量使用大寫數字，只不過是承襲了祖宗的成法而已。

[5] 契約原件中東西南北的說明為雙排豎行小字。通過東西南北的說明，限定買賣之地的具體位置和大小。詳《詞語匯釋》"四至"。

[6] 部落：敦煌在吐蕃管轄時期，吐蕃統治者廢除了沙州的縣、鄉、里等各級行政機構，實行部落制。[俄]丘古耶夫斯基《敦煌漢文文書》165

---

[1] 張涌泉《漢語俗字研究（增訂本）》，商務印書館2010年版。

頁認為"部落"出自突厥語"布拉克"，吐蕃語為 Ston—sde。

上部落：行人部落分為上、下兩部，分別稱為上部落和下部落。（詳 S.1475 背《酉年（829?）行人部落百姓張七奴便麥契》"行人部落"注）

[7] "突"為吐蕃統治敦煌時期所使用的土地計量單位，一突相當於唐代 10 畝，根據田地面積所交納的稅收稱為"突稅"。（詳《詞語匯釋》"突"）所謂"突田債負，不辦輸納"，即負債累累，无力交納"突稅"。

[8] 債負：所欠的債。詳《詞語匯釋》"債負"。

[9] 輸納：繳納。例如唐·韓愈《縣齋有懷》詩："官租日輸納，村酒時邀迓。"

[10] 前件：前已述及的人或事物。敦煌契約文書中與此相關的術語還有"上件""右件"等。詳《詞語匯釋》"前件、上件、右件"下。

[11] 由於契約書寫者不同的用字習慣和文化水準，敦煌契約文書中"買""賣"的使用十分混亂。從使用頻率看，敦煌契約文書中"出買"多次出現，而"出賣"出現很少。

[12] 与：敦煌契約文書中"与"多為簡寫，《輯校》統一錄"与"為繁體"與"。

[13] 断：斷決，裁決。敦煌契約文書中"断"多為簡寫，《輯校》統一錄"断"為繁體"斷"。

[14] "其地畝別斷作"義為"其地每畝分別斷作"。每畝斷作壹碩陸斗，拾畝則為十六碩，和後文"麥壹拾伍碩，粟壹碩"相合。"地畝"有田地義，但此處"地畝"不能按田地義理解。

[15] 斛䤽："䤽"同"斗"。"斛""斗"均為糧食量器，二者合在一起，則代指糧食。"斛斗"一詞在敦煌契約文書中出現頻率極高，受"斛"之字形類化影响，同时也為防止有人竄改契約，"斛斗"之"斗"在敦煌契約文書中多作"䤽"。詳《詞語匯釋》"斛斗（䤽）"。

[16] 漢䤽：[俄] 丘古耶夫斯基《敦煌漢文文書》206 頁："吐蕃佔領時期的敦煌文書中有一個特點，即在使用度量衡時要預先說明是'蕃斗''蕃尺'還是'漢斗''漢尺'，'蕃'表示'吐蕃'，'漢'表示'漢人的''唐

代的'意思。"本句中，"漢斠"是對"斛斠"的說明。為了以防萬一，本句在說完具體的糧食數後，還要加上"並漢斗"進行說明。《輯校》在"斛斠""漢斠"之間未加標號，不利於讀者對本句的理解，鑒於此，本文對"漢斠"加括號以標示"漢斠"是對"斛斠"的說明。敦煌契約文書中，與"漢斗（斠）"相關的詞還有"蕃斗（斠）""漢碩""蕃碩""蕃馱"等。詳《詞語匯釋》"漢斠（斗）"等。

[17] 石（今讀 dàn）：計算容量的單位，十斗為一石。"碩""石"中古音同（《廣韻》注音都為"常只切"），再加上"碩"之聲符為"石"，因此"碩"經常假借作"石"表示計量單位。敦煌契約文書中，表示計量的"碩、石"並用，但"碩"的使用頻率遠遠高於"石"，其原因為：為了防止有人在契約文書上改寫作弊，故數字和計量單位多採用繁體。

[18] "一（壹）賣已後"是敦煌契約文書常見套語，其中"一（壹）"可理解為副詞"一旦""一經"，"一（壹）賣已後"即買賣一旦成交之後。

[19] 敦煌契約文書中"以上""以後"等多作"已上""已後"。關於"以""已"在敦煌契約文書中的關係，詳《詞語匯釋》"以""已""与"。

[20] 一任："任"為"任由、任憑"，"一"為副詞"完全"，"一任"即完全任憑。

[21] 修營：治理經營。

[22] 佃種：佃（tián）為耕作義，"佃""種"聯合，即耕種。詳《詞語匯釋》"佃種"。

[23] 忓悋：干擾、阻難。詳《詞語匯釋》"忓悋"。

[24] 識認：此句中"識認"出現的語境簡略，如聯繫其他相關契約，則可明"識認"為辨識認定義。如《輯校》21頁S.1285《後唐清泰三年（936）百姓楊忽律哺賣舍契》："百姓楊忽律哺為手頭闕乏，今將父祖口分舍出賣与弟薛安子弟富子二人……向後或有別人識認者，一仰忽律哺祇當。"《輯校》330頁P.3214背《唐天復七年（907）洪池鄉百姓高加盈等典地契（習字）》："今將宋渠下界地伍畝，与僧願濟貳年佃種……中間或有識認稱為地主者，一仰加盈覓好地伍畝充替。"

[25] 一仰："仰"為敦煌契約文書中常見用語，表命令、要求；"一"為程度副詞，表全部、完全；"一仰"即全部要求。

[26] 上地："上地"可有兩種理解：①上文提及之地；②上好之地。根據敦煌契約文書相關文例，當理解為"上好之地"。例如《輯校》33頁北敦03925背《宋開寶九年（976）莫高鄉百姓鄭丑撻賣宅舍契（習字）》："若右（有）親因論治此舍來者，一仰丑撻並鄰覓上好舍充替一院。"此句中"上好舍"與"上地"的出現語境相似，即可推知"上地"之"上"為上好義。再如《輯校》30頁P.3649背《後周顯德四年（957）燉煌鄉百姓吳盈順賣地契（習字）》"如若先悔者，罰上馬一疋，充入不悔人。""上馬"即上好之馬。

[27] 交相：互相。例如《詩·小雅·角弓》："不令兄弟，交相為愈。"

[28] 分付：交付。例如唐·白居易《題文集櫃》詩："身是鄧伯道，世无王仲宣；祇應分付女，留與外孫傳。"

[29] 一無：完全沒有。

[30] 懸欠：拖欠。

[31] 飜悔：敦煌契約文書中"飜悔"多作"翻悔"（見《輯校》26、40、79、299、321、341、363、366頁），"飜"為"翻"之異體字。"翻悔"即因後悔而推翻曾經允諾的事或說過的話。"翻"有反轉義，"翻""反"意義相通，因此"翻悔"今多作"反悔"。詳《詞語匯釋》"翻（飜、反）悔"。

[32] 思："思"為"恩"之俗寫[1]。《干祿字書》："囙，因，上俗下正。"《宋元以來俗字譜》：恩，《通俗小說》《古今雜劇》《太平樂府》等作"思"[2]。

勑："勑"為"勅"之俗字；"勅"為"敕"之異體，《集韻·職韻》："敕，或作勅。"

思勑：即"恩敕"。敦煌契約文書中"恩敕"又作"恩赦"。"或有恩敕（赦）流行，亦不在論理之限"是敦煌契約文書末尾常見套語，意思為：

---

[1]《輯校》2頁錄"思"上半部之"囙（因）"為"目"，誤。

[2] 轉引自《漢語大字典》，第2280頁。

契約簽定之後，即便遇到大赦赦令，契約所規定的條約也不再討論範圍之內（即契約條約不得更改）。根據敦煌契約文書套語，該件"已後若有恩赦"後遺漏"亦不在論理之限"。

[33]"安清"為"安環清"之省。

[34]"安清罰金五兩納入官"可能指：如該土地的出賣與以後的政令衝突，則土地買賣的罰金由安環清承擔。存疑。

[35] 唐代初期實行均田制，土地屬國家所有，民戶不能隨便買賣。到了唐後期，國家注意力轉向據地徵稅，即誰耕種土地就由誰納稅。對於土地買賣，則不作過多干涉，基本上是"人從私契"，即私契在土地買賣中具有合法地位，並起決定作用。

[36] 平章：評處、商酌。"兩共平章"是敦煌契約文書末尾常見套語。"兩共平章"又作"兩共對面平章""兩共對面平章為定""兩共對面，穩審平章"等，意思為：契約簽訂雙方面對面商議妥當。

[37]"書指"本應作"畫指"。"畫指"指在契約末尾自己的名下或名旁畫上指節的長短，以為標記。敦煌契約文書中，一些契約的姓名後有畫指實例。由於"書""畫"形近，敦煌契約文書中"畫指"多誤寫為"書指"。"書指"不辭，於是在一些契約中，"書指"又進一步改寫為"書紙"。詳《詞語滙釋》"畫指、書指、書紙"。

[38] 安環清年齡"廿一"，已是成年男丁，并且契尾安環清署明身份為"地主"。按理說，安環清完全可在賣地之事上作主，但其母親也在契後署名，這一方面是出於尊親的原因，另一方面也是為了防止將來產生不必要的糾葛，有意讓安環清母親也參與賣地之事。

[39] 見人：中人、見證人。詳《詞語滙釋》"見人"。

P.3394：4 唐大中六年（852）僧張月光博 [1] 地契

1.[宜][秋][平] 都南枝渠上界 [2] 舍地 [3] 壹畦壹畝，並墻及井水。門前

2.[道]，[张][月][光]、張日興兩家合同[4]共出入，至大道（東至張日興舍半分，西至僧張法原薗[5]及智通薗道，南至

3.張法原及車道井南牆，北至張日興薗薗道、智通舍東間）[6]。又薗地叁畦共肆畝（東至張日興薗。西至張達子道。南至張法原薗及子渠[7]，並智通薗道；法原薗

4.□□墙下開四尺道，從智通舍至智通薗，与智通往來出入為主己[8]；其法原薗東牆□□□智通舍西牆，法原不許紇悐[9]。北至何榮。又僧法原薗与東無地分，井水共用。薗門与西車道

5.□分，同出入，至大道）。又南枝[10]下界[11]地一段叁畦共貳拾畝（東至劉黑子及張和子，西至氾榮子廟，南至渠及周興子，北至索進晟廟）。

6.已上[12]薗舍及車道、井水共計：並田地貳拾伍畝。大中年壬申十月

7.廿七日，官有處分，許廻博田地，各取穩便。[13]僧張月光子父[14]，將上

8.件宜秋平都南枝渠薗、舍地、道池、井水，計貳拾伍畝，博僧呂

9.智通孟授[15]蕊同[16]渠地伍畦，共拾壹畝兩段（東至閻家及子渠，西至閻咄兒及迠女道，南至子渠及張文秀，北至閻家），

10.又一段（東至閻家及麻黃，西至張文秀，南至荒，北至閻家）。壹博已後，各自收地，[17]入官措案為定[18]，永

11.為主己。又月光薗內有大小樹子[19]少多[20]，薗牆壁及井水、開道功直解[21]

12.出買[22]与僧呂智通。斷作解直[23]：青草驢[24]壹頭陸歲，麥兩碩

13.壹斗，布叁丈叁尺。當日郊（交）相分付，一無玄（懸）次[25]。立契[26]，或[27]有人

14.忏悐薗林、宅舍、田地等，稱為主記[28]者，一仰僧張月光子父知當[29]，

15.竝（並）畔[30]覓上好[31]地充替[32]，入官措案[33]。上件[34]

解直 [35] 斜卧、驢、布等，當日却

　　16. 分付 [36] 智通。一定已後，不許休悔 [37]。如先悔者，罰麥貳拾馱 [38] 入軍

　　17. 粮，仍 [39] 決丈（杖）[40] 卅。如身東西不在，一仰口承人 [41] 知當 [42]。恐人無信，故立此契，用作

　　18. 後憑。薗舍田地主僧張月光（手印 [43]）　保人男 [44] 堅堅（手印）保人男手堅（手印）　保人弟張日興（藏文押）

　　19. 男儒奴（手印）　姪力力　見人僧張法原（簽字）　見人于佛奴

　　20. 見人張達子　見人王和子　見人馬宜奴

　　21. 見人楊千榮　見人僧善惠

注：

[1] 博：以貿易方式換取。張相《詩詞曲語辭匯釋》[1]643 頁："博，猶換也"。《漢語大字典》第一冊 66 頁引《古今韻書舉要·樂韻》："博，貿易也"。

[2] 上界：上面地界。

[3] 舍地：住宅地。

[4] 合同："合""同"同義聯合，"合同"為"共同、合用"義。或，"合同"為協議義，"兩家合同共出入"即兩家協議共同出入。詳《詞語匯釋》"合同"。

[5] 薗：同"園"。"薗"在"園"的基礎上添加義符"艸"以加強表義，類似現象在敦煌俗字中很多，例如"瓜果"作"苽菓"（見《輯校》276 頁）、"爭論"作"諍論"（見《輯校》18 頁）、"眷屬"作"倦屬"（見《輯校》491 頁）等。

[6] 契約文書用"東至於……南至於……西至於……北至於……"的模式來說明田地、道路、住宅等四周的界限，統稱為"四至"。詳《詞語匯釋》"四至"。

---

[1] 張相《詩詞曲語辭匯釋》，中華書局 1955 年版。

[7] 子渠: 據［俄］丘古耶夫斯基《敦煌漢文文書》[1] 219—221頁相關研究，子渠為張義潮任節度使後所修建之渠。

[8] 主己: "主"為主人，"己"為自己，"主""己"近義聯合，表"主人"義。敦煌契約文書中"主己"多作"主記"。詳《詞語匯釋》"主己（記）"。

[9] 紇怛: 干犯、欺淩。《廣韻》: "紇，胡結切。"《玉篇》: "忓，胡旦切。""紇""忓"音近相轉，"紇怛"即"忓怛"。詳《詞語匯釋》"忓怛"。

[10] 南枝: "南枝渠"之省。

[11] 下界: 下面地界。

[12] 已上: 即"以上"。

[13] 處分: 政策、措施。

廻博: 交換。詳《詞語匯釋》"回博"。

穩便: 穩妥、方便。

官有處分，許廻博田地，各取穩便: 官府有政策，允許雙方在穩妥、方便的前提下交換土地。唐代前期，敦煌與中原地區一樣，實行均田制。但敦煌地區農業生產以水利灌溉為主，均田制時代的"授田"，要考慮水渠灌溉、水道水量、土地好壞、距離遠近等因素，故將各戶的"授田"分成零散的好多塊，有時土地的面積很小很小，這對土地耕種者極不方便。歸義軍政權建立時，兩稅法實行已70年，"稅資產"已逐步開始向"稅土地"過渡，再加上歸義軍政權實行據地出稅的政策，因此不論普通百姓，還是歸義軍政權本身，都更加關注土地。"許迴博川地，各取穩便"的土地對換政策，正是這一歷史背景下的產物。[2]

[14] 子父: 即"父子"。

[15] 孟授: "孟授渠"之省。［俄］丘古耶夫斯基《敦煌漢文文書》190頁: "孟授渠:《沙州圖經》所記敦煌縣七條灌渠之一（見羅振玉《鳴沙石佚書》本三），長20里，從敦煌西南18里的甘泉水都鄉口引水，三面繞敦煌流動。"

[1] ［俄］丘古耶夫斯基《敦煌漢文文書》，上海古籍出版社2000年版。
[2] 詳見劉進寶《晚唐五代土地私有化的另一標誌——土地對換》，《中國經濟史研究》2004年第3期。

[16] “菍”為“蔥”之異體。“菍同”疑為“總同”。“總”“同”都有會總、會同義。“僧呂智通孟授菍同渠地”即僧呂智通孟授渠周圍所有渠地。存疑。

[17] 壹博已後，各自收地：一經交換之後，契約雙方各自收取所換之地。

[18] “措案”即備案。“入官措案”即到官府登記備案契約交易的內容和結果，這樣既可以使官府有效地據地徵稅，又可以使契約內容得到官府的公證和認可。“入官措案為定”，說明當時土地的對換必須得到官府的認可，否則是違法的。

[19] 樹子：樹。

[20] 少多：少量。

[21] 功直解：即“工值價”。“工”“功”通用；“直”“值”相借；“解”“價”相借。“薗牆壁及井水、開道功直解”即築牆、挖井、引水、修路的工價。

[22] 出買：即“出賣”。敦煌契約文書中“買”“賣”多混用。

[23] 解直：即“價值”。

[24] 草驢：章炳麟《新方言·釋動物》：“今北方通謂牝馬曰草馬，牝驢曰草驢。”

[25] 郊（交）相分付，一无玄（懸）欠：詳《S1475 背：1 未年（827？）上部落百姓安環清買地契》注 [27—30]。

[26] 參照相關契約，可知“立契”後省“以後”。例如《輯校》10 頁 S.3877 背《唐乾寧四年（897）平康鄉百姓張義全賣舍契（習字）》：“其舍一買已後，中間若有親姻兄弟兼及別人稱為主己者，一仰舊舍主張義全及男粉子支子祇當還替，不忓買舍人之事。”

[27] 或：倘若，假使。

[28] 主記：《輯校》誤錄為“主託”。“主記”見本文注 [8]“主己”。

[29] 知當：“知”“抵”中古音相近，“知當”即“抵當”，為抵償、承擔義。詳《詞語匯釋》“抵當”“知當”。

[30] 參照其他契約相關語例，可知“畔”當為“伴”之借。例如《輯校》

51 頁 P.4017《賣地契樣文》："當房兄弟及別人 ☐ 擾說論來者，一仰殘兒竝伴覓上好地充替。"《輯校》26 頁 P.3331《後周顯德三年（956）兵馬使張骨子買舍契》："其舍一賣後，任張骨子永世便為主記居住。中間或有兄弟房從及至姻親忓惚，一仰宋欺忠及妻男、鄰近穩便買舍充替，更不許異語東西。"這些文例，都在講賣方所賣房地產權將來如有爭議，則要求賣方主人及其親人、近鄰等另找房地償還買方。因此，"竝（並）畔覓上好地充替"中"畔"當為"伴"之假借，義為"張月光及其老伴另尋好地償還"。敦煌契約文書賣地契中，"……並畔覓好地充替"還出現在《輯校》30 頁 P.3649 背《後周顯德四年（957）燉煌鄉百姓吳盈順賣地契（習字）》、《輯校》40 頁 S.2385《年代不詳陰國政賣地契》。在賣地或博地契中，"伴"頻頻被借為"畔"，原因可能為：田地和田畔有意義關聯，受這種心理預設的影響，書寫者在地契中就容易將"伴"誤寫為"畔"。

[31] 上好：頂好、最好。詳《詞語匯釋》"上好"。

[32] 充替：抵償、替換。詳《詞語匯釋》"充替"。

[33] 土地權發生變化時，要求到官府登記備案，可見當時農民儘管擁有一定的土地交換自由，但政府對土地使用的監管還是十分嚴格，這和據地徵稅的政策是密切相關的。

[34] 上件：上面已述及的人或事物。

[35] 解直：即"价值"。

[36] 却分付："却"在敦煌契約文書中有返還義（詳《詞語匯釋》"却"）；敦煌契約文書有"却付""分付"，都為交付義；"却分付"中的"却""分"，其一為衍文。

[37] 休悔：即"後悔"。詳《詞語匯釋》"休悔"。

[38] "馱"為牲口負物，引申則指牲口所馱的貨物，再引申則"馱"變為量詞，用以表示牲口所馱的一袋一袋的貨物。由於古時牲口所馱之袋有固定大小，因此，表示量詞的"馱"進而可以成為計量貨物和糧食的單位。

[39] 仍：又、且。

[40] 決杖：處以杖刑，即用大荊條或棍棒抽擊人的背、臀或腿部。

[41] 口承人：童丕认为[1]："在敦煌契約中，對於擔保義務履行的人，有兩種不同的稱呼：'保人'或'口承'（口頭或私人擔保）。……我們所見到的敦煌契約中，從最早的（754年）直到858年，都使用'保人'這個詞。……一件時間可靠的924年雇工契證實，從這一時期開始，'口承'最終取代了'保人'。……有大量情況可以證明，這兩個詞語的應用可以看作是確定合同年代的有效標誌。遺憾的是，无法確知858年和923年間的哪段時期發生了稱呼的轉變。然而一件標為852年（P.3394）的契約（筆者按，即張月光博地契）同時用了這兩個名詞（正文中用'口承'，署名中用了'保人'）。這一點可以揭示此間為從一詞轉用另一詞的過渡時期。"筆者按，《唐開元十九年（731）唐榮買婢市券》《唐開元二十年（732）薛十五娘買婢市券》[2] 署名中用"保人"，正文中有契約套語"准狀勘責狀同，問口承賤不虛"（即官署審查項中，要問口承人被賣奴婢是否確實是賤人）。可見，"口承"一詞在契約正文中出現很早。"口承"作為普通詞語，為保證義，如《敦煌變文集·漢將王陵變文》："陵母於霸王面前，口承修書招兒。""口承"一詞在契約正文中出現，開始可能只有保證義，以後詞義逐漸縮小、轉移，"口承"成為保證人的代稱。這一稱呼的進一步固化，則導致敦煌契約中"口承"最終對"保人"的取代。

[42] 如身東西不在，一仰口承人知當：如果債務人在還債期間外出逃避或客死他鄉，相關債務要求口承人償還。詳《詞語匯釋》"東西"。

[43] 手印：契券、供詞及其他文書上所按的指紋。

[44] 保人一般為家庭成員，最常見的是兒子和兄弟。"男"即兒子義。

Д х.1414：14 唐天復陸年（906）押衙劉石慶換舍契 [1]

1. 天復陸年丙寅歲拾壹月 ×× 日，×× 鄉百姓 ××

[1] [法] 童丕《敦煌的借貸：中國中古時代的物質生活與社會》，余欣、陳建偉譯，中華書局2003年版，第12頁。

[2] 見《吐魯番出土文書》（校錄本第九冊，第26—28、29—30頁），文物出版社1990年版。

2. 閛減 [2] 房厨 [3]，獨房難為。[4] ▢

3. 下東房壹口並屋木，又堂 [5] ▢

4. 並簷下地，將上件東房▢……[6] 迴換……▢

5. 房子壹口，東邊厨舍 ▢

6. 並是兩自穩便，迴換 [7] 已後，各

7. 自所居，永代 [8] 子孫便 為主己。或有

8. 恩勑 [9]，不在翻悔、論理 [10] 之限。如先悔者，

9. 罰小麥捌拾碩 [11]，恐 後無憑，

10. 為驗 [12] 耳。其門道院 兩家合同共用

11. [13] 博換舍兄押衙劉石慶

12. 見人同院弟劉三奴

13. 見人康育三

14. 見人兵馬使高延祚

注：

[1]《輯校》僅錄該契約正文第一行及契約末尾四行署名。

[2] "閛"為"閉"之異寫。"閉減"即關閉、減少。

[3] 原卷為"厨房"，"厨"與"房"之間有表示顛倒的符號"√"。

[4] "閛減房厨，獨房難為"在講換房的原因，即：由於一些房屋廢置不用（閉減房厨），在剩下的房屋中生活不方便（獨房難為）。

[5] 原卷"堂"殘缺，根據上下文義補。

[6] 省略號表示交換之房舍。後同。

[7] 迴換：交換。

[8] 永代：永世。

[9] 恩勑：詳《未年（827？）上部落百姓安環清買地契》注 [32]。

[10] 論理：爭論、理論。

[11] "碩"在契約原件中作簡體。

[12] 驗：憑證。

[13] 以下四行為當事人名，書寫順序與前文反向。

S.1285：21 後唐清泰三年（936）楊忽律哺賣宅舍契

1. 修文坊[1]巷西壁[2]上[3]舍壹所，内堂西頭壹庁[4]，東西並基壹仗[5]伍

2. 寸，南北並基壹仗伍尺。[6]（東至杨万[7]子，西至張欺忠，南至鄧坡山，北至薛[8]安住[9]。）又院洛（落）地壹條，東西壹

3. 仗肆尺，南北並基伍尺。東至井道，西至鄧坡山，南至坡山及万子，北至薛安

4. 昇及万子。[10]又井道四家停支[11]出入，不許隔截[12]。時清泰叁年丙

5. 申歲十一月廿三日。百姓楊忽律哺為[13]手頭闕乏[14]，今將父祖口分舍[15]

6. 出賣与弟薛安子、弟富子二人。斷作舍賈[16]，每地壹尺，斷物壹

7. 碩貳[17]，兼屋木並栿[18]，都[19]計得物叁拾叁碩柒斝。其舍及

8. 物當日交相分付訖[20]，更無玄（懸）欠[21]。向後[22]或[23]有別人識認[24]者[25]，一仰

9. 忽律哺祗當[26]。中間如遇恩勑（恩敕）大赦流行，亦不許

10. 論理。兩共面對[27]平章，准法[28]不許休悔。如先悔者，罰青麥[29]

11. 拾伍馱，充入不悔人。恐人無信，立此文書，用為後憑。（内

12. 主兼字[30]）

13. 出賣舍主楊忽律哺

14. 出賣舍主母阿張[31]

15. 同院人　鄧坡山

16. 同院人　薛安昇

17. 見人　薛安勝

18. 見人　薛安住

19. 見人　吳 [32] 再住

20. 見人　押衙鄧万延 [33]

21. 鄰見人高什德

22. 鄰見人張威賢　知 [34]　　　鄰見人兵馬使鄧興俊（倒書 [35]）

注:

[1] 坊：城市居民聚居地的名稱，與街市里巷類似。《舊唐書·食貨志上》：
"在邑居者爲坊，在田野者爲村。"

[2] 壁：面、邊。"壁"之面、邊義例如金·董解元《西廂記諸宮調》卷一：
"向松亭那畔，花溪這壁，粉牆掩映，幾間寮舍，半亞朱扉。"

[3] 此處"上"可有兩種理解：①"上"與"巷西壁"搭配，指巷子的上邊；
②"上"與"舍"搭配，指上等房舍。《輯校》37 頁 S.1398《宋太平興國
七年（982）赤心鄉百姓呂住盈呂阿鸞兄弟賣舍契》："臨地（池）防（坊）
拴巷子東壁上有舍壹院。"根據相關例句的參照，可知"上"當理解爲方位
詞，"巷西壁上"即巷子靠西一面的上邊。

[4]《輯校》錄"厅"爲"片"。按，"片"與"堂"相配，在語義搭
配上存在問題。查原件圖版，"片"當作"厅"。《宋元以來俗字譜》："廳"，
《古今雜劇》《三國志平話》作"厅"。"堂"爲建於高臺基之上的廳房，
"堂""廳"可以在語義上產生搭配關係。

[5] 爲防止他人竄改契約，敦煌契約文書中"丈"多作"仗"。詳本書《未
年（827？）上部落百姓安環清買地契》注 [4]。

[6] 敦煌賣舍契在指出具體房屋、院落、門道等後，通常用"東西並
基……，南北並基……"的方式說明房屋、院落等的具體面積。
並，連同、包括。"東西並基"指從東到西的間距連同牆基。

[7] 万：敦煌契約文書中"万"爲簡寫，《輯校》統一錄"万"爲繁體"萬"。

[8]《字彙·艸部》："薜，與薛同"。

[9] 該"四至"在原件圖版中爲雙行小字。

[10] 該"四至"在原件圖版中為單行大字，字體大小與契約正文同。

[11] "停""亭"都有公平、平均義，"亭（停）支"即平均、公平地支配使用。詳《詞語匯釋》"亭、停"。

[12] 隔截：隔，指用牆壁等隔斷；截，指挖溝渠截斷。

[13] "為"用於引出簽訂契約的原因。"為"或作"為緣"，例如《輯校》8頁S.3877背《唐乾寧四年（897）平康鄉百姓張義全賣舍契（習字）》："平康百姓張義全為緣闕小（少）粮用，遂將上件祖父舍兼屋木出買（賣）與洪潤鄉百姓令狐信通兄弟。"

[14] 敦煌契約文書中"缺乏""缺少""欠缺"之"缺"都作"闕"。

[15] 口分舍："口分地之舍"之簡稱，指在口分田地上所修建之房舍。詳《詞語匯釋》"口分"。

[16]《輯校》錄"賈"為"價"，與原件字形不符。

[17] 每地壹尺，斷物壹碩貳斜：每一尺地，裁斷值糧食壹碩貳斜。"每地壹尺，斷物×碩×斜"在其他賣舍契中或簡省為"每尺×碩×斜"，如《輯校》32頁北敦03925背《宋開寶九年（976）莫高鄉百姓鄭丑撻賣宅舍契（習字）》："斷作舍物，每尺兩碩貳斗五升。"《輯校》39頁S.3835背《宋太平興國九年（984）莫高鄉百姓馬保定賣舍契（習字）》："斷作舍價每尺貳斜。"

由於"升""斗（卄）"形近，敦煌契約文書中"斜"或作"刋"。張涌泉《敦煌俗字研究導論（臺灣版）》[1]155頁："'斗'字隸書或作'卄'形，見漢《白石神君碑》《石門頌》等，即許慎《說文解字敘》所斥'人持十為斗'是也。顧炎武《金石文字記》卷三《贈太師孔宣公碑》下雲：'升音陞，卄音斜，……昔人以其文易混，故改卄為斛，俗作斗。'"

[18] 栿，房梁。"屋木"與"栿"相並，則"屋木"主要指椽木。

[19] 都：共。

[20] 訖：完畢。

[21] "更无懸欠"或作"一无懸欠"。"更"有"再"義，"更无懸欠"

[1] 張涌泉《敦煌俗字研究導論（臺灣版）》，新文豐出版公司1996年版。

即再无懸欠。

[22] 向後：以後、往後。

[23] 或：連詞，表示假設，猶倘若，假使。

[24] 識認：辨識認定。詳《未年（827？）上部落百姓安環清買地契》"識認"注。

[25] 者：助詞，用在句末，表示擬度。

[26] 衹當：即"衹（抵）當"，抵償、擔當义。詳《詞語匯釋》"抵當"。

[27] 《輯校》錄"面對"為"對面"。"兩共對面平章"是敦煌契約常見套語，此件中的"面對"可能為書者筆誤。

[28] 准法：準則、法則。"兩共對面平章，准法不許休悔"是敦煌契約常見套語，意思為：雙方面對面商量，（商量妥當後所簽定的契約），法則規定不許反悔。

[29] 青麥：與麥同類的一種糧食。詳《詞語匯釋》"青麥"。

[30] 從原件圖版墨色及字跡判斷，"内主兼字"當為該契約簽訂之後補寫，補寫的原因及"内主兼字"的意思有待進一步考察。

[31] "楊忽律哺""出賣舍主母阿張"後有"畫指"標記，"畫指"圖版及相關釋義見《詞語匯釋》"畫指"。

[32] 《輯校》錄"吳"為"吳"，與原件字形不符。

[33] "鄧坡山""薛安昇""薛安勝""薛安住""吳再住""鄧万延"諸人姓名後有形狀不同的畫押符號。

[34] "知"即"抵"之借，契約末尾部分人姓名後書寫"知"，用以明確債務的償還者和擔當者。"見人"只是契約雙方交易的證人，本來不具有承擔債務的責任。此件中"張威賢"既是契約的見人，又是契約責任的擔當者，這種身份，有些契約稱之為"知見"。此件賣舍契前已說明"其舍及物當日交相分付訖，更无玄（懸）欠"，因此契約雙方所關注的不再是債務的償還，而是怕其中一方中途反悔。該件契約末尾出現的"見人"多達七個，其目的就是為了防止契約某方中途反悔。該件契約"鄰見人張威賢"出現在契約"見人"姓名的最後，"知"出現在該件契約最末，與其相應的"張威

賢"恐怕只是契約責任形式上的擔當者。詳《詞語匯釋》"知""知見"。

[35] "鄰見人兵馬使鄧興俊"倒書在 21 行與 22 行之間。由於 22 行"鄰見人張威賢 知"已書寫至紙張的邊緣，剩下的"鄰見人兵馬使鄧興俊"就只能倒書在 21 行與 22 行之間的空白處。

S.1475 背：59 吐蕃寅年 (822) 令狐寵寵賣牛契

1. 紫犍牛 [1] 壹頭，陸歲，並無 [2] 印記 [3]。[4]

2. 寅年正月廿日，令狐寵寵為無年粮 [5] 種子，今將

3. 前件牛出買（賣）与同部落武光暉。斷作麥（漢

4. 㪷）壹拾玖碩。其牛及麥，當日交相付了 [6]，

5. 並無懸欠 [7]。如後牛若有人識認，稱是寒盜 [8]，

6. 一仰主保 [9] 知當 [10]，不忏賣（買）人之事 [11]。如立契後，在三

7. 日內，牛有宿疹 [12]，不食水草，一任却還 [13] 本主 [14]。[15] 三日已

8. 外 [16]，依契為定，不許休悔。如先悔者，罰麥伍碩，

9. 入不悔人。恐人無信，故立私契。兩共平章，

10. 書指為記。其壹拾玖碩麥，內粟叁碩。和 [17]

11. 牛主　令狐寵寵年廿九

12. 兄　和和年卅四

13. 保人　宗廣年五十二

14. 保人　趙日進年卅

15. 保人　令狐小郎年卅九 [18]

注：

[1]《說文新附·牛部》："犍，犗牛也。""犍牛"即閹割過的牛。

[2] 並無：完全沒有。詳《詞語匯釋》"並無、一無"。

[3] 印記：烙印的印跡。燙在動物身上的火印，是該動物屬於某家的標誌。賣牛契專門強調"並無印記"，實質即說明該牛的所屬權沒有任何爭議。

[4] 敦煌契約文書中的賣牛契首行都簡要介紹交易之牛的大體情況，格式都為"×（牛的顏色）×（牛的類別）牛一頭，×歲，無（有）印記"。如《輯校》55 頁 S.5820+S.5826《未年（803）尼明相賣牛契》："黑牸牛一頭，三歲，並無印記。"

[5] 敦煌契約文書中"粮"為簡體，《輯校》統一錄為繁體"糧"。

[6] "交相分付了"在其他契約中多作"交相分付訖"，"了""訖"都為完畢義。

[7] "並无懸欠"在其他契約中多作"一无懸欠"，即完全沒有拖欠。

[8] 寒盜："寒"即"攓（搴）"之借字，為取義；"寒盜"即盜取、盜竊。詳《詞語匯釋》"寒盜"。

[9] 主保：主人和保人。

[10] 知當：承擔。詳《詞語匯釋》"知（抵）當"。

[11] "忓"為"干"之借，"干"有關涉義，"不忓（干）"即无關。"不忓××之事"，在敦煌契約文書中或作"不關××之事"，例如《輯校》353 頁 S.1398《壬午年（982）慈惠鄉郭定成典身契（習字）》："不關主人之事。"

[12] 宿疢：舊病。疢，通"疢"。《文選·張衡〈思玄賦〉》："毋緜攣以倖己兮，思百憂以自疢。"李善注："疢，疾也。"

[13] 却還：返還、退回。詳《詞語匯釋》"却""却還"等。

敦煌契約文書中"却"為簡寫，《輯校》統一錄"却"為繁體"卻"。

[14] 本主：原主。例如《隋書·李士謙傳》："有牛犯其田者，士謙牽置涼處飼之，過於本主。"

[15] 牛原來有病，不食水草，可在三日之內退還本主。這符合《唐律》中"諸買奴婢、馬牛馳騾驢，……立券之後，有舊病者三日内聽悔"[1]的規定。

[16] "巳""以"通，"巳外"即"以外"。詳《詞語匯釋》"以""巳""与"。

---

[1]《唐律疏議》卷二六《雜律》，中華書局 1993 年版。

[17]《輯校》61 頁校記"'其壹拾玖碩麥內粟叁碩和'等字淡墨,後寫。"按, "其壹拾玖碩麥,內粟叁碩"與 3—4 行中的"斷作麥漢斗壹拾玖碩"內容 不一致,其原因可能為買主武光暉在交付糧時,沒有十九碩麥,只有十六碩, 另再用三碩粟補足。此事經寵寵之兄和和從中說合同意,故在其下有"和" 的簽字。

[18] 以上諸人姓名旁都有畫指標記。畫指圖案即畫指解釋見《詞語匯釋》 "畫指"。

S.1350: 62 僧光鏡負儭布買釧契

1. 大中五年二月十三日,當寺 [1] 僧光鏡,緣闕車小頭釧 [2] 壹交(枚) [3] 停事 [4],

2. 遂於僧神捷邊 [5] 買釧壹救(枚)[6],斷作價直(值):布壹伯 [7] 尺。 其

3. 布限十月已後(前)[8] 於儭司 [9] 填納 [10]。如過十月已後至十二月 勾填 [11],

4. 更 [12] 加貳拾尺。立契後,不許休悔。如先誨(悔),罰布壹疋 [13], 入不

5. 誨(悔)人。恐後無憑,苔項印爲驗。[14](朱印)

6. 負儭布人 僧光鏡(朱印)

7. 見人 僧龍心

8. 見人 僧智旻(朱印)

9. 見人 僧智恒 達字 [15]

注:

[1] 當寺:本寺。當,指事情發生的那個時候或地方,相當於"本""此"。

[2] 釧,"軔"之假借。"軔"指套在車轂上的金屬圈,緊接在車輻旁邊,

徑度與車輻略同。

[3] 交，"枚"的誤字。

[4] 停事：停止使用，无法使用。

[5] 敦煌契約文書中出現在人名後的"邊"與"面上"用法接近。"邊""面上"出現在契約當事人姓名後，用以明確相關財物的所屬者或相關責任的承擔者。詳《詞語匯釋》"面上、邊"。

[6] 救，"枚"的誤字。

[7] "伯"通"百"，表數目。

[8] "已後"為"已前"之誤。出現錯誤的原因，可能是筆者受下文"如過十月已後"心理預設的影響所至。

[9] 清·翟灝《通俗編·貨財·儭錢》："作佛事者給僧直曰儭。"儭司即寺院中掌管佈施所得財物的保管和分配的機構。

[10] 填納：償還。詳《詞語匯釋》"填納"。

[11] 勾，《敦煌社會經濟文獻真蹟釋録》釋作"勿"，誤。"勾填"即勾消、償還債務。詳《詞語匯釋》"填"。

[12] 更：再、繼續。

[13] 原件圖版作"疋"，《輯校》録作"尺"，誤。

[14] 根據僧光鏡、智旻姓名後的朱印圖版，項印可能指用於標明個人身份的小型印章。《輯校》437 頁 P.3744《年代不詳（9 世紀中期）僧張月光、張日興兄弟分書》："各各以將項印押署為記。"本件僧光鏡、智旻姓名後的朱印，即上分書所謂"以將項印押署為記"。

"苔項印"之"苔"疑為"打"之借。"打印"即蓋印章，宋·劉昌詩《蘆浦筆記·打字》："世言打字尚多，不僅歐陽公所云也……印文書謂之打印。"

[15] 原件"達字"字體略大，似爲本人簽押。《輯校》誤録"達字"為"字達"。

S.1946:79 宋淳化二年（991）押衙韓願定賣妮子契

1. 淳化二年辛卯歲十一月十二日立契。押衙韓願定，伏緣 [1] 家中

2. 用度 [2] 所攝 [3]，欠闕疋帛 [4]，今有家妮子 [5] □名 [6] 壉勝，年可 [7]
貳拾

3. 捌歲，出賣与常住百姓 [8] 朱願松妻男等。斷儻 [9] 女人價 [10] 生

4. 熟絹 [11] 五疋。當日現 [12] 還生絹叁疋；熟絹兩疋，限至來年五

5. 月盡 [13] 填還 [14]。其人及價 [15] 更相 [16] 分付。自賣以後，任永 [17]
朱家男

6. 女世代為主。中間有親情 [18] 眷表 [19] 識認此人來者，一仰韓願定

7. 及妻七娘子面上覓好人充替 [20]。或遇恩赦流行，亦不在再來

8. 論理之限。兩共面對，商儀（議）為定，准格 [21] 不許飜悔 [22]。
如若先悔者，

9. 罰樓綾 [23] 一疋，仍 [24] 罰大羖羊兩口，充入不悔人。恐人無信，
故

10. 勒 [25] 此契，用為後憑。[26]　其人在患，比至 [27] 十日已後不用
休悔者。[28]

11. 買（賣）身女人　壉勝（押）

12. 出賣女人娘主　七娘子（押）

13. 出賣女人郎主 [29]　韓願定（押）

14. 同商量人 [30]　袁富深（押）

15. 知見報恩寺僧　丑撻（押）

16. 知見龍興寺僧樂善安法律 [31]（押）

17. 內熟絹一疋，斷出褐 [32] 陸段 [33]，白褐陸段，計拾貳段，各丈（長）
一丈二，比至五月

18. 盡還也。（押）[34]

注：

[1] "伏"為敬詞，"緣"為緣由，"伏"用在"緣"前，表恭敬地提出簽約原因。詳《詞語匯釋》"伏緣"。

[2] 用度：費用、開支。

[3] 原件圖版"所"形與"不"形接近，"攙"形與"換"形接近，故"所攙"又有"不攙""所換"等不同錄文（詳《輯校》81頁"校記"）。筆者反復比對敦煌文書中大量"換"的字形後，認為宜將"所攙"錄為"所換"。"用度所換"中"所換"詞義難通，"用度所換"可能為"用度所限"之類的意思。或，"用度所換，欠缺疋帛"即欠缺交換疋帛的費用。

[4] 疋帛：絹帛。

[5] 妮子：婢女。

[6] "囗名"或錄為"花名""出名"。《輯校》疑"名"前之字為廢字（詳《輯校》81頁"校記"）。從原件圖版看，"名"前之字有塗抹痕跡，《輯校》觀點有道理。

[7] 可：副詞，大約。例如蒲松齡《聊齋志異·狐嫁女》："入視樓中，陳設芳麗。遂有婦人出拜，年可四十餘。"

[8] 常住百姓：歸義軍統治時期對依附於寺院的人口的一種稱謂，其前身是吐蕃時期的"寺戶"。

[9] 斷儻，《輯校》219頁 P.3501背《戊午年（958）兵馬使康員進貸絹契（習字）》"其絹斷黨（當）利頭，見還麥肆碩"中作"斷黨"。"斷儻""斷黨"當作"斷當"。"斷"為裁斷、裁決，"當"為相當、對等，"斷當"義為裁斷為與……對等的價錢。

[10] 原件圖版作"人女"，"人""女"間有表示顛倒的標識號。"女人價"即當時、當地買賣女奴之通價。

[11] "從敦煌文書看，絹有生、熟兩種。前者是指未經精練脫膠的平紋織物，其中又有大生絹、白絲生絹或白生絹、黃絲生絹之分；熟絹是生絹脫膠之後的稱呼，其中未經染色工藝的熟絹又可稱為練，……經過染色的熟絹

則可稱為彩絹，其色彩十分豐富。"[1]

[12] 現：當即。敦煌契約文書中"現"多作"見"。

[13] 盡：農曆月終。古以農曆月終三十日為大盡，二十九日為小盡。

[14] 填還：猶償還。

[15] 價：代指價所值之物。

[16] 更相：相互。

[17] 敦煌契約文書中，經常出現"自賣以後，永……為主記"之類的套語，例如《輯校》18頁S.3877背《天復九年己巳（909）洪潤鄉百姓安力子賣地契（習字）》"自賣已後，其地永任進通男子孫息姪世世為主記。"《輯校》53頁S.5700《賣舍契樣文》："自買矣（已）後，永世子孫，世上男女作主。"參照相關語例，此例中的"任永"之"永"可能為永遠義。《輯校》注"永"之本字為"允"，亦通。

[18] 親情：親戚。今甘肅隴右方言仍稱親戚為"親情"。

[19] 眷表：家眷、表親。"親情眷表"又簡稱為"親眷""親表"等。詳《詞語匯釋》"親情"等。

[20] 充替：抵償、替換。詳《詞語匯釋》"充替"。

[21] "兩共對面平章，准法（准格）不許休悔"是敦煌契約文書常見套語。准格、准法即供人遵循的準則、法度。

[22] 飜悔：即反悔。詳S.1475背《未年（827？）上部落百姓安環清買地契》"飜悔"注。

[23] "樓綾"為"樓機綾"之省。"'高機''樓機'大約就是紡織史上常提及的束綜提花機或花樓束綜機，因其機身高聳而又名'高機''樓機'。"[2]

[24] 仍：又、且。詳《詞語匯釋》"仍"。

[25] "勒"由雕刻義引申則有書寫義。"恐人无信，故勒此契"又作"恐人无信，故立私契"。

---

[1] 趙豐、王樂《敦煌絲綢與絲綢之路》，中華書局2009年版，第42—43頁。
[2] 詳见杜朝暉《敦煌文獻名物研究》，浙江大學博士學位論文，2006年，第199頁。

[26] "用為後憑"後有表示契文結束的標識號。

[27] 比至：到、及至。

[28] 原件"其人在患，比至十日已後不用休悔者"墨色淡，字體小，為契文寫完後的補充，其義為：如所賣妮子生病，十日後還不見好，則契約中相關處罰規定失效。

[29] 娘主，奴婢對女主人的稱呼；郎主，奴婢對男主人的稱呼。

[30] "商量人"在《輯校》所收契約只出現一次。"商量人"可能指在價錢等方面溝通交易雙方的中間人。

[31] 法律："吐蕃統治敦煌時期在僧官制度上進行了一系列改革而設置了法律、判官等職，嗣後建立的歸義軍政權在僧官系統上沿用這些僧職的同時又恢復了僧政一職。這些僧官設立以後逐漸向寺院綱管體系滲透，伴隨著僧政、法律、判官等僧官的寺職化，吐蕃歸義軍時期敦煌寺院的綱管由原來寺主、上座、維那組成的三綱體制演變為由寺級僧政、法律、判官、寺主、上座、維那組成的新的六綱體制，在新的六綱體制下，寺級僧政、法律、判官擁有較大的寺務管理權，而傳統三綱的地位則漸趨衰微。"[1] 法律的職責多種多樣："監督眾僧執行佛教社團章程和上級指示；其中有的被委託管理經濟，考課誦經，登記寺糧，管理倉庫、財產等等。法律也履行女尼委派的職責。"[2]

[32] "出""粗"音近相借，"出褐"即"粗褐"。詳《詞語匯釋》"褐"下。

[33] 敦煌契約文書中絹的計量單位是"疋（匹）"，褐的計量單位是"段"。

[34] 此句為契約簽訂後經協商的補充調整條例。

北敦 06359 背: 86 辛丑年（821）李庭秀等請便麥牒

1. 龍興寺戶團頭 [1] 李庭秀、段君子、曹昌晟、張金剛等 狀 [2] 上

2. 右庭秀等，並頭下人戶 [3]，家無着積 [4]，種蒔 [5] 當

---

[1] 王祥偉《吐蕃歸義軍時期敦煌寺院綱管新論》，《甘肅社會科學》2008 年第 6 期。

[2] [俄] 丘古耶夫斯基《敦煌漢文文書》，上海古籍出版社 2000 年版，第 205 頁。

3. 時，春無下子 [6] 之功，秋乃霔 [7] 何依託。今人戶等各 [8] 請

4. 貸便 [9]，用濟 [10] 時難，伏 [11] 望商量 [12]，免失年計 [13]。每頭請 [14]

5. 種子伍拾馱，至秋輸納 [15]，不敢違遲 [16]。乞請 [17] 處分 [18]。

6. 牒件狀如前，謹牒 [19]。

7. 辛丑年二月 日團頭李庭秀等牒 [20]（朱印）

8. 團頭段君子

9. 團頭曹昌晟（朱印）

10. 頭張金剛（朱印）

11. 准 [21] 狀支給 [22]，至秋徵納 [23]。十

12. 三日 正勤 [24]

13. 依上處分，付倉所由 [25]

14. 付。

注：

[1]《漢語大詞典》："寺戶，即佛圖戶。北魏時為佛寺服役的民戶。"按，根據敦煌出土的資料，唐、五代時，在吐蕃佔領的敦煌地區，也有寺戶制度存在。寺戶即依附於寺院的農戶，其最基層的編制是"團"。依據敦煌遺書 S.0542《戌年六月十八日諸寺丁壯車牛役簿》，寺戶每團人數從數人到二十多人不等。團的頭目也是寺戶，稱為團頭。團頭的職能是率領寺戶執役，負責借貸種子年糧并對頭下戶的違章行為負法律責任。

[2] 宋·歐陽修《與陳員外書》："凡公之事：上而下者，則曰符曰檄；問訊列對，下而上者，則曰狀；位等相以往來，曰移曰牒。"從敦煌吐魯番所出唐代官文書看，"牒"文的使用極為普遍，"下而上"、"上而下"及"位等相以往來"都可用牒，而"狀"則多用於"下而上者"，具體稱"狀上"。[1]

[3] 人戶：即"寺戶"，或稱為"寺人戶"。

---

[1] 參見盧向前《牒式及其處理程式的探討——唐公式文研究》，《敦煌吐魯番文獻研究論集》第三輯，北京大學出版社 1986 年版，第 335—393 頁。

[4] "着"爲"著"的異體字。著，通"貯"。"著（貯）積"即積蓄。

[5] 種蒔：猶種植。

[6] 下子：播種。

[7] 凴："憑"的異體字。

[8] 各：皆、都。例如漢·董仲舒《春秋繁露·陽尊陰卑》："諸在上者，皆爲其下陽；諸在下者，各爲其上陰。"

[9]《資治通鑒·後唐同光二年》："豆盧革嘗以手書便省庫錢數十萬。"胡三省注："今俗謂借錢爲便錢，言借貸以便用也。"適應於漢語詞滙雙音化趨勢，"貸""便"同義聯合，形成"貸便"一詞。詳《詞語滙釋》"貸便"。

[10] 濟：救助。

[11] 伏：敬詞。

[12] 商量：商決、計議、討論。

[13] 年計：一年之收入生計。

[14] "請"後之"貸便"承前省略。

[15] 敦煌契約文書中"送納""輸納"常見。"輸""送"義同，"送納"與"輸納"同，爲輸送、繳納義。詳《詞語滙釋》"填還""填納"等。

[16] 違遲：違約或延遲償還。

[17] 乞請："乞"有"請"義，"乞""請"同義聯合，"乞請""請乞"即請求。詳《詞語滙釋》"乞請"。

[18] 處分：處理、處置。

[19] "牒件狀如前，謹牒"是公文"牒"末尾通用的套語，通常字形大於"牒"正文，且字與字之間有間隔。

[20] "牒"由文書義引申，則有呈文義。

[21] 准：依據。

[22] 支給：供給、支付。

[23] 徵納：徵收、收納。

[24] 正勤：俗姓宋，沙州靈圖寺僧人。吐蕃統治時期任沙州釋門教授。丑年龍興寺、安國寺、開元寺、報恩寺、金光明寺、靈修寺寺戶便麥牒上有

他的判詞（北鹹59號）；申年"亡尼證念誦佈施疏"末有他的題名（P.2583）；815年（元和十年）為師唐上座寫有祭文（S.3920）。[1]

[25] 所由："所由官"之省，猶言有關官吏，因事必經由其手，故稱。南朝至唐、宋常用此語。

沙州文錄補：97 丑年（821?）五月金光明寺直歲僧明哲請便麥粟牒

1. 金光明寺　　狀上

2. 貸便麥拾伍馱，粟伍馱。

3. 右緣 [1] 當寺 [2] 虛無 [3]，家客 [4] 貧弊 [5]，寺舍 [6] 破壞 [7]，敢 [8] 不修營 [9]。今現 [10] 施工 [11]，

4. 未得 [12] 成辦 [13]。粮食罄盡 [14]，工直 [15] 未填 [16]。只 [17] 欲休廢 [18]，恐木石 [19] 難存；只

5. 欲就修 [20]，方圓不遂 [21]。旨意成立，力不遂心 [22]。伏望 教授都

6. 頭倉 [23] 貸便前件斛斗，自至秋八月填納 [24]。一則寺舍成立，二

7. 乃斛斗不虧。二圖事儀，似有穩便 [25]。伏望 教授商量，請

8. 處分。

9. 牒 件 狀 如 前，謹 牒。

10. 丑年五月　日直歲 [26] 明哲謹牒

11. 都維那 [27] 惠微

12. 寺主金粟

注：

[1] "右"即上文"貸便麥拾伍馱，粟伍馱"。"緣"即因為、由於。"右緣"後則引出這次借貸的原因。

[1] 詳見趙曉星《吐蕃統治敦煌時期的宗教》，www.fjdh.com/wumin/HTML/88350.html。

[2] 當寺：本寺。

[3] 虛無：空無所有。

[4] 家客本為世族家門客，後來世族家奴僕亦稱家客。唐、五代時，在吐蕃佔領的敦煌地區，一些世族將家客施入寺院，此文中家客即指附屬於寺院的民戶，屬“寺戶”的一部分。

[5] 貧弊：貧窮破敗、貧困。

[6] 寺舍：寺院、僧舍。

[7] 破壞：破損、損壞。詳《詞語匯釋》“破壞”。

[8] 敢：不敢、豈敢。

[9] 修營：修理、營建。

[10] 今現：現今。詳《詞語匯釋》“今現”。

[11] 施工：工程按計劃進行建造。

[12] 得，用在動詞前表示能夠。未得，即不能。

[13] “辦”有成、成功義。“成”“辦”同義聯合，指完成、成功。

[14] 罄盡：全盡無餘。例如《晉書·王衍傳》：“數年之內，家資罄盡，出就洛城西田園而居焉。”

[15] “直”為“值”的借字。“工值”即工錢。

[16] 填：償還。詳《詞語匯釋》“填”“填還”“填納”。

[17] “只”作為副詞，有“一直”義。“只欲……只欲……”即“一直想……却……一直想……可又……”。

[18] 休廢：停止、廢棄。

[19] 木石：木頭和石頭，代指各種建築材料。

[20] “就”有完成義，“就修”即完成修建。

[21] 方圓不遂：不管是方是圓，都不能順心如意。義謂諸事不便。

[22] “旨意”即意圖、意念。“旨意成立，力不遂心”即雖有此意，但力不從心。

[23] 田德新《敦煌寺院中的“都頭”》[1]：“都頭是都僧統司的倉庫出

---

[1] 田德新《敦煌寺院中的“都頭”》，《敦煌學輯刊》1996 年第 2 期。

納官"，"教授都頭倉是處於各寺之上由都教授直接控制的倉庫機構，由教授'處分'，而實際負責及經手的人即都頭"，"都頭倉即是都司倉"。

[24] 參照其他便麥牒相關語句"自限至秋……輸納""限至秋……輸納""至秋……輸納"，可推知本句"自"後漏"限"。"自限至秋"之"自"，疑為受"自……至……"固定組合關係影響而產生的衍文，"自限至秋"與"限至秋"所表達的語義同。

[25] 穩便，穩妥、方便。事儀，即事宜，指事情。

參照《輯校》99頁S.5832《年代不詳請便佛麥牒》"伏望請便前件物，至秋依數填納，即兩得濟辦"中的"兩得濟辦"，可知"二圖事儀"義為雙方利益都有所考慮之事（即雙方都受惠之事）。"二圖事儀，似有穩便"即雙方都受惠之事，似乎是穩妥的。

[26] 直，當值之義。直歲本為負責接待的客僧的職稱，但在禪林中則為掌管一切雜事者之稱，為一重要職務，乃禪宗六知事之一。直歲原值一年之務，故稱直歲，後演變為一月、半月或一日任其職，乃至不定其期限。

[27] 都維那，又作"維那"。維那是梵語Karma – dāna音譯，佛寺中的一種僧職，其職權範圍變動不一。隋唐寺院的首腦為三綱：上座、寺主、維那。上座以年德俱高，由朝廷任命，其位居寺主、維那之上；寺主管理一寺之事；維那管理僧眾事務。

S.1475背：113 酉年（829?）行人部落百姓張七奴便麥契

1. 酉年十一月，行人部落 [1] 百姓張七奴為 [2] 納突不辦 [3]，

2. 於靈圖寺僧海清處便佛麥 [4] 陸碩。其

3. 麥限至秋八月內還足。[5] 如違限不還，

4. 其麥請陪（倍）。如身東西，一仰保人等代還。

5. 任 [6] 牽掣 [7] 家資 [8]、雜物、牛畜等。恐人無信，

6. 故立此契。兩共平章、書紙為記。

7. 便麥人張七奴年卅（押）

8. 保人男黑奴年十三

9. 保人張飆奾 [9] 年十一

10. 見人索海奴

11. 見人

12. 見人

注：

[1] 姜伯勤先生認為，唐代"行人"含義有三種：一為征人、軍士、士兵；二為工商人戶；三為旅人、路人、使人。敦煌文書中出現的行人部落系吐蕃攻陷沙州之後編組工商行會而成的部落。[1]

陸離先生認為，行人部落最初為軍事部落。行人部落與絲綿部落是公元790—820 年間吐蕃在敦煌設置的兩個漢人部落，它們是駐紮在河西地區擘三部落管轄下的部落，按分工不同而分別組建，行人部落主要負責征戰防禦，絲綿部落主要負責農桑生產。行人部落又分為上、下兩部，分別稱為上部落和下部落。公元 820 年在原有的行人、絲綿部落的基礎上，重新設置了阿骨薩和悉策薩兩個獨立的漢人軍事部落，而行人、上、下、絲綿等部落隨之被取代，不再出現。[2]

[2] 為，因為，或作"為緣"，用於引出簽訂契約的原因。詳《詞語匯釋》"伏緣""為緣""為"。

[3] "突"為吐蕃統治敦煌時期所使用的土地計量單位，一突相當於唐代十畝。這一時期的土地稅稱為"突稅"，交納"突稅"則稱為"納突"。"納突不辦"即沒有能力交納"突稅"。

[4] 在敦煌寺院中，管理佛物的機構被稱為"佛帳所"或"佛物所""佛物處"。佛麥即佛帳所之麥。

[1] 詳見姜伯勤《敦煌文書中的唐五代"行人"》，《中國史研究》1979 年第 2 期。
[2] 詳见陸離《吐蕃統治敦煌時期的"行人""行人部落"》，《民族研究》2009 年第 4 期。

[5] 在規定期限內還本而无息的糧食借貸，主要見於吐蕃統治敦煌時期。本寺的寺戶、貧窮僧人以及附近部落百姓在缺少種子、沒有糧食或負債累累的窘況下向寺院尋求幫助，寺院則向他們伸出援助之手，借出糧食而不收利息。這種借貸看似无息，但借此可以宣傳教義，擴大影響，進而吸引更多的信徒，招致更大的佈施。另外，這種无息借貸也是緩和當時沙州佛教社會尖銳階級矛盾的重要手段。

[6] 任：聽憑，任憑。

[7] 牽掣：牽拉、掣取。

[8] 家資：家中的財產。

[9] 保人一般為家庭成員，最常見的是兒子和兄弟。此件中的"黑奴""張颷飈"即"張七奴"的兒子。

P.3422背：139 卯年（835）武光兒便麥契 [1]

1. 卯年正月十九日，曷骨薩部落 [2] 百姓武光兒

2. 為少年粮 [3] 種子，於靈圖寺便佛帳麥壹

3. 拾伍碩。其車壹乘為典 [4]。限至秋八月

4. 十五日已前送納 [5] 足。如違限不納，其車

5. 請不著 [6] 領（令）六（律）[7]，任 [8] 寺收將 [9]。其麥壹㪷，

6. 倍為貳㪷 [10]。如身東西，一仰保人男

7. 五娘等代還。恐人無信，故立此契。

8. 書指 [11] 為記。

9. 便麥人武光兒

10. 保人男五娘年十三

11. 保人男張三年八歲

12. 見人李騷騷

注：

[1] 此件契約中，債務人武光兒將"車壹乘"作為質典物，抵押給債權人靈圖寺，如債務人不按期履約，債權人則將車收取，這是典型的質典擔保。

[2] 曷骨薩部落即阿骨薩（或紇骨薩）部落，是公元820年在行人、絲綿部落的基礎上設置的漢人軍事部落。

[3] 年粮：用作種子的粮食。

[4] 典：抵押，典當。

[5] 送納：輸送、繳納。

[6] "著"有依附、歸屬義，"不著令律"為不歸屬於令律，即不受令律限制。

[7] "令律"即"律令"。《輯校》所收契約中，"令律"一詞都出現在靈圖寺的糧食借貸契中，且"令律"多假借作"領六"，這可能受當時特定人群的用詞、用字習慣的影響所致。

[8] 任，《輯校》誤錄為"住"。"任""住"形近，細辨原件圖版字形，參照相關契約"如違限不還，一任掣奪家資雜物，用充麥直"等套語，可確知此形當作"任"。

[9] "將"有取、拿義，"收將"即收取。

[10] 㪷，《輯校》誤錄為"斛"。核對原件圖版字形，結合上下文義，可確知此形當作"㪷"。

[11] 書指：在契約末尾自己的名下或名旁畫上指節的長短，以為標記，這種現象稱為"畫指"。從敦煌契約主要的畫指之法中可以看出，"畫指"中"畫"的意味已大大降低，代之而起的則更多是"書"的意味。由於"畫""書"形近，再加上普通民眾已不熟悉"畫指"之用，由此則出現普通民眾將契約套語"畫指為驗"中的"畫指"誤寫為"書指"的現象。詳《詞語匯釋》"畫指""書指"。

S.5811：161 乙丑年（905）索豬苟貸麥契

1. 乙丑年三月五日，索豬苟為少種子，遂於龍興寺張法律

2. 寄將[1]麥三碩，亦無只（質）典[2]，至秋納[3]麥陸碩。[4]其秋只[5]納得麥

3. 肆碩，更[6]欠麦兩碩。直至十月，趁還[7]不得；他自將[8]大頭釧[9]

4. 壹，只（質）[10]欠麥兩碩，其麥彼（限）至十二月末納。不就[11]，便則至（庫?）[12]

（後缺）

注：

[1] "寄"有借義，"將"為取義，"寄將"即借取。詳《詞語匯釋》"寄""寄將"。

[2] 質典：抵押、典當。敦煌契約文書中"質典"之"質"多假借作"只"。

[3] 納：繳納。

[4] 索豬苟從龍興寺張法律處借麥三碩，到秋天要還麥陸碩，借貸利率高達200％，

[5]《輯校》注"只"的本字為"質"。我們所檢索敦煌文獻中，未發現"質納"一詞，且"質""納"在詞義很難產生組合關係。因此，我們認為此處"只"為本字，義為：本來要求繳納麥陸碩，現在只繳納麥肆碩。

[6] 更：副詞，另外義。詳《詞語匯釋》"更"。

[7] 趁還：繳納、償還。詳《詞語匯釋》"趁還"。

[8] 將：取、拿。

[9]《輯校》62頁S.1350《唐大中五年（851）僧光鏡負儭布買釧契》有"車小頭釧"，由此可推知本件"大頭釧"即"車大頭釧"。"釧"為"軌"之假借，"軌"指套在車轂上的金屬圈。

[10] 質：抵押。

[11] "就"有到、來義。"不就"即不到，意思是到十二月末還不來還麥。

[12] 原件圖版中" "殘，疑為"庫"字。"庫"即質庫，質庫是押物、放款、收息的商鋪，類似後代的當鋪。"不就，便則至庫"即如十二月末仍无法還麥，則到質庫去變賣質物，以抵償麥價。"質庫"對抵押物的變賣，充滿了剝削。此件借麥的利息是200％，高利貸下如果農民无力還貸，則進一步要在質典物上牟利，由此可感受到寺院對農民嚴重的剝削。敦煌歸義軍時期寺院糧食的高利息借貸與吐蕃時期寺院糧食的无息借貸形成了鮮明對比。

Дx.2143：199 乙未年（935?）押衙索勝全換馬契 [1]

1. 乙未年六月十六日立契。押衙索勝全次 [2] 著 [3] 于闐 [4] 去，遂於翟

2. 押衙面上換大駮 [5] 馬壹疋。其于闐使命到來之日，更 [6] 還生絹

3. 壹疋、熟絹壹疋，各長三仗柒尺。生絹福（幅）[7] 貳尺，熟絹福（幅）一尺玖

4. 寸。又緋 [8] 綿紬 [9] 壹疋。若路上東西不平善者 [10]，使命到來之

5. 日，一仰口承男勝㞘及妻男押衙長遷面上取生絹壹疋、

6. 熟 [絹] 壹疋、緋綿紬壹疋為定。恐後無信，故立此契，用為後

7. 憑。

8. 換馬人押衙索勝全㞘 [11]

9. 口承人男勝㞘（盈?）㞘

10. 口承男押衙長千 [12] 㞘

11. 知見人索衍子十

12. 知見人移（穆?）冨（富?）安㞘

13. 知見人晜寺 [13] 法律王會長

14. 知見人押衙李阿朵奴

注：

[1] 該契約《輯校》僅錄第 1 行和第 14 行，沙知先生對該契約的說明為："此件見《蘇聯科學院亞洲民族研究所藏敦煌漢文寫本注記目錄》第二冊五二九至五三〇頁。此目體例，只出文書首末行文字，中間節略。注記認為此件是博換契，內容為契主出使于闐，以馬正與翟押衙交換絹帛。……按，同類契如收入本書的……大抵是因出使，缺少用度，借貸絹帛。尚未見有因出使博換絹帛的契約文書，因疑注記作者對此契文理解有誤。此類訛誤，注記目錄中不乏其例。筆者傾向此件當與上引諸號貸絹契為同一類型，稍異者此為出使于闐，餘多出使西、伊州耳。Tun_huang and Turfan Documents III(A) 一〇八頁將此件歸入借貸絹帛契，較妥。今從之，俟他日此件全文面世後檢定。"

由於沙知先生未見該件契約圖版，他對該契約性質的判斷存在一定問題：該契約確為博換契。《蘇聯科學院亞洲民族研究所藏敦煌漢文寫本注記目錄》認為此契約"內容為契主出使于闐，以馬正與翟押衙交換絹帛。"由於契約語境不足，此博換契可有兩種理解：(1) 索勝全用馬換絹；(2) 索勝全用絹換馬。根據敦煌契約文書大量因出使而貸絹的契約，我們認為用馬換絹的可能性很大。但也不排除用絹換馬的可能：首先，馬是當時出使遠方必需的腳力；其次，從契約本身表述看，如果是契主以馬正與翟押衙交換絹帛，則交換所得的絹帛數量應在契約中說明；再次，既然絹帛是契交換所得，就不會再涉及契主出使回來時還絹的問題，很可能是契主先使用對方的馬，交換之絹帛在契主出使歸來後再還。

[2] 次："般次""使次"之省，即出使的批次。詳《詞語匯釋》"般次""使次""次"。

[3]《輯校》錄為"着"，根據圖版，當錄為"著"。"著"有"到某地去"義，"次著于闐去"即使次安排到于闐去。詳《詞語匯釋》"著"。

[4] 于闐：西域古王國名，即今新疆省和闐（和田）縣。9 世紀中葉，吐蕃內亂勢衰，于闐獲得獨立，開始和敦煌的歸義軍政權交往。敦煌契約文書多次出現出使于闐的記載，反映了歸義軍政權與于闐的密切往來。

[5] 駃：公馬。《玉篇·馬部》："駃，牡馬也。"

[6] "更"在此處可有兩種理解：①償還義。"更"有償還義，如《周禮·夏官·司弓矢》："凡亡矢者，弗用則更。"鄭玄注："更，償也。"②副詞"再"義，即契主先使用對方的馬，交換之絹帛在契主出使歸來後再還。按，敦煌契約文書中"更"有"再"義（詳《詞語匯釋》"更"），結合該契約上下語境，"更"理解為"再"可能更符合文義。

[7] 敦煌契約文書中表示布帛寬度的"幅"經常假借作"福"。

[8] 緋：紅色。

[9] 綿紬："紬"同"綢"。綿綢指用殘次繭絲所織的平紋綢，織物表面不光整，但厚實堅牢。

[10] "如身東西不在（善），一仰保人（口承人）等代還"是敦煌契約文書常見套語，意思為：如果債務人在還債期間外出逃避或客死他鄉，相關債務要求保人或口承人等替債務人償還。詳《詞語匯釋》"東西"。

[11] 索勝全及其家人勝盈、長千姓名後有花押標誌𡘈，索衍子後有花押標誌十，穆富安後有花押標誌𠂤，由此可見這是一份正式的契約。

[12] 同一姓名在同一寫手筆下有"遷""千"之別。姓名用字一般不允許隨意假借，但書寫者為了書寫的便捷，還是將"遷"簡寫為"千"，由此即可感受到敦煌契約中假借現象的无處不在。

[13] 喦寺："靈圖寺"之省，是敦煌唐宋時代的著名寺院。"喦"即"圖"字，唐·玄應《一切經音義》卷八："詔定古文官書，圖、喦二形同。"清·俞正燮《癸巳存稿·省堂寺碑跋》："〔省堂寺碑〕圖字作喦。"

P.3603背：201乙未年（935?）張定住貸絹契（習字）

1.乙未年八月七日立契。龍勒鄉[1]百姓張定住伏緣家中欠少疋帛[2]，今

2.遂於莫高鄉[3]百姓張定奴面上貸帛生絹[4]壹疋，長叁仗（丈）柒尺，

3.⿳闊（闊）貳尺 [5]。其絹利頭 [6]，現麥粟肆碩。[7] 其絹限至來年今月

4.於尺數 [8] 填還 [9]。若不還者，看鄉元生利 [10]。若定住身不在，

5.仰口承男德子取上好絹者 [11]。

6.貸絹張定住

7.貸絹人德子

8.知見人好子

9.知見人定興

注：

[1] 龍勒鄉：簡稱“龍”，敦煌縣十三鄉之一，位於縣城西部。

[2] 疋帛：“疋”為紡織物中絲織品的專門量詞，“疋帛”即絹帛，或稱“疋物”。詳《詞語匯釋》“疋帛”“疋物”。

鄭炳林《晚唐五代敦煌貿易市場的等價物》[1]：“從敦煌文書反映的情況看，自吐蕃佔領敦煌起直到歸義軍政權末期，不再有任何關於使用錢幣進行交換的記載。”作為貨幣的替代品，穀物和絹帛成為當時敦煌主要的交易和流通手段。從敦煌契約文書所反映的情況看，吐蕃時期，以糧食作為主要貨幣形式；歸義軍時期，絹帛成為主要的貨幣形式。因此，敦煌大量貸絹契中出現的“欠少疋帛”並不意味貸絹人缺少穿着用的絹帛，而是意味着貸絹人需要絹帛來交易或支付。敦煌貸絹契的大多原因是出使，從中即可看出絹帛在當時的貨幣職能。

[3] 莫高鄉：簡稱“莫”，敦煌縣十三鄉之一，位於縣城東南。

[4] “帛”是古代絲織物的通稱。“生絹”是未漂煮過的絹。相關貸絹契中，大都為“貸生絹 × 疋”，此件中“帛生絹”之“帛”既可理解為衍文，也可理解為：先統說“帛”，再明確具體指“生絹”。

[5] 敦煌契約文書中的貸絹契，大都明確標明所貸絹帛一疋的長度和寬度。唐代律令明確規定絹帛的官方尺寸為：40 尺 ×1.8 尺。敦煌貸絹契中絹

---

[1] 鄭炳林《晚唐五代敦煌貿易市場的等價物》，《敦煌研究》1997 年第 3 期。

帛的尺寸並沒有嚴格按照唐代律令規定，絹帛長度大多比官方標準短（三丈六尺至四丈之間），幅寬則相應比官方標準長（一尺八寸至二尺七寸之間）。其中原因，可能和"尺"的標準不統一有關。[1] 此外，當時絹帛是小作坊生產，紡織絹帛的機型很難統一，不同的機型，織出了長寬不同的絹帛。

[6] 利頭：利潤、利息。詳《詞語匯釋》"利頭"。

[7] 敦煌貸絹契中多次明確指出一匹絹的利息為四碩麥粟（或四碩麥），這可能是歸義軍時貸絹利息的通行標準。

[8]《輯校》錄"尺數"為"日數"，其 202 頁校記："於日數填還"，Tun_huang and Turfan Documents III(A) 一〇八頁作"□，向數填還。"按，原件圖版中"於"字依稀可辨，"於"後之字模糊不清。參照相關契約，可知"日數""向數"當錄為"尺數"，如《輯校》203 頁《辛丑年（941？）押衙羅賢信貸絹契》："其押衙回來之日還納，於尺數本利兩疋。"《輯校》394 頁 P.4885《乙未年（935）押衙李應子欠馳價絹憑》："其絹限至四月盡填還於尺數絹者。""於尺數"又作"於幅尺""於尺寸"，其中"於"為依據、按照義。"其絹限至來年今月於尺數填還"即限止在明年的這個月依據契約規定歸還相應尺數的絹。"於"表示依據義，在敦煌契約文書中多見，詳《詞語匯釋》"於"。

[9] 填還：償還。詳《詞語匯釋》"填""填還"。

[10] "看"為依據、按照義。"鄉元"為"鄉元例"之省，指地方慣例。"看鄉元生利"為敦煌契約常見套語，即按照地方慣例產生利息。詳《詞語匯釋》"看""鄉元（原）"。

[11] "身不在"為"身東西不在"之省。"若定住身不在，仰口承男德子取上好絹者"意思為：如果貸絹人定住在還債期間外出逃避或客死他鄉，則要求口承人德子拿上等好絹償還債務。

---

[1] 一些貸絹契標明"其量絹尺在文書背上為記"（如 S.5632《辛酉年（961）陈宝山贷绢契》），文書背面，則有用毛筆標出的兩個間隔標記來說明一尺的長短，如此一來，則避免了計量標準的爭議。

S.3877 背: 248 戊戌年（878）令狐安定雇工契（習字）

1. 戊戌年正月廿五日立契。洪潤鄉百姓令狐安定為緣家內

2. 欠闕人力，遂於（雇）[1]龍勒鄉百姓就聰兒造作 [2] 一年。從

3. 正月至九 [3] 末，斷作價直 [4]，每月五斗 [5]。現与春肆筒

4. 月價，与[6]（餘）收勒 [7] 到秋 [8]。春衣 [9] 壹對、汗衫 [10]、襪襠 [11]、並

5. 鞋壹兩 [12]，更無交加 [13]。其人立契，便任入作 [14]，不得

6. 抛功 [15]。[16] 一日勒 [17] 物一斗。忽 [18] 有死生 [19]，寬容三日 [20]，然後

7. 則須馳馳 [21]。所有農具什 [22] 等，並分付与聰兒，不

8. 得非理 [23] 打損 [24]。牛畜違打 [25]，倍（賠）在作人 [26] 身。兩共對

9. 面穩審 [27] 平章，更 [28] 不許休悔。如先 [29] 者，罰羊

10. 一口，充入不悔人。恐人無信，故勒此契，用為後憑。

注：

[1] 借助敦煌雇工契相關語例的參照，可知此例中的"於"當作"雇"[1]，例如《輯校》278頁 S.3011 背《辛酉年（961?）神沙鄉百姓李繼昌雇工契（習字）》："[神]沙鄉百姓李繼昌伏緣家內闕乏人力，遂雇慈惠鄉百姓吳再通男住兒造作一年。"

[2] 敦煌雇工契中"造作""營作"多見，"造作""營作"即勞作。詳《詞語匯釋》"造作"。

[3] 參照相關雇工契，可知"九"後脫漏"月"。例如《輯校》250頁 S.3877《甲寅年（894）龍勒鄉百姓張納雞雇工契（習字）》："從正月至九月末，斷雇價月麥粟一馱。"《輯校》258頁 P.2249 背《壬午

---

[1] 由於受"於某某地雇某某人"常見表達手法的影響，一些敦煌雇工契出現"雇""於"混用的現象。例如《輯校》282頁 S.766 背《壬午年（982）平康鄉百姓雇工契（習字）》："遂雇（於）赤心鄉百姓羅不奴面上雇男長盈，造作壹周年。"

年（922？）慈惠鄉百姓康保住雇工契（習字）》："從正月之（至）九月末，斷作每月壹馱。"

[4] 價直：相關雇工契或作"雇價"，即雇傭工人的價格。

[5] 每月五斗：敦煌雇工契中雇工的工價大多是"每月一馱"。按斗數計量工價的除此件外，還有："每月斷麥［粟］捌魁柒升"（《輯校》285頁 P.5008《戊子年（988？）梁戶史汜三雇工契》）、"每月斷物捌魁"（《輯校》274頁 P.2887《乙卯年（955）莫高鄉百姓孟再定雇工契》）。吐蕃的馱為一石（十斗）左右（詳《詞語匯釋》"蕃馱"），相比之下，此件"每月五斗"的雇價顯然遠遠低於當時雇價的平均水準。

[6] 与，《輯校》錄為繁體寫"與"。"与"為"餘"的借字，即四個月之外剩餘的糧食。

[7] 收勒：相關雇工契中作"收領"，即收取、領取義。詳《詞語匯釋》"收勒""收領"。

[8] 《輯校》298頁 S.1897《後梁龍德四年（924）燉煌鄉百姓張厶甲雇工契（樣文）》："斷作雇價，從正月至九月末造作，逐月壹馱。見分付多少已訖，更殘到秋物出之時收領。"參照相關雇工契，知此件"与（餘）收勒到秋"指作為工價尚未支付的糧食在秋天莊稼收穫之後支付。

[9] 在唐代募兵制下，"春衣"是發放給官兵的春季衣裝，包括帽子、上衣、下衣、鞋、襪等各類衣物。後來"春衣"使用範圍擴大，既可作為官員的俸祿，也可作為對官員的賞賜。敦煌文書中，還可見依附於寺院的"常住戶"從寺院領取"春衣"。在敦煌雇工契中，"春衣"與"汗衫、長袖、皮鞋"等並稱，說明"春衣"已不再是春季衣裝的統稱，而是指某種具體衣服。由於"春衣"作為雇價的一部分在敦煌雇工契中頻頻出現，可知"春衣"是當地民眾在春夏勞作中經常穿着的普通衣服。[1]

[10] 汗衫：吸汗的貼身短衣。

[11] 襏襣："漫襣褲"之省，"襣"為"漫"之改換形符字。"漫襣"謂遮蓋襣部，漫襣褲即不開襣的褲子。"漫襣褲"為馬背民族的服裝，由於

---

[1] 詳趙貞《唐五代"春衣"發放考述》，《首都師範大學學報》2003年第3期。

常年騎馬，故需穿不開襠的褲子。敦煌地處西北，與周邊少數民族相隔不遠且貿易往來頻繁，"漫襠褲"由此傳入敦煌。"漫襠"在敦煌雇工契中頻頻出現，可知這是一種便於勞作且被普通百姓經常穿着的服裝。[1]

[12] 兩：量詞，用於鞋、襪等成對使用的衣物。

[13] "交加"為增加，"更无交加"即再无增加。

[14] 入作：勞作。詳《詞語匯釋》"入作"。

參照相關契約，知本件"其人立契，便任入作"義即"立契已後，便須入作"，例如《輯校》296頁P.3441背《雇工契》："立契已後，便須入作。"

[15] 功，《輯校》誤錄作"工"。

拋功，"拋擿功夫"之省略。"拋擿功夫"指拋却、拋棄作事所費的精力和時間，義即作事時偷閑打滑，不好好工作。"拋擿功夫（工夫）"頻頻在敦煌雇工契中出現，作為慣用套語，其經常又可簡化為"拋功（工）"。

[16] 敦煌雇工契多有"忙時拋工一日，剋物貳斗；閑時拋工一日，剋物一斗"。參照雇工契相關語例，知本件"一日勒物一斗"即"拋功一日，勒物一斗"。

[17] 勒：克扣。詳《詞語匯釋》"勒"。

[18] 忽：如。詳《詞語匯釋》"忽"。

[19] 死生："生老病死"之省稱，即突然發生的生病、死亡諸事。

[20] 允許有三天料理他事的寬限。《輯校》263頁P.2415p1+P.2869p5《乙酉年（925？）乾元寺僧寶香雇工契》"如若有病患者，許五日將理"與本件"忽有死生，寬容三日"可互證。

[21] "駈"為"驅"之草寫變體，"駈駈"即"驅驅"。敦煌雇工契中"驅驅"與"兢兢""兢心"出現在相同語境中。"兢"強調內心的投入，"驅"強調行為的勤快，"兢心""兢兢""驅驅"在敦煌雇工契中詞義相通，表示全心全意、勤懇認真地投入工作。詳《詞語匯釋》"兢心"。

[22] 原卷"什"似作"付"，"付"可能因下文"分付"而衍。如果此字形確為"什"，參照相關雇工契，可知"什"下脫漏"物"，"什物"即

[1] 詳見杜朝暉《敦煌文獻名物研究》，浙江大學博士學位論文，2006年，第57頁。

各種物品器具，多指日常生活用品。

[23] 非理：沒有道理、不合常理。

[24] 打損：打壞、損壞。詳《詞語匯釋》"打損"。

[25] 契約原件圖版中"違打"字跡模糊難辨。敦煌雇工契中，有"若遇賊來打將，壹看大例""或若作兒賊打將去，一看大例"之類的套語，其中"打"指打劫。參照相關契約，可推知"違打"之"打"可能為打劫義，"違打"之"違"可能為走失義，"牛畜違打"即牛畜走失或被打劫。

[26] 作人：打工者。

[27] 穩審：穩妥、審慎。

[28] 更：再。

[29] 參照相關契約，知"先"後脫漏"悔"。

S.1897：298 後梁龍德四年（924）張厶甲雇工契（樣文）

1. 龍德肆年甲申歲二月一日，燉煌鄉百姓張厶甲為家內

2. 闕少人力，遂雇同鄉百姓陰厶甲。斷作雇價，從二 [1] 月至九月末

3. 造作，逐月 [2] 壹馱。見分付多少已訖 [3]，更殘 [4] 到秋物田

4. 之時收領 [5]。春衣一對，長袖 [6] 並褌，皮鞋一量。餘外

5. 欠闕，仰自排批（比）[7]。入作 [8] 之後，比至 [9] 月滿 [10]，便須兢心 [11]，勿 [存]

6. 二意，時向 [12] 不離。城內、城外一般 [13]，獲時造作，不得

7. 拋滌工夫 [14]。忽 [15] 忙時不就田畔 [16]，蹭蹬 [17] 閑行，左南

8. 直北 [18]，拋工一日，剋物貳斗 [19]。應有 [20] 沿身 [21] 使用農

9. 具，兼及畜乘 [22]，非理失脫 [23] 傷損 [24] 者，陪（賠）在厶甲身

10. 上。忽若偷盜他人麥粟、牛羊、鞍馬逃走，一仰厶甲親眷

11. [祇] 當 [25]。或若澆溉 [26] 之時，不慎睡臥 [27]，水落 [28] 在

敦煌契約文書語言研究
DUNHUANG QIYUE WENSHU YUYAN YANJIU

12.[他] 處，官中書（施）罰，仰自袛當。亦不得侵損 [29] 他

13.[人] 田苗、針草 [30]，須守本分 [31]。大例 [32] 賊打輸 [33]，身却 [34]
者，

14. 無親表 [35] 論說 [36] 之分 [37]。[38] 兩共對面平章為定，

15. 准法不許翻悔 [39]。如先悔者，罰上羊壹口，充

16. 入不悔人，恐人無 [40]，故立明文 [41]，用為後驗。

17. 雇身厶甲　　見人厶甲

18. 口丞（承）人厶甲　　見人厶甲 [42]

注:

[1] 原件“從”後書“正”，又在“正”右邊書“二”。敦煌雇工契類
似語境中的套語多為“從正月至九月末”，此件在“正”右旁注“二”，原
因可能是：受慣用套語的影響，契約書寫者首先習慣性地寫為“正月”，而
此件契約是二月一日所簽，發現筆誤后，契約書寫者遂在“正”右旁注“二”。

[2] 逐月：每月。詳《詞語匯釋》“逐”。

[3] 訖：完畢。

[4] 更：另外。殘：殘餘、剩餘。“更殘”即另外剩餘的糧食。

[5] 收領：收取、領取。

[6] 杜朝暉《敦煌文獻名物研究》[1]118 頁：“敦煌文獻中的長袖之制
有所不同，總體來說，‘長袖’袖長是一致的，而衣長則分階層的不同而不
同，有閑階層，衣長在膝部上下，類似袍服；而勞動階層衣短，與褲裝搭配。”
敦煌契約文書中“長袖”之“長”多作“裖”，此乃受“袖”之影響而產生
的類化形聲字。

[7] 排枇：原卷作“枇排”，“排”字右側有表示顛倒的符號，則正常
語序為“排枇”。“排枇”之“枇”，為“批”之訛：敦煌俗字中，“木”“扌”
經常混同；“化”“比”形近，“枇”中之“化”，當為“比”之訛。因此，
此件“排枇”，實即“排批”的誤錄。敦煌契約文書中“排批”多見，“排

[1] 杜朝暉《敦煌文獻名物研究》，浙江大學博士學位論文，2006 年。

批"即"排比"，為安排、準備義。"排""比"連用，"比"受"排"之
"扌"旁的影響而類化作"批"。詳《詞語匯釋》"排比""排備"。

[8] 入作：開始勞作。

[9] 比至：及至、到。

[10]《輯校》250頁 S.3877《甲寅年（894）龍勒鄉百姓張納雞雇工契（習
字）》："自從入作已後，比期滿驅驅造[作]。"參照相關契約，知本件"月
滿"指受雇月份滿。"入作之後，比至月滿"即從開始受雇勞作到受雇期滿。

[11]《輯校》285頁 P.5008《戊子年（988?）梁戶史汜三雇工契》："自
雇已後，便須兢心造作。"此件"兢心"即"兢心造作"之省。在雇工契類
似語境中，"兢心"多作"兢兢""駏駏"，即全心全意、勤懇認真地投入
工作。詳《詞語匯釋》"兢心"。

[12] 時向：蔣禮鴻《敦煌變文字義義通釋》[1]369頁："'時餉''時向'
就是'一時一餉'的省說。'餉'和'向'，当以前者為本字；'一餉'就
是吃一餐飯的時間。"按，此件"勿[存]二意，時向不離"即不要有异心，
即便是吃一餐飯的短暫時間，也不能放棄精誠勞作之心。

[13] 一般：一樣、同樣。

[14] 獲時：即"畫時"，"獲"為"畫"之借字。敦煌契約文書中"畫
指"或作"獲指"，即可說明"獲""畫"音近。《漢語大詞典》"畫時"
下釋"即時；立時。""獲時造作"指即時勞作。

抛滌：即"抛摘"，"滌"為"摘"之借字。

工夫：即"功夫"，指作事所費的精力和時間。

"抛摘功夫（工夫）"是敦煌雇工契常見套語，指抛却、抛棄作事所費
的精力和時間，義即作事時偷閑打滑，不好好工作。

"城內、城外一般，獲時造作，不得抛滌工夫"即城內和城外一樣，即
時勞作，不許偷懶打滑。《輯校》對此句的標點為："城內城外，一般獲時
造作，不得抛滌工夫。"可能出於對"一般"的誤解，導致《輯校》對本句
的標點錯誤。

---

[1] 蔣禮鴻《敦煌變文字義通釋》（增補定本），上海古籍出版社 1997 年版。

[15] 忽：倘或、假如。"忽"在其他雇工契類似語境中多作"如""若"或"如若"，例如《輯校》283頁"自雇已後，便須駈駈，不得抛敵功夫。如若忙時抛功壹日，剋物貳斗。"

[16] 不就田畔：不到田地去幹活。

[17] 蹭蹬：遊蕩。詳《詞語匯釋》"蹭蹬"。

[18] "蹭蹬"與"閑行"並列，"蹭蹬閑行"又與"左南直北"對應，即無所事事、四處遊蕩之意。

[19] 敦煌雇工契相關套語多為："自雇如後，便須兢兢造作，不得抛功壹日。忙時抛工壹日，剋物貳斗，閑時抛工一日，剋物一斗。"

[20] 應有：所有。敦煌契約文書中"應有"和"所有"都有使用，但"所有"的使用頻率高於"應有"。詳《詞語匯釋》"所要、所有、所是、應有"。

[21] 沿身：隨身。例如《太平廣記》卷二八八引唐·陸長源《辨疑志》："增妻惶懼涕泗，取錢十千，並沿身衣服與恒。"

[22] 畜乘：馳、馬、牛等牲畜。詳《詞語匯釋》"畜乘"。

[23] 失脫：丟失。詳《詞語匯釋》"失却""失脫"。

[24] 傷損：損傷、損壞。

[25] 祗當：抵償、擔當。

[26] 澆溉：灌溉。

[27] 睡臥：睡着。

[28] 落：此處指水流到他處。

[29] 侵損：侵佔、損壞。

[30] 針草：喻極細小的事物或極細微之處。詳《詞語匯釋》"針草"。

[31] 須守本分：須要安分守己。

[32] 大例：通例、通則。

[33] 敦煌雇工契類似語境中常見套語為"或遇賊來打將，壹看大例"，意思為：如遇到盜賊的打劫、搶奪，則根據地方相關通例進行賠償。此件"賊打"即"賊來打將"之省。詳《詞語匯釋》"打將""賊打"。

[34] 却：退却。

根據文義，"賊打輸"與"身却者"之間當斷句。

[35] 親表：親戚。詳《詞語匯釋》"親表"。

[36] 論說：論理。詳《詞語匯釋》"論說"。

[37] 分：名分，權力。

[38] "大例賊打輸，身却者，無親表論說之分"意思為：如（牲畜、物件等）被盜賊打劫、搶走，而雇工自己逃走，則相關責任人按地方通例賠償損失物品，沒有親戚論理的權力。

[39] 翻悔：即"反悔"。

[40] "無"後脫漏"信"。

[41] "故立明文"在其他契約中多作"故立斯契"。

[42] 原件17、18行之"見人厶甲"倒書，原因可能為：該件契約書寫至此，已到紙張邊緣，"見人厶甲"無處可寫，只能倒寫在17、18行。

P.3448 背：312 辛卯年（931?）百姓董善通、張善保雇駞契

1. 辛卯年九月廿日，百姓董善通、張善保

2. 二人往入京 [1]，欠少駞畜 [2]，遂於百姓劉達

3. 子面上雇拾歲黃駮駞 [3] 壹頭。斷作雇駞

4. 價生絹陸疋，其叁疋長叁拾尺，又

5. 叁疋長三丈玖尺；[4] 又樓機 [5] 壹疋。看 [6] 行内駱駞

6. 價。將 [7] 駞去後，比至到來，路上有危難，不

7. 達本州，一看大礼（例）。[8] 若駞相 [9] 走失者，雇價

8. 本在 [10]，於年歲却立本駞 [11]。或若道上瘡出

9. 病死，須同行 [12] 證盟 [13]。立此文書，故勒私

10. 契，用為後驗。

11. 駞主劉達子（押）

12. 雇人董善通（押）

13. 雇 [人] 張善保（押）

14. 見人史興子（押）

15. 口承銜張慶順（押）

注：

[1] 相關雇馳契雇馳的原因多為"往於某地充使，欠闕馳乘"，因此，本件董善通、張善保前往都城長安很可能也承擔出使任務。

[2] 馳：《廣韻·歌韻》："馳，駱馳。駝，俗。"《輯校》錄"馳"為"駝"，與原件字形不符。

馳畜：其他雇馳契類似語境中又作"馳乘""畜乘"，即人們出行時騎乘之馳。

[3] 駁：《玉篇·馬部》："駁，牡馬也。""駁馳"的出現，說明"駁"已不再局限於公馬義，而是泛指雄性動物。詳《詞語匯釋》"父""駁"。

[4] 唐代律令明確規定絹帛的官方尺寸為：40 尺 × 1.8 尺。從敦煌契約所記錄的絹帛尺寸看，當時敦煌地區的人們並未嚴格執行官方規定。這一方面和"尺"的標準不統一有關，另一方面也和織機機型的不統一有關。敦煌貸絹契記錄的絹帛長度在三丈六尺至四丈之間，此件三疋絹的長度只有三十尺，比貸絹契中的絹短多了。查原件圖版，"三拾尺"本作"肆拾尺"，後來"肆"改為"三"。為什麼作如此改動，原因不詳。此外，敦煌貸絹契在明確絹帛長度的同時大都還要明確絹帛寬度，而雇馳契大都籠統地說價值絹帛多少匹或僅指出一匹有多長。

[5] 樓機："樓機綾"之省。"'高機''樓機'大約就是紡織史上常提及的束綜提花機或花樓束綜機，因其機身高聳而又名'高機''樓機'。"[1]

[6] 看：依據、按照。詳《詞語匯釋》"看"。

"看行內駱馳價"即按照行內駱馳價。《輯校》釋"內"為"納"，存疑。

[7] 將：帶領。

---

[1] 詳见杜朝暉《敦煌文獻名物研究》，浙江大學博士學位論文，2006 年，第 199 頁。

[8] "礼"在敦煌契約中作簡體,《輯校》統一錄為繁體"禮"。

《輯校》310頁北敦09520《癸未年(923?)張修造僱駝契(習字)》:"或若路上賊打,看為大礼(例)"。參照相關契約,知此件"將駝去後,比至到來,路上有危難,不達本州,一看大礼(例)"即帶領駱駝走後到回來期間,如在路途中遇到盜賊打劫等危難,所僱之駝不能到達本州,則按照地方慣例進行賠償。

[9] 相:"傷"之借字。《輯校》315頁P.2652背《丙午年(946?)洪潤鄉百姓宋虫□僱駝契(習字)》:"所有路上駝傷走失,駝□□□□在,須立本駝,駝價本在。"參照其他僱駝契相關語句,知此處"相"為"傷"之借字。

[10]《輯校》310頁北敦09520《癸未年(923?)張修造僱駝契(習字)》:"若或病死,舌(舍)却僱價,立為本駝。"參照其他僱駝契相關語句,知假如駱駝病死,則只要求賠償駱駝,而不再收僱價(即"舍却僱價");假如駱駝走失,則既要求賠償駱駝,也要求繳納僱價(即"僱價本在")。

[11] 於:根據,按照。詳《詞語匯釋》"於"。

却立:償還。詳《詞語匯釋》"立"。

"於年歲却立本駝"即按照契約規定的時間賠償駱駝。

[12] 同行:一同行走之人。

[13] 證盟:證明、證實。詳《詞語匯釋》"見、徵見、證盟"。

P.2858背:319 酉年(829?)索海朝租地帖

1. 索海朝租僧善惠城西陰安渠[1]地兩突[2],每

2. 年價麥捌漢碩[3],仰海朝八月末已前[4]依

3. 數填還[5]了。如違不還,及有欠少不充[6],任將[7]此

4. 帖掣奪[8]家資[9],用充[10]麥直。其每年地子[11],三分

5. 內二分,亦同分付[12]。酉年二月十三日索海朝立帖[13]。

6. 身或東西不在，仰保 [14] 填還。 见人及保弟 [15] 晟子

7. 见人及保兄海如

8. 见人□□

9. 见人

10. 见人

11. 见人

注：

[1] 陰安渠：據《沙州圖經》記載，"陰安渠"為敦煌縣七條灌渠之一。 [1] 此渠附近的地段主要在敦煌城西的龍勒鄉，此件已指明"城西"，因此索海朝所租地很可能在龍勒鄉。

[2] "突"為吐蕃統治敦煌時期所使用的土地計量單位，一突相當於唐代十畝。"突"作為量詞，其前代、同時代及後代文獻中皆未見其用例，當為唐代敦煌社會經濟文書中新興的量詞。詳《詞語匯釋》"突"。

[3] [俄]丘古耶夫斯基《敦煌漢文文書》206頁："吐蕃佔領時期的敦煌文書中有一個特點，即在使用度量衡時要預先說明是'蕃斗''蕃尺'還是'漢斗''漢尺'，'蕃'表示'吐蕃'，'漢'表示'漢人的''唐代的'意思。"洪藝芳《敦煌社會經濟文書中的唐五代新興量詞研究》 [2]："在敦煌社會經濟文書中頻頻出現'漢碩'和'漢斗'的字樣，那些與'漢碩'和'漢斗'並行的沒有加以說明的'斗'，即是吐蕃地區通行的計量器具和計量方法。"

[4] 巳前：即"以前"。敦煌契約文書中，"以前""以上""以後"等表示表示時間、方位、數量界限的"以"全做"巳"。

[5] 填還：償還。

[6] 充：償還。"填""充"詞義相關，敦煌契約文書中"填""充"都有償還義。詳《詞語匯釋》"填""充"。

[7] 將：拿、取。

[1] 參見 [俄]丘古耶夫斯基《敦煌漢文文書》，上海古籍出版社 2000 年版，第 180 頁。

[2] 洪藝芳《敦煌社會經濟文書中的唐五代新興量詞研究》，《敦煌學》第二十四輯，臺北樂學書局有限公司 2003 年版。

[8] 掣奪：掣取、拿取。

[9] 家資：家中的財產。

[10] 充：抵充、抵償。

[11] 地子：敦煌契約文書中的"地子"，與"地稅"相關，但"地稅"的範圍要大於"地子"。例如《輯校》327頁P.3155背《唐天復四年（904）神沙鄉百姓僧令狐法性出租土地契（稿）》："其地內除地子一色，餘有所著差稅，一仰地主祇當。"《輯校》330頁P.3214背《唐天復七年（907）洪池鄉百姓高加盈等典地契（習字）》："其地內所著官布、地子、柴草等仰地主祇當。"由此可以看出，"地稅"除"地子"外，還包括"官布""柴草"等雜稅，而"地子"則專指"地稅"中據畝徵收的糧食，大約是麥每畝四升左右，粟每畝三升半至五升左右，麻每畝半升。[1]

[12] 所納地子的三分之二，由租佃人索海朝負擔，所以在每年交納租地糧食時還要一同交納（即"分付"）三分之二的地子。

[13] 帖："契"的別稱。詳《詞語匯釋》"帖"。

[14] 保："保人"之簡稱，保人即為雙方或多方履約作擔保的人。

[15] 保弟：保人弟。後文"保兄"即保人兄。

P.3155背：327 天復四年（904）僧令狐法性出租土地契

1. 天復四年歲次甲子捌月拾柒日立契。神沙鄉 [1] 百姓僧 [2]

2. 令狐法性有口分地 [3] 兩畦捌畝，請 [4] 在孟受陽員渠 [5] 下界 [6]。為要物色 [7]

3. 用度 [8]，遂將前件地捌畝遂共 [9] 同鄉鄰近 [10] 百姓

4. 價員子商量，取員子上好生絹壹疋，長 [   ]。

5. 捌綜 [11] 緤 [12] 壹疋，長貳仗（丈）伍尺 [13]。其前件地 [14] 祖（租）

---

[1] 參見劉進寶《從敦煌文書談晚唐五代的"地子"》，《歷史研究》1996年第3期。

与員子貳拾

6. 貳年 [15] 佃種。從今乙丑年至後 [16] 丙戌年末，却付 [17]

7. 本地主。其地内除地子一色 [18]，餘有所著 [19] 差稅 [20]，一仰

8. 地主祇當。地子逐年 [21] 於　官 [23]，員子逞納 [24]。渠河口

9. 作 [25]，兩家各支半。從今已後，有　恩赦 [26] 行下，亦不在

10. 語（論）說之限。[27] 更 [28] 親姻 [29] 及別稱忍（認）[30] 主記 [31]

者，一仰保人

11. 祇當，鄰近覓上好地充替 [32]。一定已後，兩共

12. 對面平章，更不 [許] 休悔。如先悔者，罰

13. 送納入　官 [33]。恐後無憑，立此憑儉（驗）。

14. 地主僧令狐法姓（性）

15. 見人吳賢信

16. 見人宋員住

17. 見人都司判官 [34] 氾恒世

18. 見人行局判官 [35] 陰再盈

19. 見人押衙張

20. 都虞候索

注：

[1] 神沙鄉：簡稱"神"，敦煌縣十三鄉之一，位於縣城西北。

[2] 百姓僧：既是隸屬於官府的百姓，又是附籍於寺院的出家人，故稱作"百姓僧"。敦煌百姓僧不同於歷史上那些"相與人道，假慕沙門，實避調役"的猥濫之徒，他們是經官府確認的合法僧人，和鄉司百姓一樣可以請田受田，也同樣承擔土地的賦稅。[1]

綜合分析敦煌契約文書中的租地契，可知當時土地的租佃主要有四種情況：(1) 僧人把土地租給附近的農民耕種；(2) 由於缺乏人力、土地過遠等原因，農民與農民之間發生的租佃關係；(3) 農民自己缺乏土地，以高額地

[1] 詳見蘇金花《試論晚唐五代敦煌僧侶免賦特權的進一步喪失》，《敦煌研究》2000 年第 3 期。

租租種地主或寺院的土地；(4) 農民由於負債或貧困等原因，把地出租給僧人或大戶。其中僧人租地給農民，是敦煌租地契的重要一類，如此件僧人令狐法性出租土地給鄰近農民價員子。

[3] 口分地：每口人所分得之田地。

[4] 請："請射""請授"之省稱。董志翹先生指出："射"有"逐取、謀求"義；"請射"本言請取，但在唐代意思略有不同，往往帶有"向官府提出申請，要求佔有"之義。[1] 在本件中，"請"具體指經申請後由官府批准的土地。

[5] 孟受陽員渠："孟受"多作"孟授"，即孟授渠，據《沙州圖經》記載，"孟授渠"為敦煌縣七條灌渠之一。陽員渠為與孟授渠相接的一條管道。[2]

[6] 下界：下邊地界。

[7] 物色：尋找。

[8] 用度：費用、開支。

[9] 共：介詞，表示涉及的對象，猶同、跟。

[10] 鄰近：附近。敦煌契約文書中的"鄰近"可提前辭書例證時代。

[11] 綜：織機上帶動經綫作升降運動以形成梭口的機件。漢·劉向《列女傳·魯季敬薑》："推而往，引而來者，綜也。"敦煌文書中，經常通過"數詞＋綜（或'縱'）＋布（或'緤''褐'）"的方式來表示織布的密度、品質、樣式，例如"十綜布""九綜布""八綜布""七綜布""十二綜細褐""十綜褐"等。

[12] 緤：棉布。詳《詞語匯釋》"緤"。

[13] 據鄭炳林先生統計，敦煌文書中"麻布每匹 40 尺到 45 尺，官布每匹只有 24 到 25 尺，與緤的長度一樣"。[3] 按，敦煌契約文書中"緤"的長度，有二丈五尺和二丈七尺兩種。其他敦煌文書中，還能見到二丈四尺的"緤"。"緤"和"絹"一樣，在敦煌文書中无統一的長度標準，這和當地小作坊生產中機型不統一有關，有時候也和"尺"的標準不統一有關。

[1] 詳見董志翹《敦煌社會經濟文獻詞語略考》，《語文研究》2002 年第 3 期。
[2] 詳見 [俄] 丘古耶夫斯基《敦煌漢文文書》，上海古籍出版社 2000 年版，第 190、236 頁。
[3] 鄭炳林《晚唐五代敦煌地區種植棉花研究》，《中國史研究》1999 年第 3 期。

[14] 前件地：前面提及之地。

[15] 一般租地的年限只有幾年，而此件租地年限長達貳拾貳年。由此可隱約感受到僧人令狐法性擁有很多土地，所以能將部分土地出租長達二十年以上。僧人的土地，一些靠口分等途徑合法獲得，但大部分可能來自於貧困農民，《輯校》330 頁 P.3214 背《唐天復七年（907）洪池鄉百姓高加盈等典地契（習字）》就記錄了高加盈因為无力償還債務而租地給僧人的情況。很顯然，農民要靠土地生存，農民將自己的土地廉價出租給僧人，最後又要從僧人手上高價租地。如此惡性循環，則僧人的土地越來越多，而農民的生活越來越窮。

[16] 後：以後。

[17] 却付：返還、交付。詳《詞語匯釋》"却""却付"。

[18] 色：種類。

[19] 著：歸屬。

[20] 《輯校》330 頁 P.3214 背《唐天復七年（907）洪池鄉百姓高加盈等典地契（習字）》："其地內所著官布、地子、柴草等仰地主祗當。"《輯校》337 頁 P.3257《甲午年（934）索義成付与兄懷義佃種憑》："所著官司、諸雜、烽子、官柴草等小大稅役，並惣兄懷義應料。"由此可以看出，土地稅除"地子"外，還包括"官布""柴草""雜務""烽子（兵役）"等稅收、勞役，即本件"餘有所著差稅"。

[21] 逐年：每年。詳《詞語匯釋》"逐"。

[22] 原件"官"字之前空一格，以表敬意。

[23] 由於下文出現"逞納"，"於"前"逞納"蒙後省，"地子逐年於官"即地子每年都要繳納於官府。

[24] 逞納："逞"為"呈"之借字。"呈"為送上，"呈納"即上繳、繳納。"呈"在"呈納"中主要起敬辭作用。

[25] 渠河口作：因土地灌溉而產生的一種勞役。敦煌農業以溝渠灌溉為主，因此個人要承擔疏通渠道、加固堤壩等修渠勞役。

[26] 原件"恩赦"前空一格，以表敬意。

[27] "或有恩赦流行，不在論理之限"是敦煌契約常見套語，此處"論

說"即"論理"之誤。

[28] 更：另外。

[29] 親姻：即"姻親"，指由婚姻關係結成的親屬。

[30] 稱忍（認）：《輯校》330 頁 P.3214 背《唐天復七年（907）洪池鄉百姓高加盈等典地契（習字）》："中間或有識認，稱為地主者，一仰加盈覓好地伍畝充替。"參照相關契約，知本件"稱忍（認）"即"稱為、識認"之省，即辨識認定，聲稱自己為土地的主人。

[31] 主記：即"主己"，表"主人"義。詳《詞語匯釋》"主己"。

[32] 充替：抵償、替換。

[33] 如果將來有人反悔，處罰的方式是：送交官府，接受嚴懲。

[34] 都司："都僧統司"之簡稱，指晚唐五代吐蕃、歸義軍時期掌管河西佛教事務的行政機構。

都司判官：由都僧統司派遣并常住於寺院的判官。謝重光先生認為，判官與僧政、法律並無統屬關係，他們都作為都司的屬員，直接聽命於僧統、副僧統和都僧錄。[1]明成滿先生認為，都司判官主要負責以下經濟管理事項：（一）負責掌管廚田的收入；（二）負責管理寺院的黃麻；（三）負責寺院的迎送，買賣事務。[2]

[35] 原件"行局判官"被塗抹，字形難辨，"行局"或錄為"行司""衙內"。詳《輯校》329 頁"校記（二）"。

P.3257：337 甲午年 (934) 索義成分付与兄懷義佃種憑 [1]

1.甲午年二月十九日，索義成身著 [2] 瓜州 [3]，所有父祖口分地 [4] 叁拾貳畝 [5]，分

[1] 詳見謝重光、白文固《中國僧官制度史》，青海人民出版社 1990 年版，第 134 頁。

[2] 詳見明成滿《唐后期五代宋初敦煌寺院財产管理研究》，南京師範大學博士學位論文，2008 年，第 55 頁。

2. 付与兄索懷義佃種。比至 [6] 義成到沙州 [7] 得來 [8] 日，所著 [9]　官 [10] 司，諸雜 [11]、烽

3. 子 [12]、官柴草 [13] 等小大 [14] 稅役，[15] 並惣 [16] 兄懷義應料 [17]。一任施功 [18] 佃種 [19]。若收得麥粟，任

4. 自兄收，糲 [20] 粒亦不論說。[21] 義成若得沙州來者，却收 [22] 本地。渠河口作稅役，不忏 [23]

5. □兄之事 [24]。兩共面 [對] 平章，更不許休悔。如先悔者，罰牡羊壹口 [25]。恐人無信，

6. 故立文憑 [26]，用為後驗。

7. 種地人兄索懷義（押）

8. 種地人索富子（押）

9. 見人索流住（押）

10. 見人書手判官張盈□（押）

注：

[1] 在 P.3257《後晉開運二年（945）十二月河西歸義軍左馬步押衙王文通牒及有關文書》中 [1]，本件契約作為原告所提供的證據出現。綜合分析該案卷的訴狀、證詞、審判等，可知：

"義成犯罪遣瓜州，地水立契仰懷義作主佃種"；而懷義由於"著（駐）防馬群不在"，導致土地荒蕪。此時本村索佛奴有兄弟索進君從南山來投，"无得地水居業"，便"請射"了這荒閑之地。索進君經營兩三月餘，見"見沙州辛苦難活"，很快離開，義成的土地便由索佛奴耕種"一十餘年"。寡婦阿龍在兒子"義成瓜州致死"後，生活困難，請求將土地收回。當地最高司法行政長官最終判決將土地返還給寡婦阿龍。

[2] 著：《輯校》錄"著"為"着"。"著"有"到某地去"義，"身著瓜州"即"人到瓜州去"。P.3257 案卷中"身著瓜州"相關的表述有"遣

[1] 參見唐耕耦、陸宏基合編《敦煌社會經濟文獻真跡釋錄（二）》，全國圖書館文獻縮微複製中心 1990 年版，第 295—298 頁。

著瓜州", "遣著瓜州"即發配到瓜州。詳《詞語匯釋》"著"。

[3] 瓜州：位於河西走廊西端，東與玉門接壤，西與敦煌為鄰。

[4] 口分地：《舊唐書·食貨志》所引唐令："所授之田，十分之二為世業，八為口分。世業之田，身死則承戶者便授之；口分，則收入為官，更以給人。"唐代口分地是禁止買賣的，在本案中寡婦阿龍多次提到被告侵佔的土地屬口分田，主要是為了說明索進君過去對該土地的"請射"是非法交易。這一點在案件的判決中起到關鍵作用，由於本案買賣雙方屬私下交易，未經過官府的認可，故當地司法官員判索佛奴敗訴。

[5] 叁拾貳畝：P.3257 案卷中原告阿龍陳述："其義成去時，出買（賣）地拾畝与索流住，餘貳拾貳畝与伯父索懷義佃種。"可見，實際"分付与兄索懷義佃種"的只有二十二畝。

[6] 比至：及至、等到。

[7] 沙州：即今甘肅敦煌。

[8] 得：用在動詞前表示能夠。索義成因犯罪被發配到瓜州，所以契約的表述為：等到義成能夠來到沙州時。後文"義成若得沙州來者"即義成如能夠來到沙州。

或，"得"有"到、抵達"義，如唐·杜甫《宿花石戍》詩："午辭空靈嶺，夕得花石戍。"本件"得來"可能同"到來"，"得……來"即"到……來"。

[9] 著：歸屬。

[10] "官"前空一格，以示尊敬。

[11] 諸雜：各種雜務，此處"諸雜"與後面"役"相應，指勞役。

[12] 烽子：守衛烽火臺的士兵。此處"烽子"與後面"役"相應，指兵役。

[13] 《輯校》330 頁 P.3214 背《唐天復七年（907）洪池鄉百姓高加盈等典地契（習字）》："地內所著官布、地子、柴草等仰地主祗當。"《敦煌社會經濟文獻真跡（二）》450 頁 P. 3324《唐天復四年(904)衙前押衙兵馬使子弟隨身等狀》："如若一身，餘却官布、地子、烽子、官柴草等人例，餘者知雜役次，並總矜免。"參照相關文書，知"官布""官柴草"之"官"即官府、公家之義，"官柴草"即公家所收柴草方面的稅收。

[14] 小大：小的和大的都包括進去，即各種各樣的、所有的。

[15] 該句"所著官司"與"小大稅役"並列，而"小大稅役"中"諸雜""烽子""官柴草"又並列。《輯校》對上述並列關係未加標點，不利於讀者對該句的清晰理解。

[16] 並惣："惣"即"揔"的俗字，"揔"同"總"。"並惣"即"並總"，為"全部、全都"義。詳《詞語匯釋》"並惣（總）"。

[17] 應料：應對料理。

[18] 施功：進行農業生產工作，如耕地、播種、施肥、收割等。詳《詞語匯釋》"施功"。

[19] 佃種：耕種。詳《詞語匯釋》"佃種"。

[20] 粿粒：即"顆粒"。"顆粒"之"顆"，受"粒"之形符類化作"粿"。粿，《廣韻》古火切（ guǒ ），有淨米、米粉、米食等義。"粿（ kē ）"與"粿（ guǒ ）"音義无關，是由於造字角度不同而造成的甲字的俗體與乙字同形的現象。這一現象，張涌泉《漢語俗字研究》[1] 有論述。

[21] 《輯校》此處斷句為："若收得麥粟，任自兄收粿粒，亦不論說。"按，"粿（顆）粒"當為"亦不論說"的主語，"粿（顆）粒"即一顆一粒，"若收得麥粟，任自兄收，粿粒亦不論說"即如糧食收穫，所有糧食都歸兄索懷義，即便是一顆一粒的糧食，都不能再有爭論。

[22] 却收：回收。詳《詞語匯釋》"却""却收"。

[23] 不忓：即"不干"，"干"為關涉，"不干"即不關、无關。敦煌契約文書中的"不干"都作"不忓"，這說明"不忓"之"忓"與"干"之間並不是簡單的假借關係。由於文字使用者認為關涉是和人心相關的行為，故在寫"不干"之"干"時有意加了"心"旁，由此造成和表示"觸犯"義的"忓"異字同形的現象。

[24] 田地上的地子、柴草等稅役由索懷義承擔，而與田地相關的疏通渠道、加固堤壩等修渠勞役則與索懷義无關。

[25] 現代漢語中與"羊"相配的量詞為"只"，而敦煌文書中與"羊"

[1] 張涌泉《漢語俗字研究（增訂本）》，商務印書館 2010 年版，第 108—111 頁。

相配的量詞為"口"，如《輯校》372 頁 S.3984《丁酉年（937）報恩寺牧羊人康富盈算會憑》："大白羊羖壹拾貳口，二止（齒）白羊羖肆口，大白母羊壹拾柒口，二止（齒）白母羊三口，白羊兒落悉无伍口……"

[26] 憑：契約的異稱之一。

P.3391 背：346 丁酉年（937?）捉梁、捉磑契（樣文）

1. 丁酉年二月立契。捉 [1] 樑戶 [2]、磑戶 [3] 二人厶 [4]
2. 等，緣百姓田地窄窔 [5]，珠（遂）捉油樑 [6]、水
3. 磑 [7]，輪看一周年。斷油樑、磑課 [8] 少多 [9]，限至
4. 年滿，並須填納 [10]。如若不納課稅 [11]，掣奪
5. 家資，用充課稅。如若先悔者，罰
6. 看臨事 [12]，充入不悔人。恐人無信，故
7. 勒此契，押字為憑，用將後 [驗]。

注：

[1] 捉：原件"捉"殘缺，根據下文"捉油樑、水磑"，可推斷此形為"捉"。"捉"有操持、掌管義，"捉油樑、水磑"即操持、掌管油坊、水磨，"捉樑戶、磑戶"即操持油坊、水磨的寺戶。

[2] 樑戶："樑"同"梁"。梁戶即承租寺院油坊（即"油梁"）的寺戶，梁戶從事油的加工，然後付給寺院租金（即"梁課"）。根據敦煌文書相關記錄，可知：油平時存放在梁戶手上，由梁戶進行保管，當寺院需要用油時，從梁戶手中零星地支取，每隔一段時間，寺院要和梁戶就用油的總體情況結算一次。

[3] 磑戶："磑"為石磨。磑戶即承租寺院磨房的寺戶。寺院的碾磑除自營外還有出租，"磑課"即寺院出租碾磑所收的租金。

[4] 厶：通"某"。

[5] 窄窔：即"窄狹"。《輯校》錄"窔"為"妄"。按，《玉篇·穴

部》"安，安室也。"《輯校》所錄"安"，在上下文義中也能講通，但是細辨原件圖版該字字形，我們認為該形與"安"形相差很大。《輯校》341頁 P.3277 背《乙丑年（965）龍勒鄉百姓祝骨子合種地契（習字）》："龍鄉百姓祝骨子為緣家中地數窄窔，遂於莫高百姓徐保子面上合種地柒拾畝。"其中"窄窔"之"窔"《輯校》錄為"窊"，辨原件圖版字形，可確定該形當為"窔"。根據敦煌俗字中大量的類化現象，我們認為本件《輯校》所錄"窄安"當為"窄窔"：受雙音詞中另一字的影響，增加或改變形符，以使雙音詞二字的形符一致，是俗字常見的類化現象，受"狹窄""窄狹"雙音組合的影響，在"窄"之"穴"旁的字形類化作用下則出現"窔"；此外，"窄狹"之"狹"的形符為"犬"，這個形符與狹窄義无關，因此更換形符以更好地體現狹窄義本身就能成為"狹"字形演變為"窔"的內在動力。

[6] 油㰍：油坊。

[7] 水磑：水磨。

[8] 課：租稅、租金。磑戶、梁戶與寺院之間是一種契約租憑關係，磑梁戶需向寺院繳納租金，這些租金是寺院收入的重要組部分。

[9] 少多：少和多，作為契約樣文，此處"少多"代指實際契約中的具體租金金額。

[10] 填納："填"為償還，"納"為繳納，"填納"即向有關機構償還、繳納所欠債務、租金。詳《詞語匯釋》"填""填納"。

[11] 課稅：賦稅。此處具體指"租稅、租金"。

[12] 看：根據。"罰看臨事"即根據遇到事情的情況進行處罰。

Дx.1409：256 後梁貞明六年（921）辛奴子典男契 [1]

1. 貞明陸年，歲在庚辰，拾壹月貳拾肆 日立契，某某鄉百姓辛奴子，伏緣

2. 家中闕少極多，無處方始 [2]，今將腹 [3] 生男胡兒，質典与 [4]

3. 押衙康富子面上。典生絹 ×× 疋

4. 充還債主。[5] 比至奴子力辦還，物無利頭，

5. 胡兒亦不算雇價。[6] 但辦得絹 ☐☐☐☐☐

6. 歸家。[7] 其胡兒自典已後，便須驅驅造作，

7. 不令東西南北，同主人意傭力。[8] 胡兒使用器

8. 具、畜乘、籠（農）具，不得倍劈。非理傷損者，賠在胡兒身 [9]。

9. 故（恐）後無憑，用為後記。

10. 典人辛 ☐☐☐☐☐

11. 領？☐☐☐☐☐☐

12. 見人 [10] ☐☐☐☐☐

13. 見人 ☐☐☐☐☐☐

注：

[1] Дx.1409 收於《俄藏敦煌文獻》第 8 冊第 154 頁，被命名為"貞明陸年十一月二十四日典物契"。從寫卷情況看，Дx.1409 首全，存十三行，每行下皆殘。全卷用行楷書寫，字體易於辨認。但因卷子中有俗寫、草寫、假借等複雜情況，學者們對 Дx.1409 的定性和釋錄存在分歧。

沙知先生由於未見 Дx.1409 圖版，《輯校》256 頁僅錄 Дx.1409 第 1 行和第 13 行，錄文後的說明為："此件錄自《蘇聯科學院亞洲民族研究所藏敦煌漢文寫本注記目錄》第一冊六三頁。據注記，此件為押衙康富子雇工契。"乜小紅先生根據 Дx.1409 圖版，在《俄藏敦煌契約文書研究》[1]105 頁對 Дx.1409 進行釋錄，並將 Дx.1409 命名為"後梁貞明六年（920）辛奴子典腹生男胡兒契"。乜小紅先生的研究，為我們深入考察 Дx.1409 奠定了基礎。遺憾的是，乜小紅先生對 Дx.1409 的釋錄，主要着眼於契約原件中的現存文字，但 Дx.1409 現僅殘存一半，其中缺文甚多，如果不對這些缺文進行補錄，我們依然無法瞭解 Дx.1409 的全貌。同時，乜小紅先生對 Дx.1409 的釋錄還存在可商榷之處。

---

[1] 乜小紅《俄藏敦煌契約文書研究》，上海古籍出版社 2009 年版。

Дx.1409 性質與《輯校》348 頁北敦 02381 背《辛巳年（921？）洪池鄉百姓何通子典男契（習字）》、349 頁 P.3964《乙未年（935）塑匠趙僧子典男契》相同，因此，本文採用乜小紅《俄藏敦煌契約文書研究》對本件契約的命名。在契約年代問題上，沙知先生斷定為 921 年，乜小紅先生斷定為 920 年。按，後梁貞明六年為庚辰年，與公元九二〇年相應，沙知先生斷此件契約的庚辰年為 921 年，其《輯校》"校記"（257 頁）有專門說明："貞明陸年庚辰歲十一月廿四日相當公元九二一年一月五日。"由於陰曆和陽曆紀年存在時間差，經過推算，貞明陸年庚辰歲十一月廿四日確為公元九二一年一月五日，因此，沙知先生對本件契約年代的斷定更準確。鑒於此，本文採用沙知先生對本件契約的年代斷定。

[2] 乜小紅先生認為："方始具有從另一個方向開始之意。……此處前兩句說'家中缺少極多'，接着言'無處方始'，也可理解為：無處方始獲濟，即找不到幫助的途徑。"按，"方"有始義，"方""始"聯合，為開始義。"無處方始"即不知從何處開始。又，敦煌契約文書中與"方始"相關的詞語有"方求""方覓"等，"方求""方覓"之"方"為"訪"之借，"訪求""訪覓"即索求、尋覓。參照相關契約，可推知"方始"之"方"也有可能為訪求、尋覓義。"家中缺少極多，無處方始"即家中欠缺極多，不知從何處開始尋求解救之道。詳《詞語匯釋》"方始""方求、方覓"。

[3] 圖版中此字殘缺，根據相關契約，當為"腹"。詳注釋 [4]。

[4]《輯校》348 頁北敦 02381 背《辛巳年（921？）洪池鄉百姓何通子典男契（習字）》前兩句為："辛巳年五月八日立契。洪池鄉百姓何通子，伏緣家中常虧物用，經求無地，獲設謀機，遂將腹生男善宗只（質）典与押牙。"

《輯校》349 頁 P.3964《乙未年（935？）塑匠趙僧子典男契》前兩句為："乙未年十一月三日立契。塑匠都料趙僧子，伏願家中戶內有地水出來，缺少手上工物，無地方覓。今有腹生男苟子，只（質）典与親家翁賢者李千定。"

根據以上兩件典男契，可推知本件前兩句全貌大致為："貞明陸年，歲在庚辰，拾壹月貳拾肆日立契，某某鄉百姓辛奴子，伏緣家中闕少極多，無處方始，今將腹生男胡兒，質典与押衙康富子面上。"上缺文中"辛奴子"之名根據第 10 行"典人辛"、第 4 行"比至奴子力辦還"推定，"胡兒"之名根據第 5、6 行確定。

[5] 第 3 行缺文當為典得生絹的數量。"典生絹×× 疋充還債主"，大意即用質典所得的生絹來還債。敦煌契約文書中可見的典身契、賣身契一般只涉及典身、賣身所得的糧食、絹帛數量，而不再涉及所得糧食、絹帛的用途。本件契約既談到質典所得絹帛，又談到絹帛之用途，有一定的特殊性。親生兒子被質典，而質典所得之物轉眼又用於還債，由此可見當時社會底層百姓生活之艱辛。

[6]《輯校》349 頁 P.3964《乙未年（935 ？）塑匠趙僧子典男契》："自典已後，人無雇價，物無利潤。"

《輯校》351 頁 P.3150《癸卯年（943 ？）慈惠鄉百姓吳慶順典身契》："自取物後，人無雇價，物無利頭，便任索家駈馳。比至還得物日，不許左右。"

《輯校》353 頁 S.1398《壬午年（982）慈惠鄉郭定成典身契（習字）》："自典餘（以）後，王永押得驅使□□濱（贖），不許王家把勒。人無雇價，物無利頭。"

根據以上典身契相關例句，可推知本句全貌大致為："比至奴子力辦還，物無利頭，胡兒亦不算雇價。"意思為：在奴子還絹之前，典得之絹不追加利息，所典之人胡兒也不算雇價。《俄藏敦煌契約文書研究》錄"胡兒亦不算雇價"為"胡兒衣，不算雇價"，在斷句和文字釋讀方面存在問題：①原件圖版該句中的"亦"形雖和"衣"形有些近似，但仔細辨析該字形末尾兩筆的運筆，我們認為釋為"衣"不妥；②根據其他典身契中的套語"人無雇價，物無利頭"，"胡兒亦不算雇價"中的"雇價"必然是針對所典之人"胡兒"而言，而非胡兒之"衣"。

[7] 結合上句，此句意思可能為：只有在辦理了絹的歸還手續後，胡兒方可歸家。

[8]《輯校》272 頁 S.5578《戊申年（948 ？）燉煌鄉百姓李員昌雇工契》：

“自雇已後，驅驅造作，不得左南直北閑行。”

《輯校》276頁P.3649背《丁巳年（957）莫高鄉百姓賀保定雇工契（習字）》：“自雇已後，便須驅驅造作，不得忙時左南直北。”

胡兒被典之後，受主人支使勞作，這一性質與雇工相同。因此，參照以上雇工契的相關內容，可推知本句全貌大致為：“其胡兒自典已後，[便須驅驅造作]，不令東西南北，同主人意備力。”意思為：胡兒自被典之後，就應勤勤懇懇地勞作，不許四處閑逛，要按照主人的意思努力幹活。本句之“不令東西南北”與上雇工契中的“不得左南直北閑行”“不得忙時左南直北”相應，意思為不許四處閑逛。

[9] 敦煌契約文書中的雇工契，經常會在契約末尾規定所雇之人不得損壞其使用的農具、車具、日雜用品等，如有損壞，則要求所雇之人賠償。如：

《輯校》248頁S.3877背《戊戌年（878）洪潤鄉百姓令狐安定雇工契（習字）》：“所有農具什[物]等，並分付与聰兒，不得非理打損。牛畜違打，倍（賠）在作人身。”

《輯校》298頁S.1897《後梁龍德四年（924）燉煌鄉百姓張厶甲雇工契（樣文）》：“應有沿身使用農具，兼及畜乘，非理失脫傷損者，陪（賠）在厶甲身上。”

根據以上雇工契的相關內容，可推知此兩句全貌大致為：“胡兒使用器具、畜乘、籠具，不得倍劈。非理傷損者，賠在胡兒身。”敦煌契約文書中，“農具”經常寫作“籠具”。如《輯校》265頁津藝169背《後晉天福四年（939）姚文清雇工契》：“手上使用籠具失却，倍（賠）在自身。”《輯校》296頁P.3441背《雇工契（樣文）》：“所有籠具什物等，一仰受雇人？什。”根據以上雇工契，可知本件中的“籠具”即“農具”。《俄藏敦煌契約文書研究》認為：“籠具，乃指收割麥時的一種工具，又名麥籠。”這一認識，與敦煌契約文書的用詞規律不符。根據以上雇工契相關語境中出現的“打損”“傷損”等詞，可知本件中的“倍劈”為損傷、損壞義，但“倍劈”緣何有損壞義，還需要我們進一步研究。

[10] 契約相關人名中的“辛”“領”“芢”諸字殘缺，本文僅根據原件

圖版對這些字形進行初步擬定。圖版中"領"下一字殘存一半，為"者"，《俄藏敦煌契約文書研究》錄此字為"都"。由於我們在敦煌契約文書中未見"領都"一詞，"領"下殘缺之字是否為"都"尚需進一步考察。

P.3964：349 乙未年（935?）塑匠趙僧子典男契

1. 乙未年十一月三日立契。塑匠都料 [1] 趙僧子，伏緣家中戶內有地
2. 水 [2] 出來，缺少手上 [3] 工物 [4]，無地 [5] 方覓 [6]。今有腹生男 [7] 苟子，只（質）典 [8] 与
3. 親家翁 [9] 賢者李千定。[10] 斷作典直價數：麥貳拾碩，粟貳
4. 拾碩。自典已後，人無雇價，物無利潤 [11]。如或典人苟子身上病
5. 疾瘡出病死者，一仰兄佛奴面上取於 [12] 本物。若有畔上及城
6. 內偷刧，高下之時，仰在苟子祇當。[13] 忽若恐怕人無憑信，
7. 車無明月 [14]，二此 [15] 之間，兩情不和，限至陸年。其限滿足 [16]，容許 [17]
8. 修（收）贖。若不滿之時，不喜（許）修（收）贖。伏 [18] 恐後時交加，故立此
9. 契，用為後憑。
10. 只（質）典身男苟子（押）
11. 只（質）典口承兄佛奴（押）
12. 商量取物父塑匠都料趙僧子（押）
13. 知見親情 [19] 米願昌（押）
14. 知見親情米願盈（押）
15. 知見竝畔村人楊清忽（押）
16. 知見親情開元寺僧願通（押）

注：

　　[1] 都料：敦煌古代各個行業的工匠，按技術分都料、博士、師、匠、生等級別。都料是工匠中技術級別最高者，是本行業工程的規劃、指揮者，也經常親自參與施工造作。

　　[2] 地水：敦煌契約文書中的"地水"一般指可灌溉之田地，但此件中的"地水"指地下之水，與田地無關。詳《詞語匯釋》"地水"。

　　[3] 手上：手頭所有。

　　[4] 工物：施工所需之物。

　　[5] 無地：無處。

　　[6] 方覓：敦煌契約文書中與"方覓"相關的詞語有"方求""經求"等，"方求""方覓"之"方"為"訪"之借，"訪求""訪覓"即索求、尋覓，"經求"即經營、尋求。詳《詞語匯釋》"方覓"。

　　[7] 腹生男：親生子。詳《詞語匯釋》"腹生""腹生男"。

　　[8] 質典：抵押、典當。敦煌契約文書中"質典"之"質"多假借作"只"。

　　[9]《中國歷代契約會編考釋（上）》[1]："夫妻雙方之父母互稱對方為'親家'，男稱'親家翁'，女稱'親家母'。民間喻典賣兒女兩家為結親，因亦互稱'親家'。"按，以婚書的形式來表達賣身的內容，在賣身契中並不罕見，詳參《明清賣身"婚書"精選："與伊婚娶，終身使用"》[2]。

　　[10] 趙僧子儘管是一位高級匠師（都料），但所賺報酬還不足以養家糊口，只好將親生兒子典與他人。"工匠莫學巧，巧即他人使。身是自來奴，妻是官家婢。"（《王梵志詩》）敦煌遺書中的這首詩，正是當時工匠境遇真實的寫照。也有學者指出："《趙僧子典兒契》中並沒有說貧窮的原因，而是因家院中'地水出來'，是居住的宅院出現異常現象，典兒給親家應該是暫避'災禍'。出現這種情況可能是基於古人對自然現象的認識和處理方式，尚有待深入研究。"[3]按，該契約"缺少手上工物，無地方覓"的典兒之因、"限至六年"的典兒期限、眾多"知見"的見證參與，這些地方都可

---

[1] 張傳璽主編《中國歷代契約會編考釋》，北京大學出版社 1995 年版，第 270 頁注 2。
[2] http://club.china.com/data/thread/5688138/2707/94/64/0_1.html.
[3] 馬德《〈敦煌工匠史料〉補遺與訂誤》，《敦煌學》第二十五輯，第 296 頁。

讓我們感受到這不是一件為暫避"災禍"而簽定的契約。趙僧子質典自己的親生兒子，歸根結底，是生活貧困所迫。

[11] 利潤：利息。

[12] 此處的"於"可從兩個角度理解：①《輯校》353頁S.1398《壬午年（982）慈惠鄉郭定成典身契（習字）》："身東西不平善者，一仰阿兄郭定昌面上取本物。"參照相關文例，可推知此處的"於"為衍文。②敦煌契約文書中"於"有依據、按照義，例如《輯校》239頁P.2119背《年代不詳貸絹契》："口承人妻願春面上取於尺數本絹。""×× 面上取於尺數本絹"在敦煌契約中常見，由此亦可推測本件"取於本物"可能為"取於價數本物"之省，即按契約規定的價數收質典之糧。

[13] 此句中"高下之時"不好理解，"高下"有輕重義，根據上下語境，"高下之時，仰在苟子祇當"可能指：不管結果是輕是重，都要由苟子承擔責任。

[14]《論語·為政》："人而無信，不知其可也。大車無輗，小車無軏，其何以行之哉。"此處"車無明月"與"人無憑信"相應，可能是對《論語》上句"人而無信""小車無軏"的化用：對普通百姓而言，"軏"是個生僻詞，"軏"與"月"音同，在《論語》口耳相傳的過程中，"軏"逐漸訛為"月"，進而，則出現"車無明月"與"人無憑信"的照應。存疑。

[15] 二此：雙方。

[16] 滿足：達到規定期限。

[17] 容許：允許、許可。

[18] 伏：敬詞。

[19] 親情：親戚。

Дx.12012：清泰二年（935）張富深養男契 [1]

1.燉煌鄉百姓何保圓男進成。年

2. 七歲。時清泰貳年乙未歲正月

3. 壹日。甥舅（外甥）[2] 張富深為先曰 [3] 福

4. 尠 [4]，種果不圓 [5]，感得 [6] 孤獨一身，

5. 全無影背 [7]。小時自家 [8] 懇苦 [9]，衣食

6. 隨時 [10]。忽至病疾，老頭甚處，

7. 得人侍養。[11] 所以尋思空本 [12]，情

8. 意不安。五親 [13] 商量，養外

9. 孫進成為男。張富深

10. 更無貳意。應有 [14] 莊田、屋舍、家

11. 資 [15]、活具 [16]，一物已上 [17]，分付 [18] 養男。汝從 [今]

12. 已後，恭謹 [19] 六親，溫和鄰里 [20]；上交

13. 下接，莫失儒風；[21] 懇苦力田 [22]，懃 [23]

14. 牪 [24] 考夜 [25]；緊把基本，就上加添。[26]

15. 省涵非行 [27]，只是報吾心願 [28]。不許閑

16. 人拘扇 [29]，腹心異意 [30]。（以下塗去一行半）[31]

17.

18. 吾若後更有男女出者 [32]，針草 [33] 亭

19. 支 [34]。忽若不盡吾百年，左南

20. 直北，[35] 便招 [36] 五逆之罪 [37]，空手 [38] 趂 [39]

21. 出門外。兩共對面及諸親姻

22. 再三商量為定。准法不誨（悔）[40]，如

23. 先悔者，罰上馬一疋，充入不

24. 誨（悔）人。恐人無信，故勒斯契，用

25. 為後憑，押字為記。

注：

[1] 本件圖版見《俄藏敦煌文獻》第 16 冊第 20—21 頁。《輯校》未收此件。

陳國燦《俄藏敦煌 Дx12012 號疏證》[1]、乜小紅《俄藏敦煌契約文書研究》[2] 200—203 頁對本件有釋錄。

[2] 甥舅：乜小紅《俄藏敦煌契約文書研究》釋"甥舅"為"舅姓"，並認為"甥""為'舅'之錯誤別寫"。按，"甥舅"當為"外甥"之俗寫。張涌泉《漢語俗字研究》[3]356—358 頁指出："甥"即"外"，這種現象，"與字形類化有關。所謂的類化是指人們書寫的時候，因受上下文或其他因素的影響，給本沒有偏旁的字加上偏旁，或者變成與上下文一致的偏旁的現象。""外甥"之"甥"改換聲符作"舅"，是由當地語音前後鼻音不分所致。

[3] 囙，《干祿字書》[4] 22 頁："囙，因，上俗下正"。

[4] 尠："鮮"異體。鮮少義。

[5] 《輯校》362 頁 S.5647《養男契樣文》："百姓吳再昌先世不種，獲果不圓。"《輯校》358 頁沙州文錄補《宋乾德二年（964）史汜三養男契》："弟史汜三前因不備，今無親生之子。"參照以上文例，此件"種果不圓"之"種"當為"獲"之誤。根據佛教輪回之說，種什麼因，獲什麼果。"先因福尠"即先輩福氣很少，未能種下繁衍子孫之因緣；"獲果不圓"即未獲得圓滿之結果。

[6] 前面談因與果，此處"感得"即因果感應之結果。

[7] 影背：乜小紅《俄藏敦煌契約文書研究》202 頁："影，指本人身影，影之背面，當指另一個人。全無影背，是說除了自己外，沒有任何人在旁邊。"《輯校》362 頁 S.5647《養男契樣文》："今生孤獨壹身，更無子息。"參照相關文例，可知"全無影背"與"更無子息"大義相同。"影"為身影，身影是肉身的投影，子嗣是生命的投影；"背"為死亡的婉辭，此處"背"與"影"聯合，可能指人死後的影子，其寓意即人的子嗣。"全無影背"即沒有子嗣。

[1] 陳國燦《俄藏敦煌 Дx12012 號疏證》，《敦煌學》第二十五輯，臺北樂學書局有限公司 2004 年版。

[2] 乜小紅《俄藏敦煌契約文書研究》，上海古籍出版社 2009 年版。

[3] 張涌泉《漢語俗字研究（增訂本）》，商務印書館 2010 年版。

[4] 唐・顏元孫《干祿字書》，中華書局 1985 年版。

[8] 自家：自己。

[9] 懇苦：勞苦。

[10] 此處"隨時"為不拘時間義，"衣食隨時"即穿衣吃飯很隨便。一個無人管束、照顧的單身漢，只能是有什麼穿什麼，有什麼吃什麼，不拘於時間、時令的限制。

[11]《輯校》362頁S.5647《養男契樣文》："忽至老頭，無人侍養。"此處前文言"小時自家懇苦，衣食隨時"，如後文接為"忽至老頭，疾病甚處，得人侍養"，則文通字順。義即：少年時自己勤苦勞作，隨隨便便穿一些、吃一些，日子也就一天天過去了；現在忽然間已經變老，動不動就生重病，日子不能再象過去那樣湊活着過了，身邊得有人侍奉、照顧。原件"忽至病疾，老頭甚處"中"老頭甚處"不辭，因此此句可能是契約書寫者出現筆誤，將"病疾"與"老頭"顛倒書寫。

[12]"本"為本體、身體，"空本"即使身體空，義即沒有子嗣，生命無法得以延續。"尋思空本，情意不安"即想到沒有子嗣，生命不再延續，心情意念無法安穩。乜小紅《俄藏敦煌契約文書研究》202頁譯此句為："想去想來，也想不出解決的辦法，只是空想，所以情意思想一直不安。"存疑。

[13] 五親：近親。詳《詞語匯釋》"五親"。

[14] 應有：所有。

[15] 家資：家中的財產。

[16] 活具：生活用具。詳《詞語匯釋》"活具"。

[17]"一"在敦煌契約中詞義經常虛化，表總括。"一物已上"即以上所有物。例如《輯校》462頁S.5647《分書樣文》："更為阿叔殷勤成立活計，兼与城外莊田、車牛、駝馬、家資、什物等，一物已上，分為兩分，各注腳下，其名如後。"再如《輯校》263頁P.2415p1+P.2869p5《乙酉年（925?）乾元寺僧寶香雇工契》："仵子手內所把隴（農）具，一勿（物）已上，忽然路上違（遺）失，畔上睡臥，明明不與主人失却，一仰雇人袛當。"

[18] 分付：交給。

[19]《輯校》362頁S.5647《養男契樣文》："自後切須恭勤，孝順父母，

恭敬宗諸，懇苦力作。"　"恭謹六親"與"恭敬宗諸"出現在敦煌養男契的相關語境中，"恭謹"即"恭敬"。"謹""敬"音近（敦煌地區前後鼻音不分），致使"恭敬"之"敬"誤用為"謹"。

[20] "溫和"本為形容詞，此處活用為動詞，指對待鄰里的態度、言語等溫柔和平。

[21] "交接"即交往、結交。"上交下接"即對長輩和晚輩的交往，需講求禮儀，不要失去儒家的行為風範。

[22] "力田"指努力耕田，亦泛指勤於農事。《輯校》362頁、365頁《養男契樣文》作"懇苦力作"。"懇苦力田"與"懇苦力作"大義相同，都指努力致力於農事活動。

[23] 懃："勤"俗字。

[24] 耕："耕"俗字。

[25] "考"為考省、考察。"考夜"與"勤耕"相對，義即白天勤苦耕作，夜晚用心反省。

[26] "就"為就近、接近。"緊把基本，就上加添"即緊緊把握做人的基本，並努力向上增添更美好的品行。

[27] "湎"為沉迷於酒，"省湎"則為少飲酒。"非行"指胡作非為。如理解"省湎"為少飲酒，則"非行"無法與之對應。因此，此句中"省湎"之"湎"可能為"免"之音借。"省免非行"即不要胡作非為。存疑。

[28] "報"有符合義。"只是報吾心願"與前半句"省免非行"照應，義即不要胡作非為，所有行為要符合我的心願。

[29] 拘扇：勾引、煽動。詳《詞語匯釋》"拘扇"。

[30] 腹心異意：肚腹與心臟有不同的想法，義即口是心非、表裏不一。

[31] 塗去之文為"忽若不盡吾百年，左南直北，便招五逆之罪"。行文者寫下此句後，發現還有未盡事宜需要補充，因此塗掉此句，補充"吾若後更有男女出者，針草亭支"，而後再加上先前塗掉的"忽若不盡吾百年，左南直北，便招五逆之罪"。

[32] 吾若後更有男女出者：我如果以後另有兒女出生的話。

敦煌契約文書語言研究　DUNHUANG QIYUE WENSHU YUYAN YANJIU

[33] 針草：一針一草，比喻極細微的東西。詳《詞語匯釋》“針草”。

[34] 亭支：平均、公平地支配使用。詳《詞語匯釋》“亭支”。

[35] 百年：死的婉詞。

左南直北：遊手好閑、四處閑逛。“左南直北”在敦煌契約中常見，如《輯校》365 頁 S.5700《養男契樣文》：“莫信閑人拘閃，左南直北。”乜小紅《俄藏敦煌契約文書研究》誤釋“左南直北”為“左南有北”。

忽若不盡吾百年，左南直北：在我百年之前，如果不養老進孝，而是遊手好閑，四處閑逛。

[36] 招：招致。

[37] 五逆罪：亦省作“五逆”。佛教謂五種將招致墮無間地獄報應的惡業大罪。《阿闍世王問五逆經》：“有五逆罪，若族姓子、族姓女為是五不救罪，必入地獄無疑。云何為五？謂殺父，殺母，害阿羅漢，鬥亂衆僧，起惡意於如來所。”

[38] 空手：或作“空身”。如《輯校》357 頁 P.3443《壬戌年（962?）龍勒鄉百姓胡再成養男契》“空身逐出門外”；《輯校》359 頁沙州文錄補《宋乾德二年（964）史氾三養男契》“空身趁出”。“空手”“空身”義同，即不帶任何錢物。

[39] 趁：同“趂”，驅逐義。詳《詞語匯釋》“趁出”。

[40] 准法不誨（悔）：“准法不許休悔”之省，即法則規定不許反悔。此契行文多為四字語，可能受此影響，“准法不許休悔”省略為“准法不悔”。

P.4525 背：360 宋太平興國八年（983）僧正崇會養女 [1] 契（稿）

1. 太平興國 [2] 八年癸未歲三 [月] 十□日立契。僧正 [3] 崇會□

2. 為釋子 [4]，具足凡夫 [5]。□俗即目而齊修，衣食

3. 時常而要覓。[6] 是以往來舉動，隨從藉人 [7]。

4. 方便招呼，所求稱願 [8]。今得宅僮 [9] 康願昌

5. 有不屬官女 [10] 厶　　[11]，亦覓活處 [12]，二情

6. 和會 [13]。現与生女父孃乳哺恩　　　[14]。其女

7. 作為養子，盡終 [15] 事奉 [16]。如或孝順到頭 [17]，亦有

8. 留念衣物。若或半路不聽，便還當 [18] 本

9. 所將乳哺恩物 [19]，厶　　[20] 便仰 [21] 別去 [22]，不許論

10. 訟 [23] 養父家具 [24]。恐後無信，遂對諸親，勒

11. 字用留後憑 [25]。

12. 養身女

13. 養母阿安

14. 養父 [26] 宅僮康願昌

15. 知見

16. 知見

注：

[1] 敦煌契約文書中對僧尼養子的記錄還有：《輯校》515 頁 S.2199《唐咸通六年（865）尼靈惠唯書》"靈惠只有家生婢子一名威娘"；《輯校》511 頁 P.3410 P.3410《年代不詳（840 前後）僧崇恩析產遺囑》"媧柴小女，在乳哺來作女養育"。關於僧尼養子的淵源，始於南北朝中國佛教大發展的時期。當時社會上僧尼養子之風盛行，有識之士意識到這一風氣的不良影響，極力建議禁止僧尼養子。然而從唐宋之際的敦煌文書來看，僧尼養子的現象依然存在。

[2] 太平興國（976—984）：北宋君主宋太宗趙匡義的一個年號，共計近 8 年。

[3] 僧正：僧正又稱僧主，系中國古代管理佛教事務的僧官之一。本制創立於南北朝時期，為中央僧官的最高職官。唐宋以降，多為地方僧官，中央另設僧職機構。在唐五代敦煌寺院中，"僧正"大多只是賞給僧尼的虛銜。

[4] 釋子：僧徒的通稱，取釋迦弟子之意。

[5] 具足凡夫："具足"為具備，"凡夫"即人世間的俗人。"具足凡夫"

即具備煩惱憂愁的人世間的俗人。"僧正崇會□為釋子，具足凡夫"即僧正崇會儘管為佛門弟子，但仍然无法擺脫人世間俗人的煩惱憂愁。

[6] □俗即目而齊修："即目"為眼前所見；"齊修"即"齋修"，指齋戒修行。"□俗即目而齊修，衣食時常而要覓"即雖然齋戒修行，但眼前所見都是世俗之事，時常要為穿衣、吃飯這些俗事而勞心傷神。"□俗即目而齊修，衣食時常而要覓"與上句"僧正崇會□為釋子，具足凡夫"都是為下文僧正崇會收養養女進行原因鋪墊。

[7] 藉人："藉"通"籍"，"籍人"即登記在冊的民戶。"往來舉動，隨從藉人"即來來往往，各方面的舉止行為，都依照普通百姓的生活方式進行。

[8] "稱願"指符合心願。"方便招呼，所求稱願"即為了生活的方便，身邊需要有可供使喚的養女，所以要收養養女，來實現我的心願。

[9] 宅僮：家中的僕人。康願昌為僧正崇會家的僕人，他的女兒表面上被崇會收為養女，實際上是變相的婢女。

[10] "官"指官府，"官女"即指經官府登記或認可的身份不自由的奴婢。"不屬官女"即指所收養養女是自由身，不隸屬於他人。

[11] 原件圖版"厶"後有二字左右的空格，用以在正式契約中填寫養女具體姓名。

[12] 活處：同"活路"，即能夠生活下去的辦法、去處。

[13] 一方面是主人需要照顧，另一方面是養女需要謀生，雙方各取所需，所以是"二情和會"。

[14] 原件圖版"乳哺恩"後有四字左右的空格，用以在正式契約中填寫交付給康願昌夫婦的具體物品。

[15] 盡終：疑為"盡忠"之借，指竭盡忠誠。或"盡終"指從始至終。

[16] 事奉：供奉、侍奉。

[17] 到頭：最後、直到最後。

[18] 還當："當"疑為"償"之借，"還當"即償還。

[19] 將：拿、取。"本所將乳哺恩物"即當初所拿的物品（康願昌夫婦因養育女兒而得的"乳哺恩物"）。

[20] 原件圖版"厶"後有二字左右的空格，用以在正式契約中填寫養女姓名。

[21] 仰：要求。

[22] 別去：離別、離開。

[23] 論訟："論""訟"同義聯合，指爭論。

[24] 家具：家中之物。

[25] 敦煌契約中與此句相關的常見套語為"故勒私契，用為後憑"。

[26] 此處"養母""養父"為"養女生母""養女生父"之簡稱。

S.4116：374 庚子年（940）報恩寺牧羊人康富盈算會憑

1. 庚子年十月廿六日立契。報恩寺徒眾 [1] 就 [2] 南沙莊上齊

2. 座 [3] 笇會 [4]，牧羊人康富盈，除死抄 [5] 外，並分付 [6] 見行 [7] 羊籍 [8]：

3. 大白羯羊 [9] 壹拾叁口，白羊兒 [10] 落悉无 [11] 陸口，大白母羊

4. 貳拾口，貳齒 [12] 白母羊伍口，白羊女 [13] 羔子 [14] 陸口，白羊兒

5. 羔子壹口，白女落悉无叁口，計白羊大小伍拾肆口。

（內替 [15] 入母羊壹口，牧羊人換將去 [16]。（押））

6. 大秥羊 [17] 羯壹拾玖口，貳齒秥羯壹口，秥兒羔子

7. 伍口，大秥母羊壹拾壹口，貳齒秥母羊拾口，

8. 秥女只无 [18] 伍口，秥兒只 [19] 兩口，計秥羊大小伍拾叁口。

9. 已前 [20] 白羊、秥羊，一一詣實 [21]，後笇為憑 [22]。

10. 牧羊人男員興（押）

11. 牧羊人康富盈（押）

12. 牧羊人兄康富德（押）

13. 其笇羊日，牧羊人說理 [23]，矜放 [24] 羔子兩口為定。又新舊

14. 定欠酥叁升 [25]。（押）

注：

[1] 徒眾：《漢語大詞典》"徒眾"下釋：1. 兵眾；2. 門徒。此處"徒眾"為普通僧眾義。通過大量算會文書，可知敦煌當時普通僧眾能廣泛參與寺院的財產管理。詳《詞語匯釋》"徒眾"。

[2] 就：前往，到……地方去。

[3] 齊座：僧眾的例行聚會。詳《詞語匯釋》"齊座"。

[4] 笇會："笇"為"算"之異體，"會"為會總、總計，"算會"即通過計算而得出總數。敦煌寺院經濟文書中的算會是通過計算而得出寺院的收入、支出和結餘的總數。詳《詞語匯釋》"笇會"。

[5] 死抄：《敦煌社會經濟文獻真跡釋錄（三）》[1]576頁錄"死抄"之"抄"為"損"。從原件圖版字形看，該形當為"抄"，且 S.3984《丁酉年（937）報恩寺牧羊人康富盈算會憑》（《輯校》372頁）同樣出現"死抄"。"抄"有掠奪義，"死抄"可能指死亡和被搶之羊。敦煌雇工契中多有"或遇賊來打將，壹看大例"之類的套語，"賊來打將"即盜賊來打劫、搶奪。可見，當時敦煌周邊的治安並不安定，牧羊人在外放羊，遭遇搶劫的情況時有發生。鑒於此，本注釋根據原件圖版字形，提出"抄"可能指被搶劫之羊。存疑。

[6] 分付：交付。在寺院一年一度的算會中，牧羊人一方面要給寺院上報過去一年所放牧羊數，另一方面寺院又將這些羊交付給牧羊人來年放牧。

[7] "見"即"現"。"現行"即現在的。詳《詞語匯釋》"見（現）行"。

[8] "籍"為登記。牧羊人所牧之羊的數量、種類等情況，寺院中都有登記，故稱"羊籍"。

[9] 羯羊：已閹割的公羊。

[10] 兒：幼小雄性動物。詳《詞語匯釋》"兒、女"。

[11] 落悉无：根據敦煌文書中的"牧羊人算會憑"和"牧羊人領羊憑"，

[1] 唐耕耦、陸宏基合編《敦煌社會經濟文獻真跡釋錄（三）》，全國圖書館文獻縮微複製中心 1990 年版。

"落悉无"為某類白羊羔的名稱，"只无"為某類黑羊羔的名稱，這類名稱可能為吐蕃語的轉音。

[12] 齒：牛馬的歲數。牛馬幼小者，歲生一齒，因以齒計其歲數。

[13] 女：幼小雌性動物。詳《詞語匯釋》"兒、女"。

[14] 羔子：初生小羊。

[15] 替：替換。

[16] "將"有拿、取義。"換將去"即換取掉。

[17] 羖羊："羖"同"羖"。羖羊本指黑色公羊，引申則泛指黑羊；同時，羖羊又可指山羊。本件中的羖羊，與白羊相對而言，當指黑羊。

[18] 只无：黑羊羔的名稱，其名可能為吐蕃語的轉音。

[19] 只：當為"只无"，漏"无"。

[20] 已前：以上所列。

[21] 詣實：核實。

[22] 以上羊數，都已核實，是下次會算的憑證。

[23] 說理：說明道理，請求寬容。

[24] 矜放：顧惜寬容。

[25] "矜放羔子兩口"即牧羊人請求寺院寬容，少提交兩口羊羔。可見，在固定放羊期限內，羊羔的繁殖數量是有具體規定的。同時，需提交的酥油數量也有具體規定。此次算會中，報恩寺根據牧羊人過去（即文中的"舊"）、現在（即文中的"新"）的牧羊規模，確定牧羊人欠寺院三升酥油。

S.4701：410 庚子年（1000?）某寺執物僧團頭法律惠員執倉憑

1. 庚子年十二月十四日，徒眾就後殿齊座笁會。

2. 先執倉常住倉司 [1] 法律 [2] 法進、法律惠文等

3. 八人所主持 [3] 斛斗，從去庚子年正月一日入笁後，

4. 除破用 [4] 兌利 [5] 外，合 [6] 管 [7] 回殘 [8] 麥壹伯伍拾碩貳

5. 升陸合 [9]，粟壹伯肆拾碩壹㪷捌合，豆 [10] 伍

6. 碩肆㪷貳升，黃麻 [11] 陸拾陸碩玖升陸合叁圭 [12]，

7. 內惠陰法律、寺主定昌、戒寧等三人身上欠

8. 麻叁碩貳㪷貳升，徐僧正、寺主戒福、善清等

9. 三人身上欠麻兩碩叁㪷伍升，行索僧正欠麻

10. 壹碩壹㪷柒升。[13] 又添烽子豆肆碩。[14] 已上物一一詣

11. 實，後笨為憑。

12. 執物僧 [15] 願盈（押）

13. 執物僧住興

14. 執物僧願興（押）

15. 執物僧善法（押）

16. 執物僧法興

17. 執物僧道通

18. 執物團頭 [16] 法律惠員（押）

注：

[1] 先執倉：執，主持、掌管。先執倉即原先倉庫管理人員。

常住倉司：司，主管、掌管。僧、道稱寺舍、田地、什物等為常住物，簡稱常住。常住處是寺院管理常住財產的機構，常住倉即常住處的倉庫，常住倉司即常住倉的管理人員。

[2] 法律："法律"和下文出現的"僧正"是敦煌寺院經濟文書中最常見的寺院經濟管理人員。據謝重光先生研究，這兩個職務在敦煌寺院中很多，許多只是賞給僧尼的虛銜，就像本來品級很高的勳官"柱國""上柱國"，後來竟變成普通府兵都可以獲得的頭銜一樣。[1]

[3] 主持：掌管。

[4] 破用：支出、花費。詳《詞語匯釋》"破、破用、破除"。

---

[1]　謝重光、白文固《中國僧官制度史》，青海人民出版社 1990 年版，第 133—134 頁。

[5] 兌利：兌換利息。

[6] 合：總共。

[7] 管：管理、掌管。

[8] 回殘：殘，剩餘、殘餘。"回殘"即回收剩餘。在敦煌寺院經濟文書中，經常以"回殘"表示因上年結餘而得的收入。詳《詞語匯釋》"回殘"。

[9] 合：《廣韻》古遝切，讀 ɡě。一升的十分之一。《孫子算經》卷上："十抄為一勺，十勺為一合，十合為一升。"李時珍《〈本草綱目〉序例》引南朝·梁·陶弘景《名醫別錄合藥分劑法則》："十撮爲一勺，十勺爲一合，十合爲一升。"漢·劉向《說苑·辨物》："千二百黍為一龠，十龠為一合，十合為一升。"

[10] 豆：據童丕《敦煌的借貸：中國中古時代的物質生活與社會》[1] 47—50頁，"豆"指大豆，主要用於飼養家畜，在饑饉之年，也用於救荒。

[11] 黃麻：植物名。大麻的別名。明·李時珍《本草綱目·穀一·大麻》："大麻即今火麻，亦曰黃麻。處處種之，剝麻收子。有雌有雄，雄者爲枲，雌者爲苴。"從敦煌借貸契中可以看出，黃麻是當時敦煌百姓生活中除麥、粟之外的最重要糧食之一。敦煌文書中黃麻的計量單位為馱或斗，這說明當時敦煌地區種植黃麻主要是為了收穫麻籽以煉油。

[12] 圭：《孫子算經》卷上："量之所起，起於粟。六粟爲一圭，十圭爲一撮。"明·李時珍《本草綱目·序例·陶隱居名醫別錄合藥分劑法則》："量之所起爲圭，四圭爲撮，十撮爲勺，十勺爲合，十合爲升，十升爲斗，五斗曰斛，二斛曰石。"

[13] 惠陰（興）法律、寺主定昌、戒寧、徐僧正、寺主戒福、善清等人又見《輯校》408頁 P.3290《己亥年（999）執黃麻人徐僧正等執倉憑》。惠陰（興）法律、寺主定昌、戒寧在己亥年（999）"欠黃麻陸碩叁㪷伍升壹合"，在庚子年（1000）仍欠"欠麻叁碩貳㪷貳升"，這表明三人在上一年挪用或佔有的黃麻經過一年後仍有一半以上未還；徐僧正、寺主戒福、善清在己亥年（999）剛剛上任為黃麻倉的管理人，一年後，在庚子年（1000）此三人

---

[1] [法] 童丕《敦煌的借貸：中國中古時代的物質生活與社會》，余欣、陳建偉譯，中華書局 2003 年版。

"欠麻兩碩叁斗伍升"；此外，此件還記錄了行索僧正"欠麻壹碩壹斗柒升"，這個行索僧正應該就是己亥年（999）欠黃麻兩碩的僧正員行。不管是已經離任還是剛剛上任的倉庫管理人員，都大量挪占寺院物品。關於敦煌教團僧官挪欠物品的現象，郝春文先生指出：敦煌寺院的僧人佔有常住什物說明當時敦煌僧人過着個體生活，這與以往根據經律常識做出的判斷有很大的區別；僧尼通過挪占、無息借貸兩種方式侵佔寺院的常住斛斗，然後再通過出貸或歸還乾貨代替斛斗以獲取利息和差價。[1]

[14] 烽子：指守衛烽火臺的士兵。

烽子豆：為代替兵役而上交的豆。

此句存在歧義，既可以理解為行索僧正還欠烽子豆肆碩，也可以理解為報恩寺向政府交的代兵役租。

[15] 執物僧："執"為掌管、負責；"執物僧"即管理倉庫物品的僧官。

[16] 團頭：據姜伯勤先生研究，在吐蕃統治時期，寺戶最基層的編制是"團"，每團的人數在十人上下，每團有一"團頭"，團頭的職責是管理本團的寺戶，率領寺戶執役、負責為本團內的寺戶向都司請貸種子年糧等。[2]據法國童丕先生研究，"團"不是寺院寺戶的特殊組織，一些工匠在"團頭"的領導下組成"團"，它適用於各階層的人民。[3] 按，本件此處的"團"指敦煌寺院中由僧官組成的一個財產管理小組，而"團頭"則指這個小組的負責人。

S.5816：413 寅年（834?）節兒為楊謙讓打傷李條順處置憑

1. 寅年八月十九日，楊謙讓共 [1] 李條順相諍 [2]，遂打損 [3] 經（脛）。

[1] 郝春文《唐五代宋初敦煌僧尼的社會生活》，中國社會科學出版社 1998 年版，第 163、178—187 頁。

[2] 姜伯勤《唐五代敦煌寺戶制度（增訂版）》，中國人民大學出版社 2011 年版，第 48—52 頁。

[3] [法] 童丕《敦煌的借貸：中國中古時代的物質生活與社會》，余欣、陳建偉譯，中華書局 2003 年版，第 68 頁。

2. 節兒 [4] 斷 [5]：令楊謙讓當家 [6] 將息 [7]。至廿六日，條順師兄及諸親等，迎

3. 將 [8] 當家醫理 [9]。從今已後，至病可 [10] 日，所要 [11] 藥餌 [12] 當直 [13] 及將息物 [14]，亦

4. 自李家自出；待至能行日，算數 [15] 計會 [16]。又：万日中間，條順不可 [17]，

5. 及有东 [18] 西營苟 [19] 破用 [20]，合 [21] 著 [22] 多少物事 [23]，一一細算打牒 [24]，共 [25]

6. 鄉閭老大 [26] 計算收領 [27]，亦任一聽 [28]。如不穩便 [29]，待至營事 [30] 了日 [31]

7. 都算 [32]，共人命同計會 [33]。官有政法，人從此契，故立為驗，用

8. 為後憑。

9. 僧師兄惠常

10. 僧孔惠索

11. 見人薛卿子

注：

[1] 共：介詞，表示涉及的對象。猶同、跟。

[2] 相諍："諍"通"爭"，"相諍"即"相爭"。

[3] 打損：打傷。詳《詞語匯釋》"打損"。

[4] 節兒：蕃占時期敦煌地區的重要官員，其來源於藏文 rtse－rje，同時在音譯中也截取了漢語"節度史"的部分音義。[1]

[5] 斷：斷決、判決。

[6] 當家：自家。例如唐·張鷟《朝野僉載》卷五："犯國法，師德當家兒子亦不能捨，何況渠。"

[7] 將息：養息、休息。

[8] 迎將：猶迎接。例如《莊子·寓言》："其往也，舍者迎將，其家

[1] 王堯《敦煌吐蕃官號"節兒"考》，《民族語文》1989 年第 4 期。

公執席，妻執巾櫛，舍者避席，煬者避竈。"

[9] 李條順十九日被打傷後，先在楊家養病；由於"節兒斷，令楊謙讓當家將息"，所以在二十六日，李條順師兄及親人將李條順接到李家養病。

[10] 可：痊癒。例如《南史·王茂傳》："遇其臥，因問疾。茂曰：'我病可耳。'"

[11] 所要：所有。詳《詞語匯釋》"所要"。

[12] 藥餌：藥物。

[13] 當直：此處有歧義。解釋一：藥物所值。解釋二：當直，由值班義引申為照顧義，如宋·無名氏《張協狀元》戲文第四五出："〔淨〕從小我惜伊，伊去婆亦去。〔合〕病尤未可。〔淨〕婆一路當直你。"如按解釋一理解，則"藥餌"與"當直"之間是偏正關係，即藥物費用；如按解釋二理解，則"藥餌"與"當直"之間是並列關係，即藥物費用與照顧費用。

[14] 將息物：休息養病所用之物。

[15] 算數：猶計數。

[16] 計會：計算。

[17] 万：原件圖版作簡體"万"，《輯校》錄為繁體"萬"。

万日：可能指在相當長的一段時間內。存疑。

"万日中間，條順不可"與前文"病可"對應，"條順不可"又與後文"共人命同計會"對應，可知"万日中間，條順不可"意思為：在相當長的一段時間內，如李條順傷未治好，以至死亡。此處前面講如果李條順傷能治好（"病可"），將如何處置；接下來，用"又"轉折，表示在李條順傷治不好的情況下（即"條順不可"）該如何處置。存疑。

[18] 东：原件圖版作簡體"东"，《輯校》錄為繁體"東"。

[19] 營苟：《輯校》錄作"營局"，並在"校記"中說明："Tun_huang and Turfan Documents III(A) 一四二頁、敦煌社會經濟文獻真跡釋錄第二輯一九八頁作'營苟'"。按，"營"下之字原件圖版作"𦫼"，當錄為"苟"。"營苟"可能為"營營苟苟（蠅營狗苟）"之省。"營營苟苟"形容人不顧廉恥，到處鑽營。引申則"營營苟苟"表瑣碎雜事。此件之"东

西營苟"則指來來往往的瑣碎雜事。

[20] 破用：支出、花費。詳《詞語匯釋》"破用"。"東西營苟破用"即來往雜事所支花費。存疑。

或，"營苟"與下文"營事"對應。"營事"疑為"塋事"，即喪葬之事。因此此處"東西營苟破用"也有可能指喪葬方面的花費。存疑。

[21] 合：總共。

[22] 著："折"之假借，折合義。詳《詞語匯釋》"著（着）"。

或，"折"有花費義，例如《二刻拍案驚奇》卷二十："陳定道：'只要快些完得事，就多著些也罷了。'"此處"著"亦有可能為花費義。

[23] 物事：東西，物品。例如《朱子語類》卷六五："既成箇物事，便自然如此齊整。"

[24] 打揲：即"打揲"。收拾、安排義。"打揲"又作"打疊""打迭"等，例如宋·劉昌詩《蘆蒲筆記·打字》："收拾為打疊，又曰打迸（一作併）。"《紅樓夢》第五十七回："紫鵑聽説，方打迭鋪蓋妝奩之類。"

[25] 共：總共，總由。

[26] 鄉閭老大：古以二十五家為閭，一萬二千五百家為鄉，"鄉""閭"聯合則有同鄉義，例如《後漢書·朱儁傳》："儁以孝致名，為縣門下書佐，好義輕財，鄉閭敬之。""鄉閭老大"即在鄉里為大家所共同尊重的長者。

[27] 收領："收"為收取，"領"為領取。此處"收領"為偏義複合詞，詞義重心在"收"上。詳《詞語匯釋》"收領"。

[28] 任一：敦煌契約文書多作"一任"，完全義。"任一聽"即完全聽從。

[29] 穩便：穩妥、方便。

[30] 營事："營"疑為"塋"之借。"塋事"即喪葬之事。

[31] 了日：完了之日。

[32] 都算：統一計算。

[33] 共人命同計會：前面所列藥物費用、照顧費用等和人命價一同計算。

S.5647：460 分書樣文 [1]

1. 蓋聞人之情義，山岳

2. 為期；[2] 兄弟之恩，劫

3. 石 [3] 不替 [4]。況二人 [5] 等，忝 [6]

4. 為叔姪，智意一般 [7]。

5. 箱櫃無私，蓄積

6. 不異 [8]。結義之有（友），尚好

7. 讓金之心；骨肉之原，

8. 不可有分飛之願。[9]

9. 叔唱姪和，萬事周

10. 圓；姒娌謙恭，長

11. 守尊卑之礼。城

12. 隍 [10] 歡念，每 [11] 傳孔懷

13. 之能 [12]；憐（鄰）里每嗟，庭

14. 荊有重滋之瑞 [13]。

15. 已經三代，不乏儒風。

16. 蓋為代薄時漓（澆 [14]），人

17. 心淺促 [15]。佛教有氛

18. 氳之部 [16]，儒宗有異

19. 見之慫（慫）。兄弟 [17] 之流，

20. 猶從一智；今則更過

21. 一代，情義同前。[18] 恐怕

22. 後代子孫改心易意，

23. 謗說 [19] 是非。今聞 [20] 家

24. 家 [21] 中殷實，孝行七 [22]

25. 傳，分為部分 [23] 根原，

26. 免後 [24] 子侄疑悮（誤）。蓋

27. 為侄某乙三人，少失

28. 父母，叔便為親尊。

29. 訓誨成人，未申 [25] 乳

30. 哺之恩 [26]，今生房分，

31. 先報其恩。別無所

32. 堪，不忓分數 [27]，与叔

33. 某物色目 [28]：

34.　　　　　　　　　　已

35. 上物色，獻上阿叔。更

36. 為阿叔殷勤 [29] 成立 [30]

37. 活計 [31]，兼与城外莊

38. 田、車、牛、馳、馬、家資、

39. 什物等。一物已上分為

40. 兩分，各注腳下，其名

41. 如後 [32]：

42. 右件分割家泌（沿）[33]、活具 [34]、

43. 十（什）物 [35]，叔侄對坐，以諸

44. 親近 [36]，一一對直 [37] 再三，准

45. 折均亭 [38]，拋鉤為定 [39]。

46. 更 [40] 無曲受人情，偏藏

47. 活葉（業）[41]。世代兩房 [42] 断

48. 疑 [43]，莫生怨渥 [44]。然則

49. 異門前以結義，如

50. 同往日一般。[45] 上者更須

51. 臨恩 [46]，陪（倍）加憂恤；小者

52. 更須去（趨）義，轉益功（恭）

53. 勤。不令 [47] 有唱蕩 [48] 五

54. 逆 [49] 之子 [50]，一則令人盡

55. 笑 [51]，二乃污辱門風。

56. 一依分書為憑，各

57. 為居產。更若後生

58. 加謗 [52]，再說偏波（陂），便

59. 受五逆之罪，世代

60. 莫逢善事。兼有不

61. 存礼計 [53]，去就 [54] 乖違 [55]，

62. 大者罰綾綿，少者決 [56]

63. 肉至骨。分析為定，

64. 更無休悔。如若更

65. 生毀佪（詆）[57]，說少道多，

66. 罰錦壹疋，充助官

67. 門。恐後子孫不省 [58]，

68. 故勒分書，用為後憑。

注：

[1] 本件内容又見 Дx.12012。陳國燦《俄藏敦煌 Дx12012 號疏證》[1]、乜小紅《俄藏敦煌契約文書研究》[2]218—223 頁對 Дx.12012 中的相關内容有釋錄。

[2] 人世間的情意，就如高山一樣，永恆不變。

[3] 劫石:《大智度論》卷五：“佛以譬喻說劫義。四十里石山，有長壽人，每百歲一來，以細軟衣拂拭此大石盡，而劫未盡。”後因以“劫石”喻時間之久遠。

[4] 替，Дx.12012 作“移”。“替”有改變義，如唐·玄奘《大唐西域記·那揭羅曷國》：“吾將寂滅，爲汝留影，遣五羅漢常受汝供。正法隱沒，其事無替。”“刧石不替”即永遠不變，與前文“山嶽為期”照應。

[1] 陳國燦《俄藏敦煌 Дx12012 號疏證》，《敦煌學》第二十五輯，臺北樂學書局有限公司 2004 年版。
[2] 乜小紅《俄藏敦煌契約文書研究》，上海古籍出版社 2009 年版。

[5] 二人，Дx.12012作"厶乙"。

[6] 忝：謙詞，"有愧于……"之意。

[7] 一般：一樣、同樣。例如唐·王建《宮詞》之三五："雲駮月驄各試行，一般毛色一般纓。""智意一般"指智謀、意念都是一樣的（即沒有私心）。

[8] 蓄積不異，Дx.12012作"畜不異居"。相較而言，"蓄積不異"文辭更優："蓄積"與"箱櫃"對仗、"不異"與"無私"對仗。"蓄積不異"即二人的積蓄放在一起，沒有分開。陳國燦、乜小紅釋 Дx.12012"畜不異居"為：牲畜也在一起餵養。按，"蓄積不異"與"箱櫃無私"對應，都言雙方財物共同使用、無私藏之物。

[9] 結義之友尚且能不重錢財，以情義為重；（叔姪）骨肉同源之親，更不應因錢財而生分家之念想。

"結義之友，尚好讓金之心"之典可能出自裴啟《語林·初學記·十七》："管寧嘗與華子魚少相親友，共園中鉏菜，見地有片金，揮鋤如故。與瓦石無異；華提而擲去。"

《輯校》458頁S.6537背《分書樣文》："恒山四鳥，亦有分飛。"典出《孔子家語》："恒山之鳥生四子，羽翼既成，將分於四海。其母悲鳴而送之，哀其往而不返也。"此件"分飛"亦為上典故的化用，喻兄弟分家。

"骨肉之原"之"原"，《輯校》釋為"厚"。按，Дx.12012亦作"原"，"原"指骨肉同源。

[10] 城隍：泛指城池，例如唐·寒山《詩》之一六七："儂家暫下山，入到城隍里。"此件中"城隍"與"鄰里"對仗，"鄰里"指同一鄉里之人，"城隍"則指同一城市之人。"城隍歎念，每傳孔懷之能；鄰里每嗟，庭荊有重滋之瑞"即全城人、同鄉人常常讚歎這家人的和睦相處、親密無間。

[11] 每：經常、屢屢。

[12] 孔懷：《詩·小雅·常棣》："死喪之威，兄弟孔懷。"鄭玄箋："維兄弟之親，甚相思念。"後"孔懷"用為兄弟的代稱。

能：親善、和睦。例如《書·康誥》："亦惟君惟長，不能厥家人。"孫星衍疏："能者，《漢書》注師古曰：'善也。'"

"孔懷之能"即兄弟間的和善相處。乜小紅《俄藏敦煌契約文書研究》221頁："傳孔懷之能，是指兄弟間具有天生親情關愛的本能。"

[13] 南朝·梁·吳均《續齊諧記·紫荊樹》："京兆田真兄弟三人，共議分財，生貲皆平均；惟堂前一株紫荊樹，共議破三片，明日就截之。其樹即枯死，狀如火然。真往見之，大驚，謂諸弟曰：'樹本同株，聞將分斫，所以顦顇，是人不如木也。'因悲不自勝，不復解樹。樹應聲榮茂，兄弟相感，合財寶，遂爲孝門。"敦煌契約文書之分書中，多化用上典故，如《輯校》455頁 S.4374《分書樣文》："既欲分荊截樹，難制頹波。"《輯校》458頁 S.6537背《分書樣文》："庭前荊樹，猶自枯觜（悴）。"《輯校》531頁 S.5647《遺書[1]樣文》："莫使荊條枯槔（悴）。"

[14] Дx.12012作"繞"。結合本件"滈"之字形及上下文義，知"繞""滈"之本字當作"澆"。"澆""薄"義同，指不厚、淺薄，"代薄時澆"即時下社會風氣浮薄。例如《後漢書·朱穆傳》："常感時澆薄，慕尚敦篤。"

[15] 淺促：心胸淺薄、狹隘。《輯校》455頁 S.4374《分書樣文》："今時淺狹，難立始終。""今時淺狹"與此件"蓋為代薄時滈（澆），人心淺促"大義同。

[16] "氛氳"本指氣氛，此處"氛氳"與下句"異見"相對；"氛氳之部"即氣氛不同的部屬、宗派。

"愆"為過義，可從過失、超過、違背等角度理解，所謂"儒宗有異見之愆"即儒宗也有不同於原初宗旨的觀點（即超過、違背原初宗旨的觀點）。

"佛教有氛氳之部，儒宗有異見之愆"即思想醇厚的佛教、儒宗，都有不同派別和觀點，普通人之間就更無法做到長期思想意念的統一。

[17] 兄弟，Дx.12012作"厶乙等"。

[18] 兄弟之流，猶從一智；今則更過一代，情義同前：兄弟同輩之間，還能遵從同一觀念；現在叔侄之間已過了一代輩分，但叔侄之情意，仍同以前同輩兄弟一樣。

[19] 謗說，Дx.12012作"滿說"

---

[1] 此件抄錄者誤將分書樣文的一些套語錄入至遺書樣文中，詳 Дx.02333B《遺書樣文》注。

“謗”為指責別人的過失。伴隨漢語詞滙的雙音化，“謗”演變為“謗說”。

[20] 聞：趁，表示及時。例如《敦煌變文集·搜神記》：“比來夢惡，定知不活，聞我精好之時，汝等即報内外諸親，在近者喚取，將與分別。”

[21] 家：衍文。

[22] 七，Дx.12012作“人”。當以“人傳”為是。

[23] “部分”即裁決、分配義。“分為”疑為衍文。

[24] 後，Дx.12012作“後代”。

[25] 此處“申”與下文“報”對應，為報答義。“申報”有報答義，如唐·司空圖《今相國地藏贊》：“孝實女師，工惟婦德，成茲妙絶，申報罔極。”

[26] 恩，Дx.12012作“德”。“德”“恩”義同，《詩·大雅·既醉》：“既醉以酒，既飽以德。”朱熹集傳：“德，恩惠也。”

[27]《輯校》431頁《善護、遂恩兄弟分書》：“其鎧壹領，壹拾三增，兄弟義讓，口上大郎，不入分數。”忓，同“干”，關涉義。“不忓分數”與“不入分數”同，即不計入分家物品中。

[28] 堪：能夠，承受。

物色：物品、用品。如《宣和遺事》後集：“所貢物色，盡取之民。”

目：名目。原件“目”下空一行半，以列物品名目。

“別無所堪，不忓分數，与叔某物色目”之義，可能為：（為了生計），別的物品無法讓叔父獨自擁有，需要算在分家物品之列；（但為了報答叔父養育之恩），分房時給叔父某某物品，這些物品不算在分家物品之列。

[29] 殷勤：情意深厚。例如《孝經援神契》：“母之於子也，鞠養殷勤，推燥居濕，絶少分甘。”

[30] 成立：建立、設立。

[31] 活計：生活費用或生活資料。例如唐·牟融《遊報本寺》：“不留活計存囊底，贏得詩名滿世間。”

[32] 原件“其名如後”後空大半行，以列所分物品名目。

[33] 家沿：家業、家產。詳《詞語滙釋》“家沿（緣）”。

[34] 活具：生活用具。詳《詞語匯釋》"活具"。

[35] 什物：各種物品器具，多指日常生活用品。

[36] 以：與。詳《詞語匯釋》"以、与"。

親近：親戚、近鄰。

以諸親近：Дx.12012 作"近親村鄰"。

[37] 直，即"值"。"一一對值再三"即多次一一核對所分物品之物值。

[38] 准折：折算、折合。詳《詞語匯釋》"准折"。

均亭：均匀。詳《詞語匯釋》"亭、均亭"。

准折均亭：經折算物值，雙方所分物品的價值公平。

[39] 家產平分為二，叔、侄以"抛鉤"的方法確定屬於自己的一份財產，這種方法，類似於現在抓鬮的辦法，這可能是當時民間分家活動中普遍採用的做法。

[40] 更：副詞，猶絕，表示程度。

[41] 偏藏活葉（業），Дx.12012 作"偏藏殘綫"。

活業：生活用品、資料等物業。

更無曲受人情，偏藏活葉（業）：（主持分家者）絕不會有收受人情，在分家中偏向某方而為某方私藏家產的情況。

[42] "房"指房族，即同支宗親。"兩房"即叔、侄兩家。

[43] 斷疑，Дx.12012 作"斷擬"。結合上下文義，"斷疑"文辭更優。"斷疑"即去除懷疑，與下文"莫生怨望"相應。

[44] 怨渥，Дx.12012 作"怨渥"。《輯校》錄"怨渥"為"怨望"，其 465 頁校記："'怨望'，《敦煌資料·第一輯》四三六頁作'怨渥'。"按，Дx.12012 分書樣文與此件內容相同，根據 Дx.12012 之"渥"形，本件中的"渥"當錄為"渥"，Дx.12012 之"渥"可能為"渥"之草寫。"怨渥"詞義難解，"渥""望"音近，"怨渥"可能為"怨望"之借。"怨望"即怨恨、心懷不滿，例如漢·賈誼《過秦論》中："百姓怨望，而海內叛矣。"

[45] Дx.12012 作"然則異門前諸，如同往日一般。"

分家前為一家，分家後則稱"異門"。"然則異門前以結義，如同往日一般"義即：儘管已經分家，但兩家的交情還與未分家前一樣。後文"上者更須臨恩，陪（倍）加憂恤，小者更須去（趨）義，轉益功（恭）勤"即照應"如同往日一般"。陳國燦、乜小紅釋為："在異姓人面前，還是象往日一樣。"存疑。

[46] 臨恩：施予恩澤。詳《詞語匯釋》"臨恩"。

[47] 不令：不許。詳《詞語匯釋》"不令"。

[48] 唱蕩："唱"疑為"暢"之借，"暢蕩"即放蕩。

[49] 五逆："五"可能為"牾"之假借，"牾逆"即違逆、以下犯上。或，"五逆"指五逆罪，即逆倫之罪。"五逆罪"詳《張富深養男契》注 [37]。

[50] Дx.12012 作"不令有唱盪五逆之心"。

[51] 盡笑：嘲笑、嗤笑。"盡"之語素義不明。

[52] "更若後生加謗"與後文"如若更生毀佰（詆）"意思接近。"更"為"再"義，"加謗"即"毀詆"，"更若後生加謗"即如若以後再有閒言碎語胡亂誹謗、詆毀分家之事。

[53] "礼計"之"計"，疑為"節"之借。

[54] 去就：舉止行動。例如《鶡冠子·道端》："受官任治，觀其去就，足以知智；迫之不懼，足以知勇。"

[55] 乖違：背離常情，行為反常。

[56] 決：通"抉"，挖義。

[57] 毀佰（詆）：即"詆毀"。

[58] 省：明白、知曉。

Дx.02333B：分書樣文 [1]

1. 今共 [2] 六親，分割

2. 為定 [3]，及男女記數 [4]。

3. 石件分割，准 [5] 吾遺囑，

4. 分配為定。或有五逆

5. 之子，不憑 [6] 吾之委囑 [7]，忽

6. 有諍論，吾作死鬼，亦

7. 㐱 [8] 乃 [9] 不与擁護。若

8. 有違此條流 [10]，但將此

9. 憑逞（呈）官，依格 [11] 必當

10. 斷決者。

注：

[1] 本件乜小紅《俄藏敦煌契約文書研究》[1]209 頁有釋錄。沙知《輯校》531—532 頁所錄 S.5647 內容與本件內容大體一致。根據文書中"今對諸親，分割為定"等套語，這兩件文書可能為分書。沙知先生、乜小紅先生認為此件為"遺書樣文"，恐誤。論證詳注 [3]。

[2] 共，S.5647 作"對"。

[3] "今對諸親，分割為定"為敦煌分書的常見套語，如：Дx.12012《兄弟分書樣文（一）》："今對諸親，分割為定。"《輯校》458 頁 S.6537 背《分書樣文》："今對枝親，分割為定。"《輯校》466 頁上圖 017《分書樣文》："今對諸親，分割為定。"

[4] 記數，S.5647 作"數記"。樣文"及男女記數"用以代指具體分書中子、女所分家產之名目、數量。

[5] 准：根據。

[6] 憑：根據。

[7] 委囑：託付、囑託。

[8] 㐱："㐱"為"亦"之異寫。此處出現兩"亦"字，其一為衍文。

[9] 乃：通"仍"，仍然義。《國語·吳語》："邊遽乃至。"汪遠孫發正："乃讀爲仍。《爾雅·釋詁》：'仍，乃也。'《說文》：'仍從乃聲。'

[1] 乜小紅《俄藏敦煌契約文書研究》，上海古籍出版社 2009 年版。

二字古同聲通用。"

吾作死鬼，亦乃不与擁護：我變成鬼，也仍然不幫助、保護。

[10] 條流：條例。

[11] 格：條例、制度。《新唐書·刑法志》："唐之刑書有四：曰律、令、格、式……格者，百官有司之所常行之事也。"

S.6537 背：486 放妻書樣文 [1]

1. 蓋聞夫婦 [2] 之礼，是宿世 [3] 之因。累 [劫] [4]

2. 共修，今得緣會 [5]，一從 [6] 結契 [7]，要盡百年 [8]，如水

3. 如魚 [9]，同歡終日。生男滿十，並受公卿 [10]；生女柔

4. 容 [11]，溫和內外 [12]。六親 [13] 歡美，遠近 [14] 似父子之恩；

5. 九族 [15] 邕怡 [16]，四時如不憎（曾）更改。奉上有謙恭之

6. 道，恤下無儻 [17] 無偏。家饒不盡之財，妯娌

7. 稱長延 [18] 之樂。[19] 何乃 [20] 結為夫婦，不悅 [21] 數年，

8. 六親聚而成怨，鄰里見而含恨。蘇（酥）乳之合，

9. 尚恐異流 [22]；貓鼠（鼠）[23] 同窠，安能得久 [24]。二人意

10. 隔，大小不安；更若 [25] 連流 [26]，家業破散。顛鎝

11. 損却，至見宿活不殘；擎鍬築瓮，便招困弊

12. 之苦 [27]。男饑耕種，衣結百穿 [28]；女寒績麻 [29]，怨

13. 心在內。夫若舉口 [30]，婦便 [31] 生嗔 [32]；婦欲發言，夫

14. 則撚 [33] 棒。相曾（憎）終日 [34]，甚時 [35] 得見。飯飽衣全，意

15. 隔累年 [36]，五親何得團會。乾沙握合，永無此

16. 期 [37]。謂羊虎同心，一向陳話美詞；[38] 心不和合，當頭 [39]

17. 取辦 [40]。夫覓上對 [41]，千世同歡；婦娉 [42] 毫宋 [43]，鴛鴦

18. 為伴。所要 [44] 活業 [45]，任意分將 [46]。奴婢馸（驅）馳 [47]，

幾個

19. 不勤。兩共取穩 [48]，各自分離，更無 [會] 期 [49]，一言致定。
會

20. 請 [50] 兩家父母六親眷屬，故勒手書 [51]，千萬 [52] 永

21. 別。忽有不照驗約 [53]，倚巷曲街，點眼弄眉，思

22. 尋舊事 [54]，便招解脫之罪 [55]。為留後憑，謹立。

注：

[1] 此件與《輯校》483 頁 S.5578《放妻書樣文》文辭基本一致。也與《輯校》470 頁 P.3220《宋開寶十年（977）放妻書》部分文辭一致。

[2] 原件圖版作"婦夫"，"婦"與"夫"之間有表示顛倒的符號。

[3] 宿世：前世、前生。《輯校》475 頁 S.0343 背《放妻書樣文》："凡為夫婦之因，前世三年結緣，始配今生夫婦。"其中"前世"即與本件"宿世"義同。

[4] 累劫：連續數劫，謂時間極長。劫，佛教謂天地的形成到毀滅為一劫。。

[5] 緣會：《輯校》523 頁 S.0343《析產遺書樣文》："吾与兒子孫侄家眷等，宿緣之會，今為骨肉之深。""緣會"為"宿緣之會"的簡省，即前生的因緣決定了今生的相會。

[6] 一從：此處"一從"可能為"一同"義，"一從"之"從"可能為"同"之假借。

[7] 結契：結交相得。此處"結契"謂男女結婚。

[8] 百年：白頭偕老、相伴終身。

[9] 如水如魚：如魚和水不可分離一樣。

[10] 並受公卿：都受任高官。

[11] 柔容：溫順、婉柔之容。

[12] 溫和內外：對家內、家外之人都溫柔和平。

[13] 六親："六親"所指，歷來說法不一。此處籠統指近親。"六親"之近親義如南朝·宋·鮑照《松柏篇》："昔日平居時，晨夕對六親。"

[14] 遠近：親疏關係的遠近。"六親歡美，遠近似父子之恩"即由於妻

子能使大家和諧相處，家中人員不論親疏遠近，都如同父子一樣關係親近。

[15] 九族：以自己為本位，上推至四世之高祖，下推至四世之玄孫為九族。

[16] 邕怡：和悅、和樂。"邕"通"雍"，和睦。

[17] 儻：偏頗。

[18] 長延：綿長久遠。

[19] 以上講理想中的婚姻情況。下面講現實中的婚姻狀況。

[20] 何乃：何故、為何。

[21]《輯校》486頁錄文"不悅"後有四字左右的空格。核對原件圖版，"不悅"後無空格。"不悅數年"即多年不悅，"不悅"與"數年"之間在文理上也不應有空格。

[22]《輯校》470頁P.3220《宋開寶十年（977）放妻書》作"穌乳之合"。"穌""蘇"為"酥"之借。"酥"是從"乳"中分離出來的一種食品。"酥乳之合，尚恐異流"即"酥"和"乳"原本融為一體，但最終還是免不了分離的命運，以此比喻夫妻之分離也在情理之中。

[23]《輯校》錄"竄"為"鼠"，與原件字形不符。原件中"鼠"誤寫為"竄"，可能是受下文"窠"之"穴"頭影響所致。

[24] "窠"指動物的巢穴。"貓鼠同窠，安能得久"比喻夫妻間的關係就如同貓和鼠生活在一起，難以長久相處。

[25] 更若：再若。"更"之"再"義，詳《詞語匯釋》"更"。

[26] 連流：同"流連"，即留戀於婚姻而不想離婚。

[27] "鐺"為有耳和足的鍋，用於燒煮飯食等；"鏊"即"鏊"，一種平底鍋，常用以烙餅；"甕"為罐、罈、缸之類的器皿。"顛鐺"與"擎鏊"相對，"擎"為舉起，"顛"疑為"掂"之借，為提起義。"顛鐺損却"在S.5578《放妻書樣文》作"顛鐺損脚"，"鐺"為有足之鍋，"顛鐺損脚"之義可能為提起鐺却損壞了鍋脚。或，"顛"為"倒"義，"顛鐺損脚"即扶倒了鐺損壞了鍋脚。與之相應，"擎鏊築甕"之義可能為舉起鏊却打破了甕（"築"有擊、打義）。"宿"有素常、平素義，"宿活"可能為平素的活業、家產。"顛鐺損却，至

見宿活不殘；擎鐓築甕，便招困弊之苦"的大義可能為：提起鐺損壞了鍋腳，到了現在連平素所用的日常生活用品都不見殘存；舉起鏊打破了甕，以致生活飽受困頓衰敗之苦。此句所描寫，可能為夫妻感情不和而經常打架的場面，由於經常打架，家中的鍋、甕等都殘缺不全，致使生活困苦不堪。

[28] 衣結百穿：形容衣服很破爛。以此指妻子未盡到織布做衣的職責。

[29] 績麻：同"緝麻"，把麻析成細縷捻接起來。

[30] 舉口：張口。

[31] 原件圖版作"便婦"，"便"與"婦"之間有表示顛倒的符號。

[32] 嗔：發怒、生氣。

[33] 撚：《說文·手部》："撚，執也。""撚"為拿、取義，如唐·杜牧《重送》詩："手撚金僕姑，腰懸玉轆轤。"

[34] S.5578《放妻書樣文》作"相憎終日"。

[35] 甚時："甚""什"相通，"甚時"即什時、何時。

[36] 累年：多年。

[37] 要把乾沙捏在一起，永遠都不可能。以此比喻此對夫妻無法再在一起生活。

[38] 羊和虎是不可能同心的，如果說羊、虎同心，那只是人們習慣說的好話。此句言外之義即：面對行將崩潰的婚姻，人們習慣於勸好不勸離，說些雙方還有感情之類的套話。

[39] 當頭：同"當下"，立即、立刻義。

[40] 取辦：辦理。"心不和合，當頭取辦"即既然夫妻感情不和、心思不一，就應即時辦理離婚手續。

[41] 上對："對"有配偶義，如《後漢書·逸民傳·梁鴻》："同縣孟氏有女……擇對不嫁，至年三十。""上對"即好的配偶。

[42] 娉：《說文·女部》："娉，問也。"男方遣媒向女方問名求婚謂之娉，引申則"娉"有嫁娶、婚配義，如《敦煌曲子詞·鳳歸云》："娉得良人爲國遠長征，爭名定難，未有歸程。"

[43] 亳宋：疑為才貌雙全男子的代稱。其中"宋"可能指宋玉；由於缺

287

叁 敦煌契約文書選註

乏相關例證的參照，無法明確"毫"所指為何。

[44] 所要：所有。詳《詞語匯釋》"所要"。

[45] 活業：指生活用品、生活資料等家業、物業。詳《詞語匯釋》"活業"。

[46] 分將：疑為"分張"，"將"為"張"之借。"分張"有分配義，如《輯校》455頁 S.4374《分書樣文》："家資產業，對面分張。"

或，"將"有拿、取義，"分將"即分取。

[47] 驅馳：驅使、使用。詳《詞語匯釋》"驅馳"。

[48] 夫妻雙方根據各自所需，穩妥分配家產。

[49] 此句漏字，"更無期"可能為"更無會期"，即分離之後，再無相會之期。Дх.11038《放妻書樣文》："自後更不許再來互相攪亂。"為了防止離婚後原夫妻雙方又在經濟、感情等方面產生糾葛，敦煌放妻書多規定夫妻雙方分手後再不許有往來。此件之"更無期"即要求離異雙方再不許約見、相會，後文"千萬永別"則是對"更無會期"的再一次強調。

[50] 會請：邀請會集。

[51] 手書：敦煌契約文書末尾多有"恐人無信，故勒此契"之類的套語。此處"手書"即契約義。

[52] 千萬：決然。例如《玉台新詠·古詩為焦仲卿妻作》："念與世間辭，千萬不復全。"

[53] 驗約：即契約。

[54] "倚"有偏義。"倚巷曲街，點眼弄眉，思尋舊事"即在偏僻、彎曲的小街、小巷中，離婚夫妻中的某一方擠眉弄眼，給對方傳情暗示，又想重溫舊情。

[55] 由於缺乏相關語例，無法明確"解脫之罪"所指為何。

Дx.11038：放妻書樣文 [1]

1. 謹立放 [2] 妻書一道　　竊聞

2. 夫婦義重如手足，似難分；恩愛情

3. 心同唇齒，如不別。況且夫婦念

4. 同牢 [3] 之樂，恰似鴛鴦雙飛，

5. 並勝（膝）花顏，共坐雨（兩）得之美。[4] 二

6. 體一心，生同床枕於寢間，死同

7. 棺槨於墳下。[5] 三載結緣 [6]，然則

8. 夫婦相對，今則兩自不和，似

9. 將難活。眅（反）目 [7] 生嫌，作為後代

10. 增（憎）嫉 [8]。[9] 緣葉（業）[10] 不遂，見此分離。

11. 遂會 [11] 六親，以俱一別。相隔之

12. 後，願妻娘子諫選高官之

13. 至（主）[12]，弄影寢（庭）前 [13]，美呈琴瑟合

14. 韻 [14]。解怨捨結，再莫相談。千萬

15. 永辭，布施歡喜。[15] 其兩家 [16] 並

16. 惣 [17] 意欲分別。惣不耳三年衣

17. 粮，[18] 自後更不許再來互相

18. 攪亂。自今已後，更不許相為（違）。

19. 忽若論烈（列）夫婦之義者，便

20. 任將凴　官斷 [19]，則之（知）皂帛（白）[20]。

注：

　　[1] 本件圖版見《俄藏敦煌文獻》第 15 冊第 145—146 頁。《輯校》未收此件。乜小紅《俄藏敦煌契約文書研究》[1]223—226 頁對本件有釋錄。

　　[2] 中國傳統文化中，男方（包括男方親屬）主動與女方離婚，曰

---

[1] 乜小紅《俄藏敦煌契約文書研究》，上海古籍出版社 2009 年版。

"出""休""去""絕""遣""逐""棄"等，由此可看出男方在離婚中的絕對主導權。但敦煌出土的離婚樣書却與上迥異，"放妻書"之"放"，乃放歸本宗之意，其中並無貶意。[1] 敦煌放妻書中，可以看到丈夫對妻子離婚後生活的美好祝福；在離婚財產分配中，甚至可以看到丈夫慷慨地將夫妻雙方共同財產奉獻給妻子的現象。這些地方，體現了"放妻書"在冷冰冰地離婚背後所含有的溫情的一面，也說明當時女性在離婚中並不是毫無地位可言，這與中國傳統男尊女卑的離婚有很大不同。

敦煌"放妻書"或稱"夫妻相別書"（P.3212 背）、"女人及丈夫手書"（P.4001），這些或稱與"放妻書"之稱相較，更多地體現了男女平等的思想。

[3] 同牢：古代婚禮中，新婚夫婦共食一牲的儀式。

[4]《輯校》477 頁 P.3730 背、479 頁 S.6537 背《放妻書樣文》與本件此句相對應的文句為："恰似鴛鴦雙飛，並膝花顏，共坐兩德之美。""並膝"有"促膝想向"之意，狀夫妻親昵之態；"花顏"意同"花容"，比喻如花之貌。"並膝花顏"之構詞，可能受"並蒂花開"的影響，比喻夫妻相親相愛。

[5] 以上所言，為理想中的婚姻情形。敦煌《放妻書樣文》之開頭，都以"合巹之歡""同牢之樂""夫婦義重"等套語描述理想的婚姻狀態。接下來，自然就會講到現實的婚姻狀態，以此引出離婚的原因。

[6]《輯校》475 頁 S.0343 背《放妻書樣文》："凡為夫婦之因，前世三年結緣，始配今生夫婦。"

[7] 眅（反）目："反目"之"反"，由於受"目"的影響而增加義符繁化為"眅"，由此造成與"眅 pān（多白眼貌）"的同形。《易·小畜》："夫妻反目。"孔穎達疏："夫妻乖戾，故反目相視。"後因以"反目"喻夫妻不和。

[8] 憎嫉：憎惡、痛恨。"憎""嫉"同義聯合，"嫉"之憎惡、痛恨義如《史記·孟子荀卿列傳》："荀卿嫉濁世之政，亡國亂君相屬。"

[1] 詳见楊際平《敦煌出土的放妻書瑣議》，《廈門大學學報》1999 年第 4 期。

[9]《輯校》477 頁 P.3730 背《放妻書樣文》："三載結緣，則夫婦相和；三年有怨，則來作讎隙。今已不和，相（想）是前世怨家，販（反）目生嫌，作為後代憎嫉。"本件習字者在"三載結緣"後簡化相關套語。

[10] 緣業：佛教語，也稱"業緣"。謂苦樂皆為業力而起，故稱為"業緣"。後多指男女之間因緣。如李白《去婦詞》："不歎君棄妾，自歎妾緣業。"

[11]《輯校》487 頁 S.6537 背《放妻書樣文》："會請兩家父母六親眷屬，故勒手書。"此件"會"即"會請"，邀請會集義。

[12] 與本件"諫選高官之至"對應的文句，《輯校》475 頁 S.0343 背《放妻書樣文》有"選娉高官之主"，《輯校》477 頁 P.3730 背有"更選重官雙職之夫"。"高官之主"即"重官之夫"，借助相關文句的參照，可推知本件"高官之至"中的"至"為"主"之借。

[13]《輯校》477 頁 P.3730 背、479 頁 S.6537 背《放妻書樣文》與本件"弄影寢前"對應的文句為"弄影庭前"。"弄影庭前"描寫妻子在未來丈夫的庭院中翩翩起舞，以此美好的場景來表達丈夫對離異妻子未來美好生活的祝福。

[14] 琴瑟和韻：《詩·周南·關雎》："窈窕淑女，琴瑟友之。"《詩·小雅·棠棣》："妻子好合，如鼓琴瑟。"後以"琴瑟""琴瑟和諧""琴瑟和好""琴瑟和鳴"等比喻夫婦間感情和諧。此處"琴瑟和韻"同"琴瑟和諧""琴瑟和鳴"。《輯校》475 頁 S.0343 背《放妻書樣文》與本件"美呈琴瑟合韻"對應的文句為"巧逞窈窕之姿"，"琴瑟""窈窕"都出自"窈窕淑女，琴瑟友之"。"美呈琴瑟合韻"與"巧逞窈窕之姿"表達丈夫對離異妻子的美好祝福，祝福妻子能在將來與未來的丈夫和好、恩愛。參《詞語滙釋》"窈窕"。

[15]《輯校》475 頁 S.0343 背《放妻書樣文》與本件"千萬永辭，佈施歡喜"對應的文句為"一別兩寬，各生歡喜"。"佈施歡喜"詞義難通，"佈施"可能為"各生"音轉造成的別誤。"一別兩寬，各生歡喜"即分開後雙方都得以解脫，各自都會有好的心情和生活。

[16] 兩家：《輯校》487 頁 S.6537 背《放妻書樣文》："會請兩家父

母六親眷屬。""兩家"即夫家和妻家的父母、六親、眷屬等人。

[17] 並惣:全部,全都。詳《詞語匯釋》"並總(揔、惣)"。

兩家並惣意欲分別:夫家和妻家的父母、六親、眷屬等人全部都同意此對夫妻的離婚。

[18] "耳"表示限止語氣,"惣不耳三年衣粮,自後更不許再來互相攪亂"即夫妻雙方共同財產,總共不過三年的衣服和糧食罷了,(現今已分配清楚),以後不許再為財產的問題而相互攪亂。

與此件內容相似的 P.3730 背、S.6537 背《放妻書樣文》在財產分配問題上都提出"三年衣粮,便獻柔儀"。"柔儀"是丈夫對即將離異的妻子的稱呼。丈夫在離婚時將多年的衣、糧奉獻給與自己即將離異的妻子,可見當時社會中,女性在離婚中不是完全被動的。此件只提到"惣不耳三年衣粮",至於"三年衣粮"是如何分配的,文書並未交代。

[19]《輯校》487 頁 S.6537 背《放妻書樣文》末尾"忽有不照驗約,倚巷曲街,點眼弄眉,思尋舊事,便招解脫之罪"與此件"忽若論烈(列)夫婦之義者,便任將滊官斷"所論大體相同,要求夫妻雙方離婚後不許再談舊情,否則將受到相關法律的懲罰。

[20] 皂帛(白):黑與白。多比喻非與是。"則之(知)皂帛(白)"即根據官府的決斷,便知其中的是是非非。

S.6537 背:496 家童再宜放書(樣文)

1.家童再宜 [1] 放書一道。　　夫人者,稟 [2]

2.父母而生,貴賤不等。[3][貴] 者,是因中修廣、樂

3.善行 [4],慈杲(果)中獲 [5],得自在 [6] 之身,隨心受報 [7]。賤

4.者,是曩世 [8] 積業 [9],不辯尊卑 [10],不信仏 [11] 僧 [12],侵

5.鄰(淩)[13] 人物 [14],今身緣會,感得賤中 [15]。不是無里(理)駈(驅)□(馳)[16],

6. 橫加非狂 [17]。所修不等，細思合 [18] 知。下品之中，赤（亦）

7. 有兩種：一般 [19] 恭勤孝順，長報曹主 [20] 恩；一類更

8. 增深憼（愆 [21]），長作後生惡業。耳聞眼見，不是虛傳。

9. 向且 [22] 再宜自從飯（歸）管五十餘年，長有鞠養 [23] 之心，

10. 不生懈怠之意，執作 [24] 無有亭（停）暇，放牧則不

11. 被（避）飢寒。念慈（茲）孝道之心，放汝出纏黑網 [25]。從

12. 今已往，任意寬閑 [26]，選擇高官，充為公子。將次 [此][27] 放

13. 良福分，先資亡過，不曆三途，次及現存，無諸災

14. 障。[28] 願後代子孫，更莫改易。請山河作誓，日辰

15. 證知。日月傾移，誓言莫改。

注：

[1] 再宜：家童名。

[2] 稟："稟"異寫。"稟"亦作"稟"，"稟"之異寫有"稟"，例如遼‧宋複圭《馮從順墓誌銘》："生稟粹靈，長為奇傑。"

稟：稟受，領受。例如《新唐书‧蕭瑀传》："人稟天地而生而謂之命，至吉凶禍福則繫諸人。"

原件圖版"稟"後有四字左右空白，而後在第二行抬頭處書"父母"，以示尊敬。

[3]《輯校》498 頁 S.5700《放家童青衣女書樣文》先言"若夫天地之內，人者為尊，貴賤不同，皆由先葉（業）同"，接下來言"貴者……賤者……"。Дx.11038《家僮放書樣文》（按，《輯校》未錄）先言"竊以天高地厚，人在其中，南閻眾生，受業不等"，接下來言"況厶乙，貴者……賤者……"。本件先言"夫人者，稟父母而生，貴賤不等"，接下來言貴、賤不等之情況，參照 S.5700、Дx.11038 相關文例，可知本件此處句讀當為"夫人者，稟父母而生，貴賤不等。[貴] 者……賤者……"。由於該放書書寫者漏寫"貴"，導致《輯校》對該句的句讀出現問題。

[4] "中修廣、樂善行"即廣修德，樂行善。《輯校》498 頁 S.5700《放

家童青衣女書樣文》："貴者廣修善本"。"廣修善本"與"中修廣、樂善行"的意思基本相同。

[5] "果"為果報，佛家語。善有善報，惡有惡報，"慈果中獲"即善果從修善積德中獲得。

[6] 自在：自由。

[7] "報"為果報，"隨心受報"即按照心性修行程度接受相應果報。

[8] 曩世：往世。

[9] 積業：惡業累積。耕云《安詳集·修心訣》："積業成障，業是思想行為的總合。"

[10] 不辯尊卑：沒大沒小，不尊老愛幼，缺乏禮教。

[11] 《正字通·人部》："仏，古文佛。"

[12] 不信仏僧：不信仰佛教行善積德之道。

[13] 侵凌：侵犯欺凌。

[14] 人物：他人。例如《南史·傅縡傳》："負才使氣，陵侮人物，朝士多銜之。"

[15] 《輯校》498頁S.5700《放家童青衣女書樣文》："賤者不造善因，而生下品。"《輯校》502頁S.0343背《放良書樣文》："賊者是前緣負債，摘（謫）來下賤。""緣會"為"宿緣之會"的簡省（詳S.6537背《放妻書樣文》"緣會"注）。佛教認為，今生的貴賤，由前世的因緣決定。此件所言"今身緣會，感得賤中"即由前世的因緣感應所致，今生只能身處卑賤。

[16] "駈"字為"駈"之誤（"駈"僅在末筆比"駈"多一橫），"駈"即"驅"之草寫變體。根據敦煌契約相關文例，"駈（駈）"下殘字當為"馳"。"驅馳"即驅使、役使，例如《輯校》351頁P.3150《癸卯年（943?）慈惠鄉百姓吳慶順典身契》："自取物後，人無雇價，物無利頭，便任索家駈馳。"

[17] 不是無里（理）駈（驅）囗（馳），橫加非狂：受前世因緣感應，家童今生身處卑賤，所以受人驅使、被人指罵不是沒有道理的。

[18] 合：應該、應當。

[19] 此處“一般”與“一類”對應，義當與“一類”同。文獻中很少見“一般”有一類義，因此此處“一般”與“一類”的對應也可理解為：普通人……而另一類人……

[20] 曹主：主人。例如唐·王梵志《天下浮逃人》：“強處出頭來，不須曹主喚。”

[21] 愆：罪過。

[22] “向且”即“尚且”，“向”“尚”音近相借。“尚且”用來表示表示進一層的意思，即：下品之人，“一般恭勤孝順，長報曹主恩”；更何況家童再宜為奴五十餘年以來，……

[23] 鞠養：供養、贍養。例如唐·玄奘《大唐西域記·健馱邏國》：“有窣堵波，是商莫迦菩薩恭行鞠養，侍盲父母。”

[24] 執作：操作、勞作。例如南朝·陳·徐陵《諫仁山深法師罷道書》：“身無執作之勞，口餐香積之飯。”

[25] 佛教謂纏縛在俗世煩惱之中為在纏；而擺脫纏縛，則稱出纏。此處“出纏黑網”指擺脫奴僕卑賤身份的纏縛。

[26] 寬閑：自由、閑暇。

[27] “次”之正字當為“此”。例如《輯校》498 頁 S.5700《放家童青衣女書樣文》：“將此放良福分，……”

[28] 三途：佛教語。即火途（地獄道）、血途（畜生道）、刀途（餓鬼道）。“不曆三途”，《輯校》498 頁 S.5700《放家童青衣女書樣文》作“不落三途”，即人死後不被墜入惡道。

《輯校》494 頁 S.4374《從良書樣文》：“從良放人，福山峭峻。”唐代敦煌地區佛教盛行，人們相信放良是求福的重要途徑。此件將放良所得的福分，首先供奉給已經亡逝的親人，希望他們在去世之後不墜入惡道；其次，希望災難（即“災障”）不要降臨到活着的親人身上。

S.0343：523 析產遺書樣文

1.吾今桑榆 [1] 已逼，鍾（鐘）漏將窮 [2]，病疾纏身，暮年不差 [3]，日日承忘 [4]

2.痊損 [5]，月月漸復更加 [6]。想吾四體 [7] 不安，吾則似當不免 [8]。吾

3.与汝 [9] 兒子、孫侄、家眷等，宿緣之會，今為骨肉之深 [10]。未得安

4.排，遂有死奔 [11] 之道。雖則辜負男女，逝命尺（天）[12] 不肯容。所是 [13]

5.城外莊 [14]（莊）田、城內屋舍、家活 [15] 產業等，畜牧 [16]、什物 [17]，恐後或有不亭 [18]

6.爭論、偏併 [19]，或有無智 [20] 滿說 [21] 異端 [22]，遂令親眷相憎，骨

7.肉相毀，便是吾不了事 [23]。今聞 [24] 吾惺悟 [25] 之時，所有家產、田

8.莊（莊）、畜牧、什物等，已上並已分配，當自腳下 [26]。謹錄如後。

9.右件分配，並已周訖 [27]，已後更 [28] 不許論偏說剩。如有違吾語者，

10.吾作死鬼，掣 [29] 汝門鑠 [30]，來共 [31] 汝語：一毀地白骨，萬劫 [32] 是其

11. 怨家 [32]；二不取吾之語，生生莫見佛面。[33] 謹立遺書，限 [34] 吾囑矣。

注：

[1] 桑榆：日落時太陽光斜照到桑樹、榆樹樹端，因以"桑榆"指日暮，比喻晚年、垂老之年。《文選·曹植〈贈白馬王彪〉詩》："年在桑榆間，影響不能追。"李善注："日在桑榆，以喻人之將老。"

[2] 鐘漏：鐘和刻漏，古代用以報時、計時，進而"鐘漏"可借指時辰、

時間，可比喻殘年、暮年。例如南朝·陳·徐陵《答李顒之書》："殘光炯炯，慮在昏明，餘息綿綿，待盡鐘漏。"

窮：盡。

鐘漏將窮：殘年無幾，在人世間的歲月轉眼就要結束了。

[3] 差：chài，亦作"瘥"，病癒。《方言》第三："差，愈也。南楚病癒者謂之差。"同文乙錄 [1] "差"作"愈"，"愈"即病癒。

[4] 承忘：承望，指望。例如《敦煌變文集·李陵變文》："結親本擬防非禍，養子承望奉甘碎。" [2]

[5] 痊損：病勢減輕。例如《晉書·陸玩傳》："臣嬰遘疾疢，沈頓屢月，不蒙痊損，而日夕漸篤，自省微綿，無復生望。"

[6] 月月漸復更加：病情一月比一月更加嚴重。

[7] 四體：四肢，代指整個身體。例如《四遊記·靈耀分龍會為明輔》："兒今此行，若再飲酒，有違父命，四體不得回鄉。"

[8] 不免：死亡的委婉語，意即無法倖免於死。

[9] 汝：你們，用在"兒子、孫侄、家眷等"前，表總括。

[10] 宿緣：佛教謂前生的因緣。

宿緣之會，今為骨肉之深：由前世的因緣決定，我們今世有至親的關係。

[11] 死奔：奔向死亡。

[12] 根據同文乙錄，"尺"當為"天"之誤。"逝命天不肯容"即上天不肯容納我多活幾天。

[13] 所是：所有。詳《詞語匯釋》"所是"。

[14] 今簡體字"庄"即源於"莊"的異體"莊"。"莊""莊""庄"之間的演變途徑是：莊——（簡寫）莊——莊、莊（"爿"誤寫為"广"）——莊、莊（省寫"艸"）——"庄""庄"（"广"簡寫為"广"）。

[15] 家活：猶家產、家業。詳《詞語匯釋》"家活"。

[1] 該遺書樣文同卷共抄三次，其首尾完全者標"甲"，未抄完的兩篇分別標"乙""丙"。詳《輯校》525 頁"說明"。

[2] 蔣禮鴻《敦煌變文字義通釋》（增補定本）176—177 頁對"承望、承忘"有詳論，上海古籍出版社 1997 年版。

297

參 敦煌契約文書選註

[16] 畜牧：飼養的牲畜。

[17] 什物：各種物品器具，多指日常生活用品，"家什"義即由此來。

[18] 不亭：不公平。詳《詞語匯釋》"不亭"。

[19] 偏：不公正。併：兼並，吞並。偏併：不公平地兼並。

[20] 無智：愚蠢、無知之人。

[21] 滿說：胡說、亂說。詳《詞語匯釋》"滿說"。

[22] 異端：不同說法。

[23] 不了事：無法了結之事。

[24] 聞：趁。表示及時。

[25] 惺悟：即醒悟。清醒、明白義。詳《詞語匯釋》"惺悟"。

[26] 腳下：名下[1]。

"當"有對當、對應義，"當自腳下"即對應自各自名下。

[27] 周訖：周全完畢。

[28] 更：副詞，再。

[29] 掣：拔、抽。

[30] 鏁："鎖"的異體字。

[31] 共：介詞，表示涉及的對象，猶同、跟。

[32] 萬劫：佛經稱世界從生成到毀滅的過程為一劫，萬劫猶萬世，形容時間極長。

怨家：冤家、仇人。例如《敦煌變文集‧捉季布傳文》："楚王辯士英雄將，漢帝怨家季布身。"

"一……"與後文"二……"對應，即"首先……；其次……"。

一毀地白骨，萬劫是其怨家：首先，毀壞地下白骨，永遠是你的冤家。

[33] 取：聽取、聽從。

生生：世世代代。

二不取吾之語，生生莫見佛面：其次，如不聽從我的話，你將世世代代（永墜地域），與佛無緣。對違約者，只有迷信的制約，而缺乏制度的懲罰，

---

[1] 詳見黑維強《敦煌社會經濟文獻詞語考釋》，《江西社會科學》2004 年第 12 期。

由此可看到遺書的民間性。

[34] 限：限定遺囑範圍。

Дх.02333В：遺書樣文 [1]

1. 父母遺書一道。

2. 吾報 [2] 男某專甲 [3]：吾以

3. 年侵蒲郎 [4]，髮白棗 [5] 為

4. 榆，疾病喪羸 [6]，漸加

5. 沉重。陽烏過隟（隙）[7]，不

6. 容頃刻之間；司命 [8] 追

7. 秋，豈能蹔駐 [9]。吾為

8. 汝父，愛念 [10] 恩深；庭訓 [11]

9. 立身，汝須莫忘。存心

10. 褓負，豈忘乳餔之

11. 恩 [12]；迴濕就乾 [13]，終天 [14] 難

12. 報。人命無定，倏忽 [15]

13. 魂飛。汝等若有孝

14. 道之心，多修福力，以薦 [16]

15. 亡人，共請 [17] 十王 [18]。無念

16. 一百歲，七十者稀，中間

17. 受苦即多，受樂即少。

18. 更被夜消其半。忽至

19. 命終，無路逃避。既時老

20. 病，漸漸□□□□恰

21. 以不過時□□門向

22. □西路難望，恐怕去

23. □□無資，□□男女

注：

[1] 本件乜小紅《俄藏敦煌契約文書研究》[1]211—214 頁有釋錄。沙知《輯校》532—534 頁所錄 S.5647 與本件內容大體一致，詳見下文注釋。

[2] 報：告知。

[3] 某專甲：敦煌契約很多為習字者習練之作，因此契約中的相關人名往往用"某甲""某專甲""某尊甲"代指。詳《詞語滙釋》"某甲、某專甲、某尊甲"

[4] 侵：漸進。例如唐·杜甫《寄贊上人》詩："年侵腰腳衰，未便陰崖秋。"
蒲郎：S.5647 作"蒲柳"。《敦煌社會經濟文獻真跡釋錄（二）》[2]310 頁 P.3223《永安寺法律願慶與老宿紹建相諍根由責勘狀》亦有："年侵蒲柳，歲逼桑榆"。"蒲柳"即水楊，一種入秋就凋零的樹木，如南朝·宋·劉義慶《世說新語·言語》："蒲柳之姿，望秋而落；松柏之質，經霜彌茂。"後因以"蒲柳"比喻未老先衰，或體質衰弱，例如唐·盧綸《和崔侍郎游萬固寺》："風雲才子冶遊思，蒲柳老人惆悵心。"
年侵蒲柳：如蒲柳逐漸入秋一樣，生命即將凋零。

[5]《輯校》錄"葉"為"桑"。原件圖版字形為"葉"，即"葉"字。"桑"異寫作"桒"，"桒""葉"形近，習字者可能將"桒"誤寫為"葉"。"桑為榆"為"為桑榆"的活用，即頭髮白了，就好比夕陽照在桑樹、榆樹樹端，白天的時光已所剩无幾，我的生命亦即將終結。

[6] 衰羸：衰老瘦弱。

[7] 陽烏：神話傳說中太陽裏的三足烏。《文選·左思〈蜀都賦〉》："羲和假道於峻岐，陽烏迴翼乎高標。"李善注："《春秋元命包》曰：'陽成於三，故日中有三足烏，烏者，陽精。'"因以"陽烏"借指太陽。
"陽烏過隙"即"白駒過隙"的化用，謂日影如白色的駿馬一樣飛快地

[1] 乜小紅《俄藏敦煌契約文書研究》，上海古籍出版社 2009 年版。
[2] 唐耕耦、陸宏基合編《敦煌社會經濟文獻真跡釋錄（二）》，全國圖書館文獻縮微複製中心 1990 年版。

馳過縫隙，形容時間過得極快。《莊子・知北遊》："人生天地之間，若白駒之過郤，忽然而已。"成玄英疏："白駒，駿馬也，亦言日也。"

[8] 司命：掌管生命的神。

[9] "蹔"同"暫"，"駐"為停畱。"蹔駐"即短暫停留。

[10] 愛念：關愛，牽念。

[11] 庭訓：《論語・季氏》記孔子在庭，其子伯魚趨而過之，孔子教以學《詩》《禮》。後因稱父教為庭訓。

[12] 存心：S.5647作"好心"。"存心"文辭更優，"存心"即內心懷有。

繈負："繈"為背小兒用的布帶，"繈負"即用布幅包裹小兒而負於背。

乳餔：即哺乳。此處義為養育。

存心繈負，豈忘乳餔之恩：內心經常憶起父母在繈褓中將我們一點點帶大的艱難情景，父母哺育之恩，怎能忘懷。

[13] 原件"迴"下字跡模糊，根據S.5647圖版中的"迴濕就乾"，依稀可辨 Дx.02333B 中"迴"下之字為"濕"。

"迴濕就乾"為"迴乾就濕"之變，"迴乾就濕"形容父母撫育幼兒之辛苦，謂幼兒尿床，母親寧可以身就濕，以使小兒臥處常幹。例如《父母恩重難報經》："第五，迴乾就濕恩，頌曰：'母原身投濕，將兒移就幹'。"《敦煌變文集・父母恩重經講經文》："慈母德，實堪哀，十月三年受苦災；冒熱衝寒勞氣力，迴乾就濕費心懷。"《王梵志詩・遙看世間人》："欲似養兒氈，迴乾且就濕。"

"迴乾就濕"又作"推燥居濕""推乾就濕""偎乾就濕"等，例如《孝經・援神契》："母之於子也，鞠養殷勤，推燥居濕，絕少分甘也。"明・無名氏《殺狗記・孫榮奠墓》："三年乳哺恩愛深，推乾就濕多勞頓。"元・無名氏《凍蘇秦》第二折："且休說懷躭十月，只從小偎乾就濕，幾口氣抬舉他偌大，便恰似燕子銜食。"

S.5647圖版"迴"字下有被塗掉的"乾"字，說明書寫者寫完"迴乾"後發現表達有問題，遂改為"迴濕"。既然當時書寫者有意寫為"迴濕就乾"，說明"迴濕就乾"不應完全視為"迴乾就濕"之誤。"迴濕就乾"的出現，可能與普通民眾對"迴""就"詞義的不同理解有關："迴"為回避，"就"為接近；"迴濕就乾"即嬰幼兒尿床之後，父母操心讓孩子離開濕處，到乾處睡。

[14] 終天：終身。

[15] 倏忽：亦作"儵忽"。形容時間迅速流逝。

[16] 薦：為死者念經或做佛事，使其亡靈早日脫難超升。此處可籠統理解為超度。

[17] "共"即"供"。"供請"即供奉、奉請。

[18] 十王："十殿閻王"之省稱。中國佛教所傳十個主管地獄的閻王，諸王各居一殿，故稱。此說始於唐末，後道教也沿用之。

S.5647 在"共請十王"後的內容為"無令一手足之義，忽聽讒邪。妯娌孤霜，無違女範。莫使荊條枯槔（悴），堂燕分飛，和光同塵，無乖反目。今以汝別，痛亦何言。他刦來生，無因再萃。汝當奉教。時厶年厶月厶日，慈父母某專甲遺書。"其中"無令一手足之義，忽聽讒邪。妯娌孤霜，無違女範。莫使荊條枯槔（悴），堂燕分飛，和光同塵，無乖反目"為分書套語。誤寫之因可能為：Дx.02333B"共請十王"後的內容為"無念一百歲，七十者稀"；S.5647 遺書前部分內容與 Дx.02333B 遺書完全一致，S.5647 遺書的習字者在"共請十王"後書寫"無念……"時，誤將所背誦分書"無令"後的內容移錄到此遺書中。

Дx.11038：遺書樣文 [1]

1. 謹立遺書一道。竊以人生一世，

2. 代（大）[2] 限百年。草茂三春，色變

3. 九夏。[3] 況某乙 [4] 年逾耳順 [5]，坏幻 [6]

4. 交纏。出息須存，入息難報 [7]。忽

5. 若命逐風燈，[8] 只愁貧資分散。

6. 幼男某甲，未辯東西。[9] 長子每則頻

7. 取父語，礼遍於家。[10] 不字先載 [11]，

8. 遂便分却 [12] 所有泩活 [13]、家資 [14]、產

9. 業，均 [15] 分張 [16] 支割 [17]，各注腳下 [18]，具

10. 烈（列）[19] 如後。右已前資財，今因

11. 星（醒）甦 [20] 之間，遂請諸親立此遺書，

12. 後人謗說是 [非][21]，但開此憑為

13. 定。故勒斯契，用為後憑。

注：

[1] 本件圖版見《俄藏敦煌文獻》第 15 冊第 145 頁。《輯校》未收此件。Дх.11038 中有兩件遺書樣文，內容基本一致。此錄其一。該件文書，乜小紅《俄藏敦煌契約文書研究》[1]206—208 頁有釋錄。

[2] 代，Дх.11038 另外一件遺書樣文作"大"。"大限"即人的壽數，死期，例如唐·權德輿《古興》詩："人生大限雖百歲，就中三十稱一世。"

[3] 乜小紅《俄藏敦煌契約文書研究》："三春指孟、仲、季中的季春，即春三月。九夏指夏季九十日中的第九個十天，當夏秋之交。……此處是說春三月長得茂盛的草，到九月也會變色，由青變黃。"

[4] 某乙：代詞。敦煌契約很多為習字者習練之作，因此契約中的相關人名往往用"某甲"或"某乙"代指。詳《詞語匯釋》"某甲""某乙"等。

[5]《論語·為政》："六十而耳順。"後遂以"耳順"為六十歲的代稱。

[6]《輯校》522 頁 S.6537 背《遺書樣文》："生居杯幻，處在凡流。今復苦疾纏身，晨昏不覺。"《輯校》526 頁 P.4001《遺書樣文》："身居懷質，處在凡流。今復苦疾纏身，晨昏 [不覺]。"根據以上相關文例，此件中的"坏幻"可能與"杯幻""懷質"意思相同。乜小紅《俄藏敦煌契約文書研究》208 頁認為："（坏幻）或為'病患'音誤。"按，S.6537 背《遺書樣文》"生居杯幻，處在凡流。今復苦疾纏身，晨昏不覺"，"杯幻"後

---

[1] 乜小紅《俄藏敦煌契約文書研究》，上海古籍出版社 2009 年版。

有"今復苦疾纏身"，"苦疾"即"病患"，則"杯幻""坯幻"不當為"病患"之音誤。由於缺乏相關文獻例證，筆者無法明確"杯幻""坯幻"之詞義，僅舉出個別用例，希望能對學界相關的研究提供一點綫索。

[7] Дx.11038另外一件遺書樣文作"出息雖存，入息難報"。"出息"指呼出的氣息，"入息"指吸入的氣息，如金·馬鈺《女冠子》詞："忘情絕愛念，好把意馬心猿牢繫，綿綿密密。有似出息，常不保入息。""入息難報"之"報"，可能為"保"之假借。"出息雖存，入息難保"即雖然有一絲氣息呼出，但難以保證還能吸入下一口氣息。

[8] 命逐風燈：喻臨近死亡之人。詳《詞語匯釋》"風燈"。

[9] 辯：通"辨"，分辨。

幼男某甲，未辯東西：小兒子年齡很小，連東西方向都無法分辨。

[10] 長子每則頻取父語，礼遍於家：大兒子每件事都頻頻聽取父親的意見，對家中上上下下之人、事都知規守禮。

[11] 先載，可能為"父親"義。不字，父親不對兒子自稱其名，如父親對兒子的書信末尾署名一般為"父字不具"。

乜小紅《俄藏敦煌契約文書研究》208頁注釋"不字先載"為："長子謙遜，凡立字據一類事，從不提出。"

[12] 分却：分配。詳《詞語匯釋》"分却"等。

[13] 浻活：生活用具。詳《詞語匯釋》"家沿（緣）、家活、沿活"。

[14] 家資：家中的財產。

[15] 均：平均。

[16] 分張：分配。

[17] 支割：支配、割分。

[18] 脚下：名下。

各注脚下：財產分配情況，一一注於各自名下。

[19] 烈："列"之假借字，羅列義。

[20] 乜小紅《俄藏敦煌契約文書研究》208頁："星指凶星，甦指甦星，乃指處於昏迷與清醒之間。"按，此件中的"星甦之間"，在Дx.11038另

外一件遺書樣文中作"醒悟之晨"。參照敦煌契約文書中"醒甦""醒素""惺悟"等詞的相關用例，此件中的"星甦"即"醒甦"，清醒、明白義。詳《詞語匯釋》"醒甦"。

[21] 謗說：誹謗、亂說。

原件"是"下漏"非"。"謗說是非"即指責、誹謗家產分配不公。

S.6537 背：528 慈父与子書樣文 [1]

1. 敬想男厶乙，在彼告 [2]

2. 好否。此吾及內外親姻、男女大少 [3]，物 [4] 得安泰，幸 [5]

3. 勿憂慮。但自努力，善伏事 [6] 軍都 [7]，共城（成）公事，莫照（招）

4. 敗闕 [8]。前者 [所][9] 囑賣賣（買），切莫定執 [10]，看臨時次第當賈

5. 買取 [11]，即是能也。切莫貪洒市（嗜）[12] 肉，[浪] 破 [13] 錢物，在心 [14] 餗飼 [15]

6. 畜剩（乘）[16]，平善 [17] 早回，滿吾願懇 [18]。准合府信 [19]，緣人使 [20]

7. 悤（忽）忙，寄附 [21] 不得。因人 [22] 往次 [23]，空 [24] 附起居，不且 [25]（具）子細 [26]。

8. 正月五日，慈父委曲 [27] 達男厶乙者。吾遺書 [28]。

注：

[1]《輯校》528 頁對本件定名為"慈父遺書樣文"。按，此件為書信，與契約无關。該件文書，與 Дx.12012《乙未年（935）三月慈父致男行深書》內容大致相同。相較而言，《乙未年（935）三月慈父致男行深書》文詞更優。由於沙知先生未見 Дx.12012《乙未年（935）三月慈父致男行深書》，《輯校》對 S.6537 背《慈父與子書樣文》的錄釋存在一定問題。由於《輯校》

是研究敦煌契約的重要資料，此件文書的誤錄，可能影響學界對一些問題的誤判。為此，本書對與契約無關的 S.6537 背《慈父與子書樣文》進行注釋。

[2] 根據 Дx.12012，"告"可能為衍文。

[3] 大少，Дx.12012 作"大小"。

[4] 物，Дx.12012 作"惣"。"惣"為"揔"之異寫，"揔"同"總"。"總得安泰"即大家都安泰。

[5] 幸：希望。

[6] "伏"為敬詞，"伏事"即侍候、服侍。

[7] 軍都：軍職名。據陳國燦先生研究，軍都指軍中都頭。[1]

[8] 城，Дx.12012 作"成"。

照，Дx.12012 作"招"。

敗闕：猶過失。

"共成公事，莫招敗闕"即共同完成公事，不要招致過失。

[9] 根據 Дx.12012，"囑"前漏"所"。

[10] 定執：固定、固執。

[11] 看：根據。

臨時：謂當其時其事。

次第：情形。

看臨時次第當賈買取：根據當時的情形用適當的價錢買取。

[12] "切莫市肉"於理不通，根據"貪酒"與"市肉"的對仗，"市"本字疑為"嗜"。

[13] 根據 Дx.12012，"破"前漏"浪"。"破"為花費、消耗。"浪破"即浪費。詳《詞語匯釋》"浪破"。

[14] 在心：留心、操心。

[15] 餧飼：餵養。

[16] 陳國燦先生《俄藏敦煌 Дx.12012 號疏證》認為"畜剩"為"畜牲"

---

[1] 詳见陳國燦《俄藏敦煌 Дx.12012 號疏證》，《敦煌學》第二十五輯，臺北樂學書局有限公司 2004 年版。

之誤寫。按，敦煌契約文書中"畜乘""畜剩"多見，指馳、馬、牛等牲畜，因此，此件中的的"畜剩"不能視為"畜牲"之誤寫。詳《詞語匯釋》"畜乘"。

[17] 平善：平安。

[18] 願懇，Дx.12012 作"心願"。

[19] Дx.12012"准合有時附信"。准合，按照和使者見面的日期。

[20] 人使：使者，受命出使的人。本件指遞送書信之人。

[21] 附：寄，托人捎帶。"寄""附"同義聯合，即寄。例如唐·白居易《元九以綠絲布白輕裕見寄》："貧友遠勞君寄附，病妻親爲我裁縫。"

"准合有時附信，緣人使匆忙，寄附不得"即按照使者往來班次，有時托使者捎信，但由於使者太忙，經常難以讓使者捎帶信、物。

[22] 人，Дx.12012 作"使"。

[23]"次"在敦煌文書中多指"班次""使次"。（詳《詞語匯釋》"次"）"往次"即往來使次。

[24] 空：副詞，只、僅。

[25] 起居：指飲食寢興等日常生活狀況。

且，Дx.12012 作"具"。

[26] 子細：詳情。

"因人往次，空附起居，不具子細"即根據使者前往出使的班次，只能托使者捎說家中日常生活的大體情況，無法具體談家中詳情。

[27] 委曲：手劄、手諭。

[28] 遺書：投書、寄信。例如《宋書·張邵傳》："謝晦反，遺書要邵，邵不發函，馳使呈帝。"《輯校》誤以此"遺書"為遺囑義，故將此件歸入敦煌契約之遺書類。

《北京大學藏敦煌文獻》（全 2 冊），上海古籍出版社、北京大學圖書館編，上海古籍出版社 1995 年版。

《敦煌寶藏》（全 140 冊），黃永武主編，臺北新文豐出版公司1981—1986 年版。

《俄藏敦煌文獻》（全 17 冊），俄羅斯科學院東方研究所聖彼德堡分所、俄羅斯科學出版社東方文學部、上海古籍出版社編，上海古籍出版社1992—2001 年版。

《法藏敦煌西域文獻》（全 34 冊），上海古籍出版社、法國國家圖書館編，上海古籍出版社 1995—2005 年版。

《國家圖書館藏敦煌遺書》，任繼愈主編，中國國家圖書館編，北京圖書館出版社 2006—2011 年版（尚未出完，目前到 138 冊）。

《上海博物館藏敦煌文獻》（全 2 冊），上海古籍出版社、上海圖書館編，上海古籍出版社 1993 年版。

《上海圖書館藏敦煌吐魯番文獻》（全 4 冊），上海古籍出版社、上海圖書館編，上海古籍出版社 1999 年版。

《天津藝術博物館藏敦煌文獻》（全 6 冊），上海古籍出版社、天津市藝術博物館編，上海古籍出版社 1996—1997 年版。

《英藏敦煌文獻》（漢文佛經以外部分）（全 14 冊），中國社會科學院歷史研究所、中國敦煌吐魯番學會敦煌古文獻編委會、英國國家圖書館、倫敦大學亞非學院編，四川人民出版社 1990—1995 年版。

主要參考文獻

（一）著作類

1. 蔡忠霖：《敦煌漢文寫卷俗字及其現象》，臺北文津出版社有限公司2002年版。

2. 陳秀蘭：《敦煌變文詞滙研究》，四川民族出版社2002年版。

3. 鄧福祿、韓小荊：《字典考正》，湖北人民出版社2007年版。

4. 董志翹：《中古文獻語言論集》，巴蜀書社2000年版。

5. 董志翹：《中古近代漢語探微》，中華書局2007年版。

6. 郭在貽：《郭在貽敦煌學論集》，江西人民出版社1993年版。

7. 郝春文：《唐五代宋初敦煌僧尼的社會生活》，中國社會科學出版社1998年版。

8. 郝春文等：《英藏敦煌社會歷史文獻釋錄》第1卷，科學出版社2001年版；第2—7卷，社會科學文獻出版社2003—2010年版。

9. 黃征：《敦煌語文叢說》，新文豐出版公司 1996 年版。

10. 黃征：《敦煌俗字典》，上海教育出版社 2005 年版。

11. 黃征：《敦煌語言文字研究》，甘肅教育出版社 2002 年版。

12. 黃征、張涌泉：《敦煌變文校注》，中華書局 1997 年版。

13. 季羨林主編：《敦煌學大詞典》，杭州大學出版社 1994 年版。

14. 江藍生：《魏晉南北朝小說詞語匯釋》，語文出版社 1988 年版。

15. 江藍生、曹廣順編著：《唐五代語言詞典》，上海教育出版社 1997 年版。

16. 姜伯勤：《唐五代敦煌寺戶制度（增訂版）》，中國人民大學出版社 2011 年版。

17. 蔣禮鴻：《敦煌變文字義通釋》（增補定本），上海古籍出版社 1997 年版。

18. 蔣禮鴻主編：《敦煌文獻語言詞典》，杭州大學出版社 1994 年版。

19. 蔣禮鴻：《蔣禮鴻語言文字學論叢》，浙江古籍出版社 1994 年版。

20. 蔣紹愚：《古漢語詞匯綱要》，北京大學出版社 1989 年版。

21. 蔣紹愚：《近代漢語研究概況》，北京大學出版社 1994 年版。

22. 冷玉龍等：《中華字海》，中華書局、中國友誼出版公司 1994 年版。

23. 李維琦：《佛經釋詞》，嶽麓書社 1993 年版。

24. 李維琦：《佛經續釋詞》，嶽麓書社 1999 年版。

25. 劉復、李家瑞編：《宋元以來俗字譜》，中央研究院歷史語言研究所 1930 年版；文字改革出版社 1957 年版。

26. 林聰明：《敦煌文書學》，台灣新文豐出版公司 1990 年版。

27. 龍潛庵：《宋元語言詞典》，上海辭書出版社 1985 年版。

28. 羅維民：《中古墓誌詞語研究》，暨南大學出版社 2003 年版。

29. 馬向欣：《六朝別字記新編》，北京書目文獻出版社 1995 年版。

30. 裘錫圭：《文字學概要》，商務印書館 1988 年版。

31. 乜小紅：《俄藏敦煌契約文書研究》，上海古籍出版社 2009 年版。

32. 寧可、郝春文：《敦煌社邑文書輯校》，江蘇古籍出版社 1997 年版。

33. 秦公：《碑別字新編》，文物出版社 1985 年版。

34. 秦公、劉大新：《廣碑別字》，北京國際文化出版社 1995 年版。

35. 沙知：《敦煌契約文書輯校》，江蘇古籍出版社 1998 年版。

36. 施萍婷主撰稿，敦煌研究院編：《敦煌遺書總目索引新編》，中華書局 2000 年版。

37. （遼）釋行均：《龍龕手鏡》，中華書局 1985 年版。

38. 書學會編纂：《行草大字典》，北京出版社 1992 年版。

39. 唐長孺主編：《吐魯番出土文書》（校錄本十冊），文物出版社 1981—1991 年版。

40. 唐耕耦、陸宏基合編：《敦煌社會經濟文獻真跡釋錄》第一輯，書目文獻出版社 1986 年版；第二輯至第五輯，全國圖書館文獻縮微複製中心 1990 年版。

41. 汪啟濤：《中古及近代法制文書語言研究——以敦煌文書為中心》，巴蜀書社 2003 年版。

42. 王重民：《敦煌古籍敘錄》，中華書局 1979 年版。

43. 王重民、劉銘恕等編：《敦煌遺書總目索引》，商務印書館 1962 年版。

44. 王繼如：《敦煌問學叢稿》，甘肅文化出版社 1999 年版。

45. 王鍈：《詩詞曲語辭例釋》（增訂本），中華書局 1986 年版。

46. 王鍈：《宋元明市語匯釋》，貴州人民出版社 1997 年版。

47. 王鍈：《唐宋筆記語辭匯釋》，中華書局 2001 年版。

48. 王永興：《敦煌經濟文書導論》，新文豐出版公司 1994 年版。

49. 王雲路：《中古漢語詞匯史》，商務印書館 2010 年版。

50. 王雲路、方一新：《中古漢語詞語例釋》，吉林教育出版社 1992 年版。

51. 魏耕原：《唐宋詩詞語詞考釋》，商務印書館 2006 年版。

52. 項楚：《王梵志詩校注（增訂本）》，上海古籍出版社 2010 年版。

53. 項楚、張涌泉：《中國敦煌學百年文庫·語言文字卷》，甘肅文化出版社 1999 年版。

54. 謝重光：《中古彿教僧官制度和社會生活》，商務印書館 2009 年版。

55. 謝重光、白文固：《中國僧官制度史》，青海人民出版社 1990 年版。

56.（唐）顏元孫：《幹祿字書》，中華書局 1985 年版。

57. 楊寶忠：《疑難字考釋與研究》，中華書局 2005 年版。

58. 楊宗義主編：《難字大字典》，西南師範大學出版社 1995 年版。

59. 袁成文：《中華書法字典》，新疆人民出版社 2002 年版。

60. 曾良：《敦煌文獻字義通釋》，廈門大學出版社 2001 年版。

61. 曾良：《俗字及古籍文字通例研究》，百花洲文藝出版社 2009 年版。

62. 張傳璽主編：《中國歷代契約會編考釋》，北京大學出版社 1995 年版。

63. 張相：《詩詞曲語辭匯釋》，中華書局 1955 年版。

64. 張小豔：《敦煌書儀語言研究》，商務印書館 2007 年版。

65. 張涌泉：《漢語俗字叢考》，中華書局 2000 年版。

66. 張涌泉：《漢語俗字研究（增訂本）》，商務印書館 2010 年版。

67. 張涌泉：《敦煌俗字研究導論》，新文豐出版公司 1996 年版。

68.（明）張自烈：《正字通》，中國工人出版社 1996 年版。

69.（唐）長孫無忌等編：《唐律疏議》，中華書局 1993 年版。

70. 趙豐主編、王樂副主編：《敦煌絲綢與絲綢之路》，中華書局 2009 年版。

71. 鄭阿才、朱鳳玉主編：《敦煌學研究論著目錄》（1908—1997），臺北漢學研究中心 2000 年版；《敦煌學研究論著目錄》（1998—2005），臺北樂學書局 2006 年版。

72. 鄭顯文：《唐代律令制研究》，北京大學出版社 2004 年版。

73. 中國科學院歷史研究所：《敦煌資料·第一輯》，中華書局 1960 年版。

74.[俄] 丘古耶夫斯基：《敦煌漢文文書》，上海古籍出版社 2000 年版。

75.[法] 童丕：《敦煌的借貸：中國中古時代的物質生活與社會》，中華書局 2003 年版。

76.[美] 韓森：《傳統中國日常生活中的協商：中古契約研究》，中華書局 2008 年版。

77.[日] 池田溫：《中國古代籍帳研究》，東京大學東洋文化研究所

1979 年版。

78.[日] 池田温：《敦煌文書的世界》，中華書局 2007 年版。

79.[日] 山本達郎、池田温合編：《敦煌吐魯番社會經濟文獻·契約篇》，東洋文庫 1987 年版。

（二）學位論文類

1. 陳大為：《唐后期五代宋初敦煌僧寺研究》，上海師範大學博士學位論文，2008 年。

2. 杜朝暉：《敦煌文獻名物研究》，浙江大學博士學位論文，2006 年。

3. 敏春芳：《敦煌愿文词汇研究》，蘭州大學博士學位論文，2006 年。

4. 明成滿：《唐后期五代宋初敦煌寺院財产管理研究》，南京師範大學博士學位論文，2008 年。

5. 王璐：《敦煌契約文書輯校補正》，南京師範大學碩士學位論文，2007 年。

6. 汪啟濤：《中古及近代法制文獻語言研究》，四川大學博士學位論文，2001 年。

（三）論文類

1. 陳國燦：《俄藏敦煌 Дx12012 號疏證》，《敦煌學》第二十五輯，臺北樂學書局有限公司 2004 年版。

2. 董志翹：《唐五代詞語考釋》，《古漢語研究》2000 年第 1 期。

3. 董志翹：《敦煌社會經濟文獻詞語略考》，《語文研究》2002 年第 3 期。

4. 黑維強：《敦煌社會經濟文獻詞語考釋》，《江西社會科學》2004 年第 12 期。

5. 洪藝芳：《敦煌社會經濟文書中的唐五代新興量詞研究》，《敦煌學》第二十四輯，臺北樂學書局有限公司 2003 年版。

6. 蔣禮鴻：《〈敦煌資料〉（第一輯）詞釋》，《中國語文》1978 年第 2 期。

7. 姜伯勤：《敦煌文書中的唐五代"行人"》，《中國史研究》1979

年第 2 期。

8. 姜伯勤：《突地考》，《敦煌學輯刊》1984 年第 1 期。

9. 金瀅坤：《從敦煌文書看晚唐五代敦煌地區布紡織業》，《敦煌研究》1998 年第 2 期。

10. 李錫厚：《頭下與遼金"二稅戶"》，《文史》第 38 輯，1994 年。

11. 劉惠琴：《從敦煌文書中看沙州紡織業》，《敦煌學輯刊》1995 年第 2 期。

12. 劉進寶：《從敦煌文書談晚唐五代的"布"》，《段文傑敦煌研究五十年紀念文集》，世界圖書出版公司 1996 年版。

13. 劉進寶：《從敦煌文書談晚唐五代的"地子"》，《歷史研究》1996 年第 3 期。

14. 劉進寶：《晚唐五代土地私有化的另一標誌——土地對換》，《中國經濟史研究》2004 年第 3 期。

15. 劉進寶：《唐五代敦煌種植棉花研究》，《歷史研究》2004 年第 6 期。

16. 劉進寶：《晚唐至宋初土地過戶的法律標誌——戶狀》，《中國歷史文物》2006 年第 3 期。

17. 陸離：《吐蕃統治敦煌時期的"行人""行人部落"》，《民族研究》2009 年第 4 期。

18. 盧向前：《牒式及其處理程式的探討——唐公式文研究》，《敦煌吐魯番文獻研究論集》第三輯，北京大學出版社 1986 年版。

19. 林聰明：《唐代敦煌契約文書及其文學性質》，http://www.docin.com/p—5488419.htm。

20. 馬德：《〈敦煌工匠史料〉補遺與訂誤》，《敦煌學》第二十五輯，臺北樂學書局有限公司 2004 年版。

21. 毛遠明：《釋"忓悋"》，《中國語文》2008 年第 4 期。

22. 盛會蓮：《唐五代百姓房舍的分配及相關問題之試析》，《敦煌研究》2002 年第 6 期。

23. 蘇暘：《敦煌契約中的量詞》，《江南大學學報》2003 年第 4 期。

24. 蘇金花：《試論晚唐五代敦煌僧侶免賦特權的進一步喪失》，《敦煌研究》2000 年第 3 期。

25. 田德新：《敦煌寺院中的"都頭"》，《敦煌學輯刊》1996 年第 2 期。

26. 王祥偉：《吐蕃歸義軍時期敦煌寺院綱管新論》，《甘肅社會科學》2008 年第 6 期。

27. 王堯：《敦煌吐蕃官號"節兒"考》，《民族語文》1989 年第 4 期。

28. 楊際平：《敦煌出土的放妻書瑣議》，《廈門大學學報》1999 年第 4 期。

29. 趙曉星：《吐蕃統治敦煌時期的宗教》，www.fjdh.com/wumin/HTML/88350.html。

30. 趙貞：《唐五代"春衣"發放考述》，《首都師範大學學報》2003 年第 3 期。

31. 鄭炳林：《敦煌西域出土回鶻文文獻所載 qunbu 與漢文文獻所見官布研究》，《敦煌學輯刊》1997 年第 2 期。

32. 鄭炳林：《晚唐五代敦煌貿易市場的等價物》，《敦煌研究》1997 年第 3 期。

33. 鄭炳林：《晚唐五代敦煌地區種植棉花研究》，《中國史研究》1999 年第 3 期。

34. 鄭炳林：《晚唐五代敦煌種植棉花辨析——兼答劉進寶先生》，《歷史研究》2005 年第 5 期。

35. 曾良：《疑難詞語試釋三則》，《古漢語研究》1995 年第 4 期。

後記

　　本書從文本校勘、詞語匯釋、文書注釋三個角度展開對敦煌契約文書的研究。在即將付印之際，我還想做如下說明：

　　2005 年，我和石勇有幸考入王寧先生門下攻讀博士學位。讀博期間，石勇以《明代碑刻及手寫實用文字研究》為選題，我以《漢語詞源與漢字形體的關係研究》為選題。為了讓我和石勇把相關問題理解得更深入，王寧先生給我們開了不少漢字學方面的課程，也多次組織卜師霞、凌麗君、孟琢等同學對我倆論文的寫作進行集體討論。我和石勇同住一個宿舍，私下裏，我倆對論文的討論也非常頻繁。時間一長，我對有關楷書和俗字方面的問題，也有了一些自己的想法。石勇博士論文的選題，是對我同門師兄齊元濤《隋唐五代碑誌楷書構形系統研究》、王立軍《宋代雕版楷書構形系統研究》的跟進。漢字構形史的研究，是王寧先生主持的大項目，上起甲骨文，下至隸書，漢字發展每個階段的構形情況，都已有專人研究。到了楷書，大家的關注點也自然在構形上。王寧先生給我們講授漢字學時，反復強調構形是體，書寫是用，構形與書寫不可分離，只有對書寫中的字用規律有深入認識，才能對漢字構形規律有更深理解。對楷書而言，探討書寫的字用規律，不僅對楷書構形的研究有幫助，也對俗字、行書、草書諸方面的研究有幫助。因此，將研究的方向由構形轉向字用，從字用角度跟進同門師兄對楷書的研究，是我長期以來的想法。

2008 年，我博士畢業後進入蘭州大學工作。蘭州大學的敦煌學走在學術前沿，"做西部文章"也為蘭州大學所提倡，因此，嘗試將自己的學業專長和敦煌文獻研究結合起來，成了我發展突破的新方向。本書以敦煌契約文書為研究對象，最初是考慮到其中一定有複雜的字用現象，以敦煌契約為材料，正好可以將自己進行楷書字用研究的想法落實。初步接觸敦煌契約文書之後，我覺得我的預測是準確的，由於契約的民間性，敦煌契約文書中果然有豐富的字用現象。然而，在敦煌學方面，我完全是一個外行，在最初研讀敦煌契約文書的過程中，我遇到的主要問題不是俗字的不識，而是語詞的不解、文書的不通。目前，學界對敦煌契約文書詞匯的研究和對敦煌契約文書的注釋都尚不完備。所以，在研讀敦煌契約文書的前期階段，我主要精力集中在文本校勘、詞語考釋、文書注釋方面。天長日久，材料分析的成果越積越多，於是我又有了新的想法，能不能單從文本校勘、詞語考釋、文書注釋方面出本專著？這樣做，儘管會損失理論探討的內容，但實用的價值無疑會大大增加。很多敦煌契約文書的研讀者在最初接觸敦煌契約時，必然要面對詞語釋讀、契約通解方面的問題，本書的工作，希望能對相關研究者提供一點材料分析的便利。

敦煌契約文書中的語言文字現象非常豐富、複雜，有很多問題需要在理論上深入探討。本書所做的工作，只是一些材料分析的工作，名之曰"敦煌契約文書語言研究"，顯然名不副實。既是語言研究，就需要有理論的專章，而理論如獨立成章，又與本書以應用為主的編排思路衝突。因此，一些零零星星的理論思考，本書儘量化入到具體的校勘、考釋、注釋中。考慮到本書的校勘、考釋、注釋，始終以語言文字的研究為核心，本書最終還是選擇以

"敦煌契約文書語言研究"為名。言實不符之處，請諒解。

      王寧先生多年來對我的教導和關懷，讓我很難用"感激"二字來表達我的感情。王寧先生非常重視理論的探討，她對學生的要求也是材料分析和理論探討必須相結合。我現在拿出這樣一部只停留在材料分析階段的著作，內心充滿了對老師的愧疚。2011年國慶，王寧先生把近幾年畢業的學生召集在一起，專門就"個人發展和學術使命"的問題對我們進行教導。王寧先生指出，我們這些回到地方的學生，非常容易受地方學術主流的影響而忘記自己的學術使命。為此，王寧先生不辭辛苦，在我們畢業後還不忘記對我們的諄諄教導，這一份教導，飽含老師對學術使命的執著堅持，也飽含老師對學子發展的殷切冀望。老師的教導，對我是當頭棒喝。接下來，我應該靜下來認真想想：今後的路，該怎麼走！

      本書初稿完成之後，我不自量力，申請了國家社科後期資助。為此，王寧先生和蘭州大學的伏俊連先生、敏春芳先生給我寫了推薦書。各位先生對本書肯定之餘，也提出了許多中肯的意見。遺憾的是，申請最終沒有獲批，但各位先生對我的關愛和教導，將時時激勵和鼓舞我在學術道路上前行。

      本書在選題和寫作過程中，多次得到伏俊連先生的指導。我既不是伏俊連先生正式名義上的學生，更和伏俊連先生談不上什麼私交。對我這樣一個非親非故的學生，伏俊連先生依然能全心全力地指導，這讓我在充滿感激之情的同時，更對伏俊連先生的人品和學品充滿敬佩之情。

      敦煌學對我來說是一個全新的領域，感謝陳爍、趙愛學、劉波等學友對我的指點和幫助，使本書少了許多常識性錯誤。

      本書為蘭州大學"211工程"重點建設項目"敦煌西域文明與中國傳統文化"成果之一。感謝蘭州大學重點建設處、蘭州大學社科處、蘭州大學文學院、蘭州大學敦煌研究所的資助，使本書得以順利出版。

陳曉強

2011年10月于金城